GEORGES PELLISSIER

ÉTUDES

DE LITTÉRATURE

CONTEMPORAINE

Quelques portraits.
Ferdinand Fabre. — M. André Bellessort. — M. Maurice Barrès.
M. Paul Bourget. — Fustel de Coulanges.
M. Henri Becque.
M. Édouard Estaunié. — Métrique et Poésie nouvelles.
M. Alfred Capus. — M. Édouard Rod.
La « Littérature dialoguée ». — M. Anatole France.
L'Histoire de la Littérature française, par M. G. Lanson.
Dogmatisme et impressionnisme.

*Librairie académique PERRIN et C*ie.

ÉTUDES

DE

LITTÉRATURE CONTEMPORAINE

8°Z

DU MÊME AUTEUR

GEORGES PELLISSIER

ÉTUDES

DE

LITTÉRATURE CONTEMPORAINE

Quelques portraits. — Ferdinand Fabre. —
M. André Bellessort. — M. Maurice Barrès. —
M. Paul Bourget. — Fustel de Coulanges. —
M. Henri Becque. — M. Édouard Estaunié. —
Métrique et Poésie nouvelles. — M. Alfred
Capus. — M. Édouard Rod. — La « Littérature
dialoguée. » — M. Anatole France. — L'Histoire de
la Littérature française, *par* M. G. LANSON. —
Dogmatisme et Impressionnisme.

PARIS

LIBRAIRIE ACADÉMIQUE DIDIER

PERRIN ET Cie, LIBRAIRES-ÉDITEURS

35, QUAI DES GRANDS-AUGUSTINS, 35

1898

I

Quelques Portraits

I. — QUELQUES PORTRAITS

Paul Verlaine.

On sait l'existence hasardeuse et vagabonde que menait ce bohémien des faubourgs. On connaît sa physionomie quasi légendaire de satyre, « crâne nu, cuivré, bossué comme un vieux chaudron, œil petit, oblique et luisant, narine enflée, face camuse ». Qui dit satyre dit une sorte de demi-dieu, mais aussi une sorte de brute. En tout cas, Verlaine n'avait rien de l'homme raisonnable et conscient.

A cet impulsif, dénué de toute volonté, de tout esprit de suite, incapable d'aucune discipline, il arriva deux choses bien extraordinaires : dans la première moitié de sa vie, Verlaine fit partie du Parnasse, et, dans la seconde, il devint quelque chose comme un chef d'école.

Dès l'âge de vingt ans, il s'était lié avec les Parnassiens, et il ne s'en sépara que vers 1872. Les recueils de vers qu'il publie alors, *Poèmes saturniens*, *Fêtes galantes*, *Bonne chanson*, nous montrent en lui un disciple de Leconte de Lisle et de Banville. Il subit l'influence des poètes de l'art pour l'art, et, comme eux, s'efforce d'être impas-

sible et marmoréen. Il raille l' « inspiration », il
bafoue la « sensibilité », il se vante de ciseler les
mots comme des coupes et de faire des vers émus
très froidement.

> Est-elle en marbre ou non, la Vénus de Milo ?

A vrai dire, sous le masque dont il se couvre,
sa véritable nature se trahit, çà et là, soit par des
langueurs et des tendresses furtives, soit par des
inquiétudes et des bizarreries qui dénotent l'originalité de son génie intime, avec ce qu'il a
d'étrange, de dissolu, et, parfois, de déconcertant.
On pourrait signaler dans son premier recueil une
ou deux pièces où se trouvent déjà quelques traits
de cette poésie vague, flottante, crépusculaire,
dont il fut par la suite l'initiateur.

Plus tard, quand, après avoir rompu avec le
Parnasse, il se laissa aller à son inspiration propre, quand les *Romances sans paroles* et surtout
le recueil suivant, intitulé *Sagesse*, eurent révélé
un art nouveau, d'autant plus inattendu en tout
cas qu'il prenait le contrepied de l'école alors
régnante, Verlaine fut salué comme un maître par
tous les jeunes poètes qui, lassés de la rhétorique
sonore et crue, de la virtuosité brillante et sèche
où s'étaient complus les Parnassiens, cherchaient
le secret d'une forme moins précise, moins définitive, et, pour ainsi dire, inachevée, mais aussi plus
souple, plus musicale, plus apte à traduire le rêve
et le mystère dont est faite l'âme même de la
poésie.

> Que ton vers soit la bonne aventure....

Parmi les « jeunes » qui suivaient Verlaine, la plupart ne s'autorisèrent de sa poétique que pour donner licence à leur verbiage incohérent, pour dissimuler soit le défaut de leur éducation rythmique, soit leur ignorance de la langue. Verlaine lui-même ne connut d'autre méthode que son instinct. Nul n'était moins fait pour avoir des disciples. Lorsqu'on lui demandait quelle était sa doctrine : « Je n'en ai pas, répondait-il, ma seule règle est l'impression du moment. »

L'art, mes enfants, c'est d'être absolument soi-même.

On se rappelle qu'après la mort de Leconte de Lisle, Verlaine fut proclamé par la « jeunesse littéraire » Prince des poètes français. Voilà un titre bien pompeux et qui ne lui convenait guère. En parcourant les quinze volumes qui composent son œuvre poétique, on se sent à chaque pas dérouté par les incertitudes de la pensée et par les gaucheries de la forme. Beaucoup de pièces sont tout uniment inintelligibles; la plupart de celles qui se laissent comprendre trouvent le moyen d'être à la fois plates et entortillées. Mais il y en a aussi quelques-unes de délicieuses, d'inoubliables, par lesquelles le nom de Verlaine durera sans doute comme celui d'un poète unique, qui, dans un siècle d'artistes raffinés, a retrouvé l'innocence de la poésie primitive.

Ecoutez la chanson bien douce !

C'est cette douceur ineffable qui fait le charme tout particulier de Verlaine. La beauté que les

Parnassiens exprimaient dans leurs rythmes précis et stricts avait quelque chose de dur. En quelques pièces exquises, Verlaine a mis la douceur d'une âme tout enfantine.

Ce que la débauche a de plus abject et de plus dépravé n'altéra pas chez lui je ne sais quel fond de simplesse. Ses poésies religieuses, par exemple, ont un accent de dévotion naïve qui les met à part. Il ne s'agit pas de christianisme littéraire. Nous trouvons dans *Sagesse* des cantiques, des sortes de litanies, qui sont peut-être les vers, je ne dirai pas les plus religieux, mais les plus véritablement mystiques qu'ait jamais écrits un poète français. D'abord, par le profond sentiment de pénitence qui les inspire; ensuite, par la docilité, la soumission, l'humilité intellectuelle dont ils témoignent, par un renoncement total de la raison et de la conscience; enfin, par l'accent inimitable d'un amour ingénu et fervent. Est-ce encore de l'art? Je ne veux pas le savoir. Pour Verlaine, dans les rares moments où il mérite le nom de grand poète, la poésie n'a été que l'effusion spontanée et presque involontaire d'un cœur qui souffre et d'une volonté qui s'abandonne.

Paul Bourget moraliste.

Romancier moraliste, M. Paul Bourget commença par s'inoculer consciencieusement toutes les maladies de l'âme contemporaine. Ces maladies, il les a répandues autour de lui en les analysant avec complaisance. Beaucoup de braves jeunes gens qui avaient mal digéré leur cours de philosophie se crurent atteints d'un intellectualisme aigu. « Rassurez-vous, leur disait-on : c'est un embarras gastrique qui ne présente aucun danger. » — Rien n'y faisait : vous les désobligiez en pure perte. Avec sa candeur foncière, M. Bourget ne put voir tant de ravages sans effroi. Les âmes qu'il avait rendues malades, il appliqua tout son zèle à les guérir. Simple était la panacée : deux drachmes de catholicon en pilule.

Le scepticisme intellectuel de M. Bourget s'allia toujours avec un fond de mysticisme imaginatif. Sa personnalité morale a deux faces ; il les fait miroiter successivement. Depuis quelque dix années, nous le voyons osciller sans fatigue entre « l'attrait criminel de la négation » et « la splendeur de la foi profonde ». Deux livres sont pour lui des livres de chevet : l'*Imitation* et les *Liaisons dangereuses*. Il s'en inspire tour à tour sans que l'un le dégoûte de l'autre : Jésus-Christ a du bon, mais Valmont aussi. Parfois il les confond, ce qui

ne laisse pas d'être piquant. Son mysticisme fait
bon ménage avec sa sensualité. Les égarements
qu'il réprouve avec le plus d'indignation, il les
décrit avec un trouble sympathique. Ses belles
pécheresses le trouvent indulgent. Il les condamne
la larme à l'œil. Il les anathématise par devoir et
se récompense en les caressant.

A chaque nouveau roman qu'il fait paraître, les
bonnes âmes le congratulent. Enfin la brebis éga-
rée rentre au bercail! Depuis *Crime d'amour*, qui
se termine sur des effusions néo-catholiques, pas
un de ses ouvrages où nous ne trouvions ce type
du sceptique au cœur sec que la grâce touche
quelques pages avant la fin. Un an après, dans le
livre suivant, le même personnage reparaît sous
un autre nom, aussi sceptique que jamais : tout
est à refaire. Entre temps, l'auteur écrit une *Physiologie de l'Amour*, qui n'a pas grand'chose de
mystique. Ou bien encore, à tel roman dont le
héros est toujours une victime de l'analyse, il met
telle préface dans laquelle l'exemple de Bonaparte
lui sert à prouver que l'analyse est une « multi-
plicatrice d'énergie morale ». Vernantes, qui l'eût
cru? Dorsenne, qui l'eût dit?

Très dangereux, moins que lui-même ne se
l'imagine, par la contagion des maladies qu'ils
dépeignent, ses romans ne le seraient-ils pas
davantage par le remède qu'ils préconisent?
Toute foi lui apparaît comme ensoutanée; il coiffe
tout idéal d'un froc. Son « saint laïque », M. Sixte,
le grand négateur, finit par marmotter un *Ave
Maria*. M. Bourget cléricalise la vertu. Pour *deus*

ex machina, toujours un prêtre : l'abbé Taconnet
dans *Mensonges ;* dans *Un Saint*, le Père Griffi.
Dans son dernier ouvrage, voici Léon XIII en personne, ce « prisonnier », ce « martyr » — *debi-
tricem martyrii fidem*, la chose y est. Prisonnier,
il sort du Vatican pour faire sa petite promenade
de chaque jour; martyr, en attendant de monter
en voiture, il respire « une splendide rose jaune ».
Devant ce spectacle, qui fait verser à Montfanon
des larmes d'ex-zouave pontifical, Dorsenne, le
monstre intellectuel de *Cosmopolis*, se transforme
en parfait dévot. Raison, science, intellect, tout,
en un instant, fait banqueroute. M. Bourget n'a
jamais vu de milieu entre la scélératesse et les
capucinades. Après avoir convaincu la morale
laïque des pires dévergondages, il la ramène,
contrite et l'oreille basse, dans le giron de l'Église
apostolique, et l'agenouille, en gémissant, au con-
fessionnal.

José-Maria de Hérédia.

José-Maria de Hérédia est tout simplement le plus admirable des poètes français. Et je n'oublie pas Malherbe. Avant l'auteur des *Trophées*, Malherbe fit déjà sentir une juste cadence et témoigna de son respect pour la Muse en ne composant, si l'on en croit d'éminents statisticiens, qu'une trentaine de vers par année. Mais, quelque haute idée qu'il eût de l'art, on trouve chez lui bien des pièces médiocres, et, jusque dans ses odes les plus monumentales, il y a maintes strophes dont le polissage laisse à désirer. Chez M. de Hérédia, tout est rigoureusement beau. Pas une impropriété, pas une licence, pas une rime facile ou banale. Non seulement tel de ses sonnets, à peine est-il besoin de choisir, contient en soi la technique parfaite du genre, magistralement illustrée par un infaillible artiste, mais il résume avec une concision resplendissante ce que notre poésie eut jamais de plus riche à la fois et de plus pur. Déjà Leconte de Lisle, après les tumultueuses effervescences du lyrisme romantique, avait réduit l'inspiration aux règles austères du devoir. Pourtant son œuvre était encore trop vaste et trop touffue. M. de Hérédia, qui l'eut pour maître, fit aussi ses *Poèmes barbares* et ses *Poèmes antiques*, mais il les enchâssa dans une étroite monture,

comme des joyaux. A un artiste épris de beauté
parfaite, le sonnet s'impose. D'abord, pour sa
brièveté même, qui ne tolère aucun défaut. Ensuite, parce que le cadre en est établi d'avance,
et que cette fixité nécessaire annonce et commande
quelque chose de définitif. Or, la poésie aurait-
elle une raison d'être, si elle ne réalisait la perfection ? M. de Hérédia la réalise à chaque coup.
Triplement poète, il l'est, comme peintre, par
l'éclat du coloris, comme sculpteur, par le galbe
des contours, comme musicien, par la richesse des
sonorités et l'harmonie des rythmes. Tous les arts
ont concouru à la suprême beauté de son œuvre.

Plus artiste que poète, au sens où les deux termes s'opposent, il a fait de la poésie un miracle
de virtuosité. Il en a retranché toute tendresse,
toute sympathie du cœur, toute inquiétude de
l'esprit. La seule émotion qu'il lui ait permise est
celle du beau. Il voit dans la nature des choses
un spectacle. Mais les choses mêmes ne lui apparaissent qu'à travers le prestige des mots : il se
prépare à l'inspiration poétique en lisant les dic-
tionnaires, en y cherchant des vocables pittoresques et somptueux ; les traités d'art héraldique le
fascinent et les catalogues de pierres précieuses
jettent son âme dans l'exaltation. Chez lui, tout est
lumineux et sonore : pas un petit coin d'ombre et
de silence, pas la moindre retraite pour le rêve.
La beauté de ses vers éclate avec une splendeur
implacable, avec une précision féroce. Est-ce in-
firmité de notre nature, est-ce la part de l'envie ?
On aimerait de surprendre quelque faiblesse, ne

fût-ce que pour s'y montrer indulgent. Mais sa
magnificence continue, son indéfectible exactitude, nous refusent cette satisfaction. Cela ne le
lasse pas d'être impeccable et triomphal. Il ne se
néglige jamais : son impérieux souci d'une correction surhumaine lui fait oublier qu'il y a des
négligences divines. J'ai lu en plusieurs endroits
que M. de Hérédia est un Grec. Oh! que non! il
y faudrait plus de douceur. *Dulcia sunto*, disait un
Latin qui fut presque un Attique. M. de Hérédia
n'est pas Grec, il est Latin, ou, mieux encore, Espagnol. Il est Espagnol en Espagne, avec *les Con-
quérants*, mais il ne l'est guère moins en Italie
avec *la Dogaresse*, en Bretagne avec *Floridum
mare*, au Japon avec *le Daïmio* ou *le Samouraï*. On
veut lui faire un mérite d'avoir excellé à rendre la
diversité des temps et des lieux; non, sa vision
des choses reste toujours la même, toujours héroïque et rayonnante. Il ne fait que changer de décors :
vitraux d'églises gothiques ou chapiteaux doriens,
ajoncs des landes aussi bien que cactus embra-
sés, ses décors, comme des trophées, rutilent toujours dans un éblouissement de fastueuse lumière.

Tout en rendant à cet irréprochable artiste
l'hommage d'une admiration que son seul tort est
de fatiguer, on peut concevoir la poésie autrement.
Pour les classiques et les Parnassiens, la poésie
est de la prose plus stricte, une prose asservie
aux règles. Chose curieuse, que notre romantisme
avec toutes ses fantaisies et ses audaces ait abouti
finalement au triomphe de la discipline. Un
Malherbe flamboyant, voilà bien M. de Hérédia. Un

Malherbe postérieur à Victor Hugo, mais comme l'ancien fut postérieur à Ronsard. Chercherons-nous autre part la véritable poésie? Loin d'être l'imitation du monde extérieur, elle aurait pour domaine ce qui est trop vague pour qu'on le définisse, trop mystérieux pour qu'on le précise, ce qui ne saurait s'accuser avec tant de relief, ni se déterminer avec tant de rigueur, ni même s'exprimer avec une clarté si parfaite. Elle ne serait pas plus une exacte notation des formes et des couleurs qu'un équivalent logique des idées. Elle aurait peu d'éclat et ferait peu de bruit; elle ne se résoudrait pas en effets secs et nets, comme une sonnerie de fanfare, mais insinuerait jusqu'au fond de l'âme le murmure de sa voix secrète et pénétrante.

Les Goncourt [1].

Le japonisme, — l'écriture artiste, — la vérité
littéraire, — voilà les trois choses dont MM. de
Goncourt se font également honneur. « Les trois
grands mouvements de la seconde moitié du XIXᵉ
siècle, dit quelque jour un des deux frères à l'autre, nous les aurons menés ». Cette secrète confi-
dence de Jules — entre collaborateurs, de tels aveux
sont permis — Edmond la recueillit fidèlement. Sa
modestie ne l'empêcha point de la livrer au public,
et l'acquiescement pieux qu'il y donne en double
l'autorité.

* *

L'invention du vrai en littérature — et d'un !
— suffirait d'elle-même pour leur assurer une
place fort enviable. Les belles découvertes, je le
sais, eurent presque toujours des précurseurs plus
ou moins lointains. Mais, hâtons-nous de le dire,
la vérité des Goncourt offre un caractère particulier, et nous devons, pour être justes, la distinguer
avec soin de celles qui ne portent pas leur estam-
pille.

Extérieure et pittoresque, elle est toute en reflets
et en miroitements. Si les Goncourt se donnent
pour des historiographes de la société contemporaine, n'en soyez pas trop surpris : ils ne font au-

1. Écrit après le « banquet des Goncourt. »

cune différence entre l'histoire et le reportage.
Edmond se vante d'avoir inventé et baptisé les
« documents humains ». Jamais la littérature
n'avait accordé tant d'importance au tissu d'une
robe ou à la couleur d'une tapisserie. Bagatelles
et colifichets, voilà le plus clair de leurs documents. Ils ont évincé la psychologie au profit du
bric-à-brac.

Ce qui assure la durée des œuvres, c'est une
vérité durable. Distinguons du *vrai*, comme ils
soulignent, l' « actualité » superficielle des Goncourt. Actualité de papillotage et de papotage,
elle ne fait aujourd'hui l'intérêt d'un livre que
par ce qui, demain, n'aura plus aucun intérêt.
« Le moderne, disent-ils, tout est là. » Ce moderne,
tel que leurs livres le surprennent, se déforme
et périt à chaque moment. Vous venez d'en retracer la changeante figure qu'il n'existe déjà plus.
Ils n'ont certes pas inventé le modernisme, mais
ils y ont tout réduit. Ils suppriment, ou peu s'en
faut, cette part de réalité foncière et constante
qui donne à l'œuvre d'art sa valeur humaine. Ils
ne retiennent que ce que la nature et la vie ont
de plus fugace. La vérité qu'ils poursuivent est
tout instantanée. Erreur en deçà de l'heure présente, erreur au-delà.

S'étant imposé « les devoirs de la science », ils
veulent que leurs observations aient une autorité
documentaire. Mais, relative par rapport à
l'homme, à l'homme en général, la science ne
l'est pas par rapport à chaque homme. Or, la vision
des Goncourt ne ressemble à aucune autre : tout

objet, en passant à travers leur « moi », s'y réfracte
fiévreusement. Ils sont névropathes et s'en glo-
rifient. La santé leur paraît quelque chose de ré-
pugnant. « Notre œuvre, déclarent-ils, repose sur
une maladie nerveuse. » Ils n'ont pas décrit leur
époque, mais la maladie de leur époque, ou plutôt leur propre maladie. La vérité qu'ils peignent
est à la fois saignante et faisandée.

Ce qu'il y a de plus vrai dans toute leur œuvre,
c'est ce qui relève de la photographie et de la sté-
nographie. Par exemple, certaines pages du *Journal*. Encore ne sont-ils pas toujours exacts. Renan
eut à s'en plaindre. Ne les accusons pas de mali-
gnité. Il leur arrivait parfois de mal comprendre
les subtils propos d'un philosophe.

* *
*

A cette vérité mobile, frémissante, que les Goncourt ont attrapée au vol, ne pouvait s'adapter une
écriture normale. Rien chez eux que d'irrégulier
et de discontinu. Il leur manque le sens de la discipline et de l'ordre. Le roman tel qu'ils l'entendent est une succession de tableaux, et chacun de
ces tableaux est une juxtaposition de notes. Ils
ont un secrétaire à plusieurs tiroirs, garnis de
fiches; et leurs livres ressemblent à leur secrétaire. Même inquiétude dans l'ordonnance de la
phrase que dans celle du volume. Leur phrase
n'est jamais faite, elle ne donne jamais le sentiment, je ne dis pas de la perfection, mais de la
fixité. Rien qu'en la lisant nous avons peur d'en
rompre l'instable équilibre. Tantôt surchargée

2

et tantôt elliptique, elle manque toujours la juste
plénitude. Uniquement soucieux de « piquer » la
sensation, l'écriture artiste des Goncourt supprime
le plus possible ce qui est purement logique, re-
double et multiplie ce qui excite les nerfs. Elle
fourrage à tort et à travers parmi tous les vocabu-
laires. Elle ne voit dans la syntaxe qu'une invention des cuistres. Jalouse de lutter avec la peinture,
elle se bariole d'épithètes chatoyantes. Impatiente
de rendre les plus subtils frissons, elle se crispe,
se tourmente, se contracte, s'exaspère en zigzags
fébriles. Elle manifeste sa vie par de perpétuelles
contorsions. Cette écriture-là, toute cahotante et
trépidante, déconcerte le lecteur sain de corps et
d'esprit. Mais un homme bien portant n'est pas
suivant eux un artiste. Et vraiment je crains qu'il
ne faille être quelque peu malade pour les apprécier à leur juste valeur.

*
* *

Reste la japonaiserie. Au « pensum du beau »,
les Goncourt en préfèrent la grimace. Ils mirent
des premiers en vogue l'art chimérique et bis-
cornu du pays où fleurissent les gentillesses mi-
gnardes et les précieuses singeries. Ne leur en
disputons point la gloire. Et n'allons pas dire, avec
le roi classique : « Otez-moi de là ces magots »,
car le japonisme a dans sa fantaisie je ne sais
quelle grâce énigmatique et raffinée qui ne manque pas de ragoût. On leur saurait gré de l'avoir
introduit sur nos étagères s'ils ne s'étaient avisés
de l'inoculer à notre littérature. Dans leur manière

insolite, capricieuse, tortillée, dans leur écriture
bizarre et saugrenue, il y a effectivement beaucoup
de japonais, et même un peu de chinois.

J-K. Huysmans.

Avec un bon estomac, M. Huysmans eût été le plus exemplaire des naturalistes. Mais il digérait mal; c'est pourquoi son naturalisme se teinta fortement de pessimisme, d'un pessimisme tout subjectif, et, si je puis dire, gastralgique. Il ne vit dans la nature que des choses nauséabondes; et, en les peignant, lui-même avait la nausée. Comme à l'un de ses héros, Folantin, la meilleure côtelette lui soulevait le cœur. Point de bonne côtelette pour un mauvais estomac.

« Seul, le pire arrive », s'écrie Folantin exaspéré. Si la vie est tellement mauvaise, il n'y a qu'à en renverser les pratiques. Des Esseintes la contrecarre avec une application maniaque. Il prend tout à rebours, sans excepter sa nourriture; il fait tout à rebours, sans excepter l'amour même. Après quelques mois de cette parodie délirante, son médecin lui ordonne de rentrer dans l'existence commune. Plus malade que jamais et ne sachant où se prendre, il finit par invoquer la grâce divine. « Seigneur, ayez pitié ! »

C'est sur cette prière que se termine *A rebours*. M. Huysmans va-t-il en effet se convertir? Sa gastralgie l'aurait donné à Dieu, si sa concupiscence ne le donnait d'abord au diable. *Là-bas* est un livre d'érotomanie satanisante. Nous y voyons Durtal,

l'ancien des Esseintes, se livrer avec fureur à de
sacrilèges orgies. Mais ne serait-ce pas une étape
sur la route du salut? On peut considérer le dia-
bolisme comme un mysticisme dévié. Puis, croire
au diable, c'est la moitié de la religion ; il ne reste
plus que de croire en Dieu. Bien des chemins con-
duisent à Rome.

« Ce que j'aurais traité de fou, dit le Durtal
d'*En route*, celui qui m'aurait prédit, il y a quelques années, que je me réfugierais dans une
Trappe ! » Mais non, mais non, pas fou le moins
du monde, ni même tellement sage. Comme tous
les élus, Durtal était visiblement prédestiné. Il
l'était déjà sous le nom de des Esseintes. Non seulement des Esseintes avait sur sa cheminée deux
ostensoirs, marquait pour les ornements sacerdo-
taux une prédilection significative, habillait sa
concierge en nonne, mais encore ses tendresses
pour l'artificiel et ses besoins d'excentricité ne seraient, s'il faut l'en croire, que des élans vers une
béatitude lointaine. Et Folantin lui-même à ce
compte? Pourquoi les courses de Folantin après la
côtelette idéale ne trahiraient-elles pas une inquiétude d'âme qui fut toujours le prélude des grandes
conversions?

C'est dans les moments où son estomac le fait
trop souffrir que des Esseintes a des retours de
croyance, et ses accès de mysticisme coïncident
avec ses crises nerveuses. Quant au néophyte
d'*En route*, l'Église est pour lui un hôpital. Son
séjour à Notre-Dame de l'Atre lui réussit on ne
peut mieux. Des œufs, du laitage, des légumes,

deux semaines de ce menu frugal et sain l'ont déjà remis. Mais, si sa gastralgie s'en trouve bien, sa sensualité en souffre. Il retourne au monde, n'ignorant pas quelles tentations l'attendent, et se surprenant à savourer d'avance les chutes inévitables. C'est dommage ; avec un peu de persévérance, Durtal se rendait semblable à ces grands saints dont il célèbre dévotement les grâces miraculeuses. Qui sait? peut-être il eût, comme Hilarion, distingué les hérétiques à leur puanteur, ou, comme Joseph de Cupertino, secrété par tous les pores de délicieuses fragrances.

Hélas! M. l'abbé Klein a beau faire de Durtal un nouvel Augustin, et M. l'abbé Mugnier un autre Lacordaire : je crains qu'il ne soit, lui-même le dit, « à jamais fichu ». Dans ses crises d'estomac, il fréquentera encore les églises; il s'y attendrira sincèrement, et réservera aux filles les effets de cette tendresse.

Mais quoi? Les « noces » ne l'empêcheront peut-être pas de faire son salut. Il conservera l'habitude de se vomir après chaque débauche; excellente pratique de la Vie Purgative. Ensuite, comme le lui prêche l'abbé Gévresin, son directeur, « l'important est de n'aimer que corporellement la femme ». Il y a chez tout homme un ange et une bête ; chez certains mystiques, l'ange méprise tellement la bête qu'il ne prend même pas souci d'en surveiller les ébats. Pendant que la bête se vautre dans les turpitudes, l'ange n'en est que plus libre pour se pâmer dans les extases.

M. de Vogüé.

M. de Vogüé est de ces honnêtes gens dont Pascal dit qu'ils sont universels et La Bruyère qu'ils ne mettent pas d'enseigne. Il fait de la philosophie sans être précisément un philosophe, de l'histoire sans être tout à fait un historien, de la critique littéraire sans être un critique de profession; et même, si j'ose l'ajouter, il a été apôtre sans savoir au juste de quoi. Quelque nom qu'on lui donne, l'auteur de *Devant le Siècle* est certainement un des esprits les plus ouverts, un des cœurs les plus généreux de notre temps. Il rend un pieux hommage à la « sainteté laïque » de Taine. Il a lu Voltaire, et ne rougit pas de s'en souvenir, et ne se croit pas obligé de ne voir en lui qu'un égoïste et un fripon. Il est socialiste à sa manière, qui n'a aucune ressemblance avec celle de M. Mesureur. Il ne veut pas qu'on l'appelle néo-chrétien, ni néo-mystique, ni néo-catholique, déclarant que ces termes prétentieux ne signifient rien; et, par malheur, aucun terme qui signifie quelque chose de bien net ne paraît convenir exactement à son état d'âme. Mais qu'importe, s'il prête à toutes les nobles causes [1] l'ardeur de ses inspirations et la sonorité de sa voix?

[1]. Cet article a été écrit avant le discours prononcé par M. de Vogüé à l'Académie française pour la réception de M. Hanotaux.

De quelque sujet qu'il traite, c'est partout la même éloquence. M. de Vogüé naquit éloquent, il ne pourrait s'empêcher de l'être. Il a le don. Comme Midas, qui changeait en or tout ce que touchaient ses mains. La fable raconte que Midas finit par supplier Bacchus de lui ôter ce don prestigieux. Oui, il y a là quelque inconvénient. M. de Vogüé lui-même s'est appelé une fois rhétoricien. Vous protestez avec indignation? Moi aussi; mais, tout de même, je trouve dans ses moins bonnes pages un peu de rhétorique. Il joue parfois de son instrument. Il fait une excessive consommation d'images et ne se défend pas toujours contre la duperie des beaux mots. Vous me direz sans doute que les beaux mots expriment de beaux sentiments. C'est tout juste par là que j'allais terminer. Mais il y a des écrivains chez qui la beauté des sentiments s'accommode d'un style moins fleuri. Quand M. de Vogüé prêche l'humilité des vertus évangéliques, on voudrait qu'il ne la prêchât pas avec tant de pompe.

Puvis de Chavannes.

On peut se faire de la peinture une autre idée que Puvis de Chavannes; on ne saurait du moins nier la grandeur de sa conception artistique, la puissance de volonté et de génie avec laquelle il la réalisa.

Quoi qu'il soit aisé de reconnaître plusieurs phases distinctes dans la carrière de Puvis de Chavannes, son originalité se dégagea de bonne heure. Sauf trois mois passés auprès de Couture, il travailla solitairement. Cette indépendance, cette personnalité vigoureuse, lui valurent, comme c'est l'usage, d'être « refusé » bien des fois. Il fut un temps où le public riait devant ses tableaux presque aussi bruyamment que devant ceux de Courbet, où les critiques d'art les plus autorisés le traitaient comme une espèce de visionnaire, inoffensif du reste et doucement entêté. Mais depuis combien d'années lui rend-on pleine justice? Et notez qu'il a fallu pour cela toute une évolution de la « pensée contemporaine », se dégageant peu à peu du positivisme étroit et sec qui asservissait la peinture comme la poésie elle-même. Cette évolution eut en lui un de ses plus puissants initiateurs; il en avait déjà fixé le sens par des œuvres admirables qui révélaient une esthétique nouvelle, c'est-à-dire une nouvelle conception du monde et de la vie.

Est-ce à dire que Puvis de Chavannes fît bon marché de la réalité? Bien au contraire, il en a toujours pratiqué, toujours recommandé l'étude directe. Mais, tandis que d'autres s'y assujettissent, il la domine, et, prenant son point de vue au-dessus d'elle, en ordonne les formes et les couleurs suivant l'idéal qu'il a conçu. Après s'être longuement pénétré de la nature, il la regarde en lui-même, façonnée déjà par le séjour qu'elle a fait dans sa mémoire, adaptée par sa méditation à la pensée qu'il veut exprimer. Il ne la déforme pas, il la transpose en l' « humanisant »; il la réfracte, si je puis dire, à travers son génie.

Et par là, sans doute, il est un ancêtre du symbolisme. Mais ce mot implique de soi quelque chose de vague, d'abstrait, de diffus, une rêverie éparse et obscure. Or, Puvis de Chavannes n'aime rien tant que l'ordre et la clarté. Aussi n'est-il symboliste que dans la mesure où le sont nos grands classiques. C'est entre eux et lui que la parenté me semble frappante. Son esthétique, du moins, est tout à fait la leur. Comme eux, il abrège et simplifie, il cherche à saisir l'essence même des choses, il exclut toute contingence, élimine tout détail fortuit, tout ce qui, étant accidentel et momentané, n'a aussi qu'une signification transitoire. Il est jaloux de la précision, mais d'une précision qui se concilie avec la généralité typique des figures, qui ne les localise pas, qui les laisse pour ainsi dire «hors du temps». Ses scènes et ses paysages sont aussi « éternels », aussi « universels » que le comporte la peinture, et leur vérité supérieure consiste justement dans leur accord avec une pensée universellement, éternellement vraie.

En lui, l'homme n'est pas moins admirable que le peintre. Mais comment les séparer l'un de l'autre? Puvis de Chavannes n'est pas un virtuose, et ce qui le fait grand, c'est que son œuvre tout entière exprime son âme très noble, très haute, très sereine, dans laquelle la nature, comme si elle prenait conscience de soi, se compose en une harmonieuse, en une significative unité.

Henri de Régnier.

Longtemps on ne parla des Symbolistes qu'avec toute espèce de précautions, dans la crainte de passer pour dupe. Avait-on affaire à d'ingénieux mystificateurs? Étaient-ce plutôt des âmes hagardes et naïves? Les plus malins critiques n'osaient se prononcer. A travers les divagations et les extravagances, on entrevoyait peut-être une forme nouvelle de la poésie; mais le Symbole servait d'enseigne à tant de cénacles divers qu'on ne savait au juste quelle idée s'en faire; et d'ailleurs, tous ceux qui le préconisaient, de quelque cénacle qu'ils fussent, parlant, chacun dans sa langue, un ramage inintelligible, on pouvait croire que, pour mériter le nom de symboliste, il n'y avait qu'à prendre la peine d'être suffisamment abscons.

Si l'école symbolique a produit quelque chose de viable, c'est surtout à M. de Régnier qu'en revient l'honneur. Je n'oserais dire que vous comprendrez sans peine les vers de ce contemplateur subtil, ni même que vous serez toujours sûrs de les avoir bien compris. Sans parler des poètes qui s'enveloppent de nuages pour dissimuler le vide de leur pensée, on ne peut demander au symbole la clarté d'une allégorie classique. Comme, par essence, un symbole comporte plusieurs interprétations, toutes doivent également se proposer, et,

par suite, aucune ne s'impose. Mais faut-il donc
que la poésie soit tellement claire? De la manière
dont les symbolistes l'entendent, quelque obscurité ne lui messied pas; ou plutôt, il ne saurait
y avoir de poésie sans quelque obscurité. Le Symbolisme naquit d'une réaction contre le naturalisme. Cet univers dont le naturalisme n'expri-
mait guère que la forme extérieure, il en révèle
l'âme latente. Tandis que les parnassiens, naturalistes à leur façon, transcrivaient avec une
exactitude documentaire des sensations rigoureusement définies, nos symbolistes s'efforcent de
rendre ce que les apparences sensibles recouvrent
d'indécis et de mystérieux, ce qui peut moins se
définir que s'évoquer vaguement dans une atmosphère de songe.

M. de Régnier, entre tous, est un homme pour
qui le monde invisible existe. Il est le poète de
la lumière voilée, des murmures confus, des mi-
rages incertains et fugitifs. Parfois, il ne fait
qu'émouvoir notre rêverie, en accompagnant la
sienne d'une lointaine musique, qui en indique à
peine les contours flottants. Plutôt que d'emprunter ses cadres à la vie contemporaine, à l'histoire,
ou même à la légende, il invente un exotisme visionnaire, une mythologie de masques fictifs et de
pays chimériques dans laquelle l'imagination se
joue en pleine liberté. Sa philosophie, — car toute
symbolique suppose une philosophie plus ou
moins intuitive et diffuse, — est le doux pessimisme d'une âme délicate que la réalité fait souffrir et qui, ne pouvant s'y dérober, la réduit à

n'être que la matière de rêves mélancoliques et
tendres. Il vit replié sur lui-même, non pour
scruter son « moi, » mais pour en savourer l'inconscience avec toute la candeur possible. Sa poésie
est d'autant plus pénétrante qu'elle se refuse à
l'analyse. Si, bien souvent, nous la comprenons
moins que nous ne la sentons, elle éveille dans
notre âme, même quand l'intelligence précise
nous en échappe, tout un monde de divinations
furtives et de troubles ressouvenirs.

Symboliste, M. de Régnier n'en garde pas moins
la vertu des traditions héréditaires. Il rend hommage à M. Mallarmé, il emprunte à M. Viellé-
Griffin des épigraphes. Mais il ne se croit point
obligé de ne voir en Victor Hugo qu'un étourdis-
sant rhéteur ; il honore en Leconte de Lisle, en
M. de Hérédia, les maîtres de la poésie sculpturale
et pittoresque.

Aussi classique que peut l'être un sectateur du
symbole, son éducation et son goût natif le sau-
vent des excentricités barbares. Ce poète de l'ombre et du songe est en même temps un maître de
facture. Écrivain, il ne demande pas au néologisme
et à l'archaïsme une originalité saugrenue. Réintégrer les mots dans leur sens étymologique ou
les rajeunir par des alliances, par d'ingénieuses
figures, voilà ses plus grandes hardiesses. Et
n'est-ce donc pas le vrai moyen de concilier notre
langue avec une notion nouvelle de la poésie, le
seul au surplus dont un artiste se fasse honneur?
L'art des vers n'est pas chez lui inférieur à celui
du style. Répudiant toute détermination trop

nette, le Symbolisme devait forcément élargir les
cadres de notre métrique réglementaire. Mais, si
la plupart des novateurs contemporains usurpent
au hasard toute espèce de licences, M. de Régnier,
en s'affranchissant des règles étroites, se conforme d'autant plus religieusement à ces lois supérieures d'eurythmie qui ne peuvent être fixées
par un catéchisme. Il ne débarrasse le mètre des
formules mécaniques que pour modeler chaque
fois sa phrase sur la démarche de la pensée ou sur
l'inflexion du sentiment. C'est là, sans doute, une
liberté bien périlleuse. Et je ne prétends pas
d'ailleurs qu'il en ait toujours évité les écueils.
Mais nous ne devons que l'en admirer davantage
si, parmi tous les poètes de la jeune école, il est le
seul chez qui le sens de la forme et de la mesure
sauve parfois les plus insolites dérogations à notre
prosodie traditionnelle.

On peut concevoir la poésie de deux manières.
Ou bien elle est une prose réglée, ne demandant
à l'armature du vers, au rythme et à la rime que
de l'enchâsser plus étroitement, de lui prêter,
soit pour la transcription des idées, soit pour la
notation des lignes et des couleurs, une forme
plus nette, plus arrêtée, une facture catégorique
et définitive. Ou bien elle est quelque chose de
libre, de facile, de léger, d'ondoyant ; elle exprime
l'intimité mobile et vague de l'âme humaine, non
par les procédés de l'analyse, mais par une sorte
de révélation instantanée et directe ; et, comme
elle a pour domaine ce qui ne se définit pas, sa
forme, échappant à toute limite coercitive, ne re-

tient du vers que je ne sais quoi de chantant et d'ailé. On voit à quel excès aboutit chacune de ces deux conceptions : ici, chez les classiques, l'exactitude sèche de Malherbe, l'impérieuse raideur des Parnassiens ; là, chez presque tous nos symbolistes, l'inconsistance, la diffusion, une mélopée obscure et traînante qui n'a plus aucun accent. M. de Régnier, et c'est là ce qui le distingue entre les poètes de son temps, concilie la fluidité du Symbolisme avec la plasticité de l'école parnassienne. Précise par ce qu'elle exprime, suggestive par l'évocation de ce qui est inexprimable, — musicale et pittoresque, aérienne tout ensemble et stricte, — sa poésie nous donne plus d'une fois le sentiment de la perfection dans l'inachevé.

II

Ferdinand Fabre.

II. — FERDINAND FABRE

M. Ferdinand Fabre est un isolé parmi les romanciers contemporains, et quelque chose comme un « sauvage ». « J'ai écrit, dit-il, tout le long de l'aune, naïvement. » Il ne fut ni gêné par des maîtres, ni compromis par des disciples. Il paraît non seulement s'être tenu à l'écart des rivalités et des querelles, mais avoir fait bon marché des théories nécessairement exclusives sur lesquelles se fonde la distinction des écoles. Réaliste sans doute, il ne l'est que pour se mettre directement en présence de la réalité et pour la rendre telle qu'il l'a vue, sans artifice et sans convention.

Soit dans les nombreux volumes où il fait paraître « M. le neveu » et l'oncle Fulcran, soit dans le journal de sa vocation religieuse, M. Fabre nous a raconté les années d'enfance et de jeunesse auxquelles il doit presque toute la matière de son œuvre, et qui lui façonnèrent pour toujours, sinon l'intelligence, du moins l'imagination et la sensibilité. Le voici d'abord au collège de Béda- rieux, assez piètre écolier, paraît-il, et qui manque plus d'une fois la classe pour quelque partie de campagne. Vers douze ans, il quitte le collège,

va chez son oncle, curé de Camplong. Là, il vit
dans l'habitude quotidienne des choses et des gens
d'église. Les moindres circonstances des céré-
monies religieuses lui deviennent familières.
Enfant de chœur, il sert la messe ; sa soutanelle
rouge une fois déposée, le soin des vases sacrés
l'occupe, ou bien, quand le bon curé confectionne
des hosties, c'est lui qui les couche, sortant du
moule, sur un linge de pur lin. En même temps
il s'intéresse aux mille détails de la vie rustique.
Camplong est un village : M. le neveu n'a autour
de lui que des paysans, des troupeaux de moutons
et des « cabrades ». Et d'ailleurs il fuit, certains
jours, le presbytère pour courir à travers la montagne cévenole, pour vagabonder, çà et là, sur
les garigues ou dans les châtaigneraies, pour aller
avec le berger Galibert à la chasse des perdrix du
Jougla et des grives de Bataillo.

L'oncle Fulcran mort, il entre au petit séminaire de la Montagne-Noire. Mais la claustration
n'y est pas encore assez sévère pour qu'il ne
puisse faire parfois quelque escapade. Témoin
son innocente aventure d'un jour avec la fille
du boulanger, Jeanne Magimel, premier éveil de
l'amour qu'il a conté dans des pages charmantes
avec une grâce ingénue. De la Montagne-Noire,
il passe au grand séminaire de Montpellier. Ici,
le « long supplice » de sa vocation. Après une
année de lutte, il renonce au sacerdoce, qui
l'épouvante « à l'égal de l'enfer ».

Depuis sa sortie du grand séminaire (29 juin 1848)
jusqu'à la publication de son premier roman, la

vie de M. Fabre nous est inconnue. Quand il va quitter la soutane, si vive que sa joie puisse être de se sentir enfin libre, les préoccupations d'un avenir incertain lui causent déjà quelque trouble. Il se compare à ce hibou qu'il prit, jeune garçon, dans une crevasse du presbytère, et, tout content de l'aubaine, porta bien vite au plein soleil. Et lui, n'avait-il pas aussi séjourné en des endroits un peu enténébrés, un peu noirs ? Comment s'habitua-t-il à l'air libre, au grand jour du siècle ? Il lui fallut se refaire une éducation nouvelle, conquérir son indépendance, dégager sa personnalité de la discipline ecclésiastique, prendre garde, s'il demeurait respectueux, que ses idées ne fussent pas dupes de ses sentiments. Ici encore, l'effort, l'angoisse, dix ans de labeurs et de luttes, dont le récit — il nous le doit — aura tout l'intérêt d'un drame.

Une fois résolu à « écrire », quel genre choisira-t-il ? Les vers ? Ils veulent de la grâce, de la fantaisie, une imagination prompte. Le théâtre ? Il y faut de l'adresse, du métier, une pratique tout artificielle qui répugne à sa franchise. Reste le roman, la forme littéraire la plus libre, la plus docile, celle qui se modèle le plus aisément et sur la vie ambiante, et, en même temps, sur l'individualité de l'écrivain. M. Fabre écrira des romans. Ces romans, comme il a peu de goût pour le monde, il en trouvera l'étoffe dans ses souvenirs de jeunesse ; ce seront des peintures de mœurs locales. Et comme, d'autre part, son esthétique se réduit à peindre fidèlement les hommes

et les choses, il écrira, sans se presser, des livres
solides, touffus, un peu lourds, d'une allure tranquille et forte, où la nature sera reproduite tout
entière dans la complexité des détails qui la
caractérisent et la font vivre.

Si la gloire a été plus d'une fois une pensée de
la jeunesse réalisée par l'âge mûr, on peut dire
de M. Fabre que ses impressions d'adolescence
expliquent et remplissent toute son œuvre. Dans
la préface de l'*Hospitalière*, il se dédouble en deux
Moi, l'un de la campagne et l'autre de Paris. Ce
Moi de Paris n'a rien que d'artificiel et d'adventice. Son vrai Moi, c'est celui de Camplong, le
Moi de l'enfant de chœur et du petit paysan.

Les romans de M. Fabre retracent tous les
mœurs rustiques ou les mœurs cléricales. Maint
romancier avait déjà mis en scène les gens de la
campagne. Mais, pour les bien peindre, il faut
avoir vécu avec eux, ou, mieux encore, avoir vécu
de leur vie. Aussi l'auteur des *Courbezon* se mit
tout de suite hors de pair. On n'avait encore rien
lu de comparable à ses romans champêtres, soit
par la vérité significative des tableaux, soit par la
ressemblance caractéristique des personnages. Et
ses romans cléricaux ne méritent pas un moindre
éloge. Au type conventionnel du bon curé — ou
du mauvais — qui, d'ailleurs, n'avait eu jusque-
là qu'un rôle épisodique, il substitua des figures
précises, individuelles, d'une réalité familière et
copieuse. Pour représenter le prêtre, ses devanciers l'avaient d'abord tiré de l'église. C'est dans
l'exercice même de son ministère que M. Fabre

nous le montre. Il nous donne, le premier, une véritable peinture des mœurs cléricales.

M. Fabre ne nous dissimule pas certaines misères des ecclésiastiques. Je le soupçonnerais même d'avoir peu de sympathie pour une bonne moitié du clergé. Les réguliers ne lui disent rien qui vaille. Et surtout son aversion des Jésuites l'a plus d'une fois exposé aux foudres de l'Index. Ce qu'apprend Lucifer dans son séjour à Rome, c'est que le Pape est tout ; ayant vu l'exécrable insolence du Saint-Siège, son orgueil, son ambition dévoratrice, il appellerait le monde à la révolte, si, prêtre lui-même, toute parole d'émancipation ne lui apparaissait comme un sacrilège. Mais ce qu'apprend aussi Lucifer, ce que veut nous montrer M. Fabre, c'est que, dominé par les Jésuites, le Pape n'est rien.

Entre les divers ordres religieux, M. Fabre met les Jésuites à part. Vous rappelez-vous, dans l'*Abbé Tigrane*, la tragique scène où la bière de Mgr de Roquebrun, exclue par Capdepont de la cathédrale, reste exposée sur la place à une pluie d'orage? Le Prieur des Dominicains, le Provincial des Capucins, manifestent publiquement leur indignation. Mais quand l'abbé Lavernède cherche autour de lui le Père Trézel, directeur du Collège des Jésuites, le Père Trézel a disparu. « Oh! les Jésuites! toujours habiles! » ricane Lavernède ; « Capdepont peut devenir évêque, et ils ont suivi Capdepont. Voilà la doctrine : on doit s'arranger pour vivre en paix avec les puissances. » Dans *Lucifer*, c'est à eux que, dès le

début, Jourfier se heurte : il lui faut repousser la
cauteleuse faveur du Père Cussol, qui veut mettre
son éloquence au service de l'Ordre. Un peu plus
loin, ce sont encore leurs manœuvres que déjoue
le jeune prêtre en rassurant Mlle de Mérignac, à
laquelle ils ont fait promettre de leur léguer sa
fortune, et qu'un confesseur dépêché par eux
vient, jusqu'au lit de mort, menacer, si elle ne
tient pas sa promesse, de la damnation éternelle.
Ce sont les Jésuites qui finissent par détacher de
lui son neveu, l'abbé Montagnol, par se l'affilier ;
la Compagnie tout entière s'est dévouée à cette
œuvre de vengeance contre celui qui la brava.
Quand il a été nommé évêque, ce sont les Jésuites
qui, dans l'enceinte même du palais épiscopal, le
font espionner par ce cafard de frère Amynthas.
C'est contre les Jésuites enfin qu'échoue son autorité, lorsqu'il prétend les soumettre au joug de
l'Ordinaire, eux qui ne veulent relever que de
leur général. Et, venu à Rome pour obtenir l'ap-
pui du Pape, tout ce dont il est témoin lui apprend
que ses adversaires ont pleine puissance, que
l'Institut de Saint-Ignace, force essentielle et suprême réserve de l'Eglise, a absorbé le catholi-
cisme.

Dans *Madame Fuster*, le Père Phalippou n'est
pas, à proprement parler, un Jésuite ; mais il fit
son noviciat au *Gesù* même, et, fondateur d'une
congrégation nouvelle, il n'a garde d'oublier que,
comme le lui déclare le cardinal Maffeï, elle ne
peut réussir qu'avec l'attache de la redoutable
Compagnie et sous son patronage. Humble et

miséreux quand il s'introduisit chez les Fuster, le Père Phalippou, dont le zèle est admirable, finit, sans avoir compromis un instant la dignité de son caractère, par agripper la riche proie qu'il convoite, et désormais, sûr de l'avenir, la vente de l'hôtel Trémière va lui permettre de lancer cette pommade antirhumatismale qui, avec l'aide de Dieu et pour sa plus grande gloire, fera la fortune du Jugement-Dernier.

C'est le clergé séculier que M. Fabre a le plus souvent mis en scène, et ni la sincérité de son esprit ni la franchise de son art ne lui permettaient d'en dissimuler les faiblesses, ou même, si je puis dire, les vices professionnels. Il avoue, par exemple, que certains prêtres exercent le sacerdoce comme un métier, voient dans l'église une bonne nourrice qui assure leur existence sans exiger en retour de trop rudes peines, qui leur fait, à bon compte, une vie facile, reposante, honorée. Il montre chez d'autres l'épaisseur d'esprit ou la vulgarité morale, chez un grand nombre le bavardage, la médisance, l'humeur intrigante et cachottière. Mais, chez presque tous, ce qu'il marque le plus fortement, c'est la pusillanimité, la faiblesse du caractère, une platitude servile et béate. Dans l'*Abbé Tigrane*, quand les ecclésiastiques du diocèse se révoltent déjà contre leur évêque à la voix de Capdepont, il suffit que Mgr de Roquebrun apparaisse au seuil de la salle des Conférences pour que sur-le-champ ces faces crispées se dérident, grimaçant comme par instinct un sourire hypocrite. Et, dans *Lucifer*, quand

Mgr Fournier reçoit son clergé, la foule des prêtres témoigne par son attitude d'une humilité si
dégradante qu'il prend envie à Jourfier de leur
faire publiquement honte, de leur crier, à tous
ces oints du Seigneur que l'Ordination devrait
garder « droits et forts comme des cèdres du
Liban », les deux mots du préambule de la Préface : *Sursum corda !* A quoi bon ? Le pli de la ser-
vitude ne s'efface pas. C'est en vain que Jourfier
chercherait l'homme dans ce que l'éducation
jésuitique a fait « cadavre ».

Du vague troupeau que nous apercevons dans
l'ombre se détachent quelques physionomies plus
distinctes, personnages secondaires, mais esquissés avec une précision vigoureuse. L'abbé Mical,
insidieux et subtil diplomate, qui, se glissant
derrière Capdepont aux honneurs ecclésiastiques,
prévient ou répare les incartades d'un trop fougueux ami par sa politique avisée et retorse ;
l'abbé de Luzernat, auquel ses relations de famille
promettent les plus hautes charges, gros garçon
de trente ans, plantureux et jovial, assez débonnaire après tout, mais dont la suffisance fait res-
sortir sa nullité candide et bruyante ; l'archiprêtre
Clamouse, qu'une des plus belles scènes de l'*Abbé
Tigrane* nous fait voir, quand on vient lui réclamer les clefs de la cathédrale, affaissé dans son
fauteuil, saisi de toutes les peurs à la pensée
qu'il peut encourir la colère de Capdepont,
anéanti, sans parole, regardant d'un œil stupide
le trousseau qui cliquète entre ses doigts, si misérable en son avilissement que le mépris de

Lavernède ne peut se défendre de quelque pitié : le curé-doyen Clochard, un intrigant subalterne, pétri de basse envie et de méchanceté perfide, qui poursuit de sa haine le bon abbé Célestin, et, vengeant l'échec de louches projets, va, jusque dans la chambre du vieillard malade, lui porter en ricanant le coup de la mort.

Remarquons d'ailleurs, qu'aucun de ces personnages n'est au premier plan. Il y a sans doute Lucifer et Tigrane. Mais, nous y reviendrons tout à l'heure, si Lucifer n'est pas un bon prêtre, c'est parce qu'il est un homme, et, d'autre part, à quelques violences, ou même à quelques hypocrisies que son ambition puisse entraîner Tigrane. M. Fabre le fait austère, pieux, jaloux d'accomplir exactement tous ses devoirs, plutôt simple après tout que naturellement artificieux et plutôt naïf que pervers. Le Père Phalippou lui-même a d'éminentes vertus. On nous le donne « comme une nature franche et délibérée », on nous laisse penser qu'en servant les intérêts de son Ordre, il croit servir ceux de la religion. Et si *Madame Fuster* me semble, non pas le meilleur livre de M. Fabre, mais le plus fort du moins et le plus pénétrant, — ce qui en est le défaut (ou, peut-être, le mérite supérieur), c'est justement la complexité du personnage, que nous hésitons à prendre pour un scélérat abominable parce qu'il peut bien être une sorte d'apôtre.

A ces diverses figures dans lesquelles il faut reconnaître la fidélité du peintre, d'un peintre qui n'a jamais travaillé que d'après nature,

M. Fabre en oppose d'autres, non moins vraies
sans doute, qui méritent le respect et l'admiration. Dans l'*Abbé Tigrane*, voici Ternisien, âme
tout évangélique, qui sait montrer de l'énergie
quand les circonstances l'y obligent, mais dont la
douceur, l'humilité, la tendresse font contraste
avec la violence effrénée de Capdepont. Si, dans
Mon oncle Célestin, Vidalenc, pour obtenir la
mitre, ne recule pas devant les plus basses intrigues, Carpezat, à qui elle est offerte, la refuse
avec simplicité. Dans les *Courbezon*, rappelons-
nous encore l'abbé Ferrand, lumière de l'Eglise,
vaste et ferme esprit auquel le contact du monde
et la méditation solitaire ont appris le néant des
grandeurs humaines, et qui n'est pas moins
admirable par la dignité de son caractère que par
la vigueur de son intelligence. Et enfin des prêtres comme Courbezon, Célestin, Fulcran, suffisent au besoin pour montrer qu'en prenant dans
l'Église le sujet de ses livres, M. Fabre cédait, non
à des motifs d'intérêt ou à des visées de scandale, mais à ce que lui-même appelle la fascina-
tion pieuse des souvenirs.

Le talent supérieur de M. Fabre est de donner
la vie à ses figures. Les personnages secondaires,
ou même ceux qu'il marque à peine de quelques
traits, ont, dans tous ses romans, une physionomie caractéristique, une individualité déjà saisissante. Quant à ses héros, quelques-uns ne sont
pas indignes de prendre place à côté des plus
puissantes créations de Balzac, ce Balzac dont
plus qu'aucun autre de nos romanciers contem-

porains, il rappelle la manière drue, forte, minutieuse à la fois et massive.

Parmi ses personnages de prêtres, il y a d'abord Capdepont et Jourfier, puis Courbezon et Fuléran ou Célestin.

L'abbé Capdepont a de hautes capacités, un grand savoir, une parole abondante, colorée, avec de magnifiques élans, et comme « des coups d'aile d'un archange ». Au sortir du grand séminaire, les humbles devoirs de son vicariat l'accablent d'un invincible dégoût. N'aura-t-il donc jamais qu'à administrer les sacrements, à enterrer les morts, à confesser de vieilles dévotes? Cette besogne l'excède, l'humilie. Dévoré d'impatience, ne voyant, s'il doit suivre l'obscure filière, aucun jour à l'ambition qui le tourmente, le jeune vicaire entre comme précepteur dans la famille d'un riche industriel, membre de la Chambre des députés, et là, dès qu'il s'est rendu le maître, ménage de longue main son ascension. Lui, si fier, et dont la dignité ombrageuse est toujours prête à la révolte, il fait antichambre à la porte du ministre, se courbe devant tous ceux qu'il ne peut dominer, gaspille son génie en d'obscures intrigues. Cependant, degré par degré, il s'élève. Le voilà enfin vicaire général. Son ambition, à mesure qu'elle approche du but, s'emporte et s'exalte. Quand le siège épiscopal du diocèse est devenu vacant, il croit déjà toucher, saisir cette mitre qui le fascine. Mais la révolution de Février coupe court à ses espérances. Un autre que lui est nommé. Alors, l'envie, la haine, la vengeance

4

ravagent l'âme de Capdepont. Il fait au nouvel
évêque une guerre déloyale et violente, qui ne
s'arrête même pas devant le cercueil. Tout moyen
lui est bon, dont il croit tirer avantage. Il trahit
sa conscience en affichant un gallicanisme qui le
rendra peut-être agréable au gouvernement. Puis,
quand il est enfin nommé par le ministre, il fait,
pour être élu par le Saint-Siège, des déclarations
d'un ultramontanisme intransigeant. Évêque, il
devient l'ami des Jésuites, le champion fougueux
du Syllabus et de l'Infaillibilité papale. Un arche-
vêché récompense son zèle, et, bientôt, le cardi-
nalat. Mais il n'est pas encore satisfait. C'est
maintenant la tiare qu'il convoite, que son confi-
dent Mical lui fait entrevoir. « Qui sait?... » dit
en levant les bras au ciel l'ancien pastoureau de
Harros.

Jourfier ne ressemble en rien à Capdepont.
Petit-fils d'un conventionnel qui vota la mort du
roi, fils d'un député libéral de la Restauration qui
fut le plus éloquent adversaire des Jésuites, un
ami de son père, le comte de Serviès, attaché à
d'autres idées politiques, l'a mis, orphelin dès
l'enfance, au petit séminaire, où sa vocation
ecclésiastique, favorisée par une mère pieuse, ne
tarde pas à se déclarer. Il la suit sans aucun
trouble de conscience pendant les années du grand
séminaire. Aux approches de l'ordination, des
scrupules l'inquiètent; il hésite avant de prononc-
cer les vœux qui l'engageront à jamais. Et pourtant, il « fait le pas », sûr de tenir son serment
et d'être un prêtre fidèle, mais ne sentant pas en

lui cette indicible joie du cœur par laquelle se marque peut-être l'élection. Ce qui va tourmenter sa vie entière, c'est qu'en devenant prêtre, il n'a pas dépouillé le laïque. Ses talents honorent l'Église ; il est un admirable écrivain, un grand prédicateur, dont l'éloquence passe sans effort de la familiarité douce et touchante aux plus beaux développements oratoires, aux plus ferventes élévations du pathétique chrétien. Son caractère, son cœur valent son esprit. Il est pieux, il est simple, il est chaste. Il se tient scrupuleusement à l'écart de toute coterie et de toute intrigue ; le jour même de son ordination, il court chez le comte de Serviès pour lui défendre de le protéger. S'il fait profession de gallicanisme, c'est parce qu'il a honte de voir le clergé humilié sous le joug des Jésuites. Aucune ambition chez lui. Lorsque l'épiscopat lui est offert, il veut, tout d'abord, le refuser ; il l'accepte pour ne pas trahir son devoir et dans la pensée qu'un évêque indépendant et ferme peut rendre service à l'Église nationale. Par malheur, Jourfier n'a pas seulement toutes les vertus d'un prêtre, il a aussi toutes celles d'un laïque. Ou plutôt ses vertus laïques, il le sent, ne sont pas compatibles avec le sacerdoce. Lui-même, à de certains moments, se plaint d'avoir été précipité dans l'Église comme dans un gouffre. Son langage — c'est le mot du cardinal Finella — ne sonne pas l'âme ecclésiastique. Quand des paroles de révolte sortent déjà de ses lèvres, à l'archiprêtre Rupert, qui lui dit : « Vous n'êtes pas un prêtre », il répond : « Je suis un

homme. » Voyons bien la différence. Jourlier
n'est pas un prêtre parce qu'il lui manque la
première et la plus essentielle des vertus ecclésiastiques, la soumission, sans laquelle toutes
les vertus laïques ne peuvent être qu'un sujet de
scandale. Le prêtre digne de ce nom a, en pronon-
çant les vœux, abandonné pour toujours sa raison
et sa conscience, il a résigné sa dignité d'homme,
abdiqué sa personne morale. Dans la cléricature,
on doit ou se révolter ou se soumettre. Et, comme
Lucifer ne peut pas se soumettre, ne veut pas
se révolter, il ne lui reste plus de refuge que la
mort.

Ainsi, Capdepont finit par s'élever aux plus
hautes charges de l'Église, et Jourlier en est réduit au suicide. Quand Jourlier s'entretient avec
le cardinal Finella, il comprend à demi-mot qu'on
lui tient rigueur de son indépendance, qu'on lui
fait un crime de sa dignité. Toutes ses vertus, je
ne sais quelle odeur laïque les a rendues sus-
pectes. Combien différent est l'accueil que Capdepont reçoit à Rome ! On ne lui en veut même
pas d'avoir paru un moment se tourner vers le
gallicanisme. En jetant quelques miettes de flat-
terie au ministre des cultes, Capdepont faisait
aboutir une ambition dont le ciel devait tirer profit. C'est pour Rome qu'il s'humiliait jusqu'à
ruser, et, parfois, jusqu'à mentir. Mais se peut-il
qu'un prêtre mente ? Comme l'explique le cardinal Maffeï à ce pauvre abbé Ternisien, l'Église,
qui est la vérité même, ne saurait mentir, et
l'on ne ment pas quand on défend l'Église,

quand on emploie les ressources de son esprit à
avancer le règne de Dieu. Si Capdepont a mêlé
la violence à l'intrigue, sachons bien que, pour
vaincre ses adversaires, l'Église a besoin de chefs
énergiques. Après tout, un prêtre vertueux ne
sauve que son âme ; un Tigrane peut sauver
l'Église elle-même, lumière et forteresse de toutes
les âmes. Et c'est pourquoi S. S. le Pape, quand
le général des Jésuites amène Capdepont devant
elle, ne laisse le nouvel évêque se prosterner à
ses pieds que pour le relever aussitôt en l'embras-
sant et en l'appelant : « Mon frère ! »

Capdepont et Jourfier sont des « intellectuels »,
des génies extraordinaires, faits, soit pour s'élever, comme l'un, au sommet de la hiérarchie
catholique, soit, comme l'autre, pour se briser
dans un naufrage où sombre jusqu'à la foi. Voici
maintenant les curés de campagne. Ceux-là sont
des humbles en esprit. Ils n'ont reçu que les dons
du cœur. Dans l'obscure paroisse où le ciel les
plaça, ils se dévouent tout entiers, véritables pas-
teurs des âmes, à leur ministère de charité chrétienne. M. Fabre a peint avec une sympathie
visible ces desservants modestes et doux. Il les
aime, et il nous les fait aimer.

L'abbé Courbezon n'a ni les prestigieux talents,
ni la haute et noble figure d'un Tigrane, mais il
a l'âme d'un Vincent de Paul. Un zèle imprudent
l'entraîne, partout où il passe, à fonder quelque
hospice, quelque orphelinat. Envoyé en disgrâce
dans la petite paroisse de Saint-Xist, il dépouille,
pour bâtir une école, la plus riche de ses parois-

siennes, Séveraguette, avec aussi peu de scrupule qu'il avait dépouillé sa mère. Qu'est-ce que les richesses de ce monde? et quel meilleur emploi en ferait-on que d'instruire les jeunes âmes aux vérités du christianisme? Courbezon n'est pas un maniaque de bâtiments. Certes, il y a en lui du rêveur et du visionnaire. Mais c'est sa charité qui l'éblouit, l'exalte, le fascine. Elle l'élève au-dessus des préoccupations de la vie pratique, elle lui fait oublier ou méconnaître toute prudence humaine en l'attachant à une œuvre divine. Il est un saint, le saint de la charité. Son premier soin, en arrivant à Saint-Xist avec quelques pièces de menue monnaie dans sa poche, c'est de recueillir au presbytère une pauvre veuve et ses cinq enfants.

À côté de Courbezon, l'autre curé de campagne qui s'appelle tantôt Célestin et tantôt Fulcran. Ce vieux prêtre est un simple. En se remémorant la traduction que son camarade Vidalenc fit, au petit séminaire, du premier vers de la première églogue de Virgile, *Tityre*, tu tirais, *patulæ*, les petits pâtés, etc., il pouffe encore de rire, tant cette anodine plaisanterie lui semble drôle. Aussi ingénu d'âme que d'esprit, c'est pour lui une joie ineffable chaque fois que Marianne met sur la table les belles tasses de M. l'abbé Combescure, ces tasses en porcelaine, resplendissantes comme les vases du tabernacle, qu'il porte à ses lèvres avec un pieux recueillement. Débonnaire et crédule, il se laisse aisément duper, ne pouvant, lui qui n'a aucune malice, croire à la malice des autres

Il est craintif, embarrassé, d'une innocence tout
enfantine. Marianne le morigène, et M. le neveu
abuse parfois de sa candeur. Mais cette candeur
même a quelque chose de charmant et d'auguste.
Si timide qu'il soit, du reste, le sentiment élevé
de son ministère lui inspire, quand il le faut, une
dignité qui commande le respect, voire des hardiesses qui l'étonnent tout le premier. A sa simplesse d'âme s'associe je ne sais quelle solennité
bénigne et cordiale. Il répand en de complaisants
discours une savoureuse prud'homie. Soit qu'il
soliloque — l'expression est de lui — à la façon
des grands anachorètes de la Thébaïde, soit que,
dans les cas importants, il inflige à Marianne
quelque semonce relevée d'une citation latine,
soit qu'il instruise M. le neveu aux choses divines
et humaines, sa parole est un délicieux mélange
de douceur et de gravité, d'onction familière et
de grandiloquence. Il me fait, plus d'une fois,
songer à certain personnage d'Anatole France, je
ne veux pas dire au maître de Jacques Tournebroche, mais à Sylvestre Bonnard. Ce sont, des
deux parts, les mêmes monologues ; M. Bonnard a
sa Marianne dans Thérèse, son M. le neveu dans
la fille de Clémentine ; et, chez l'un aussi bien que
chez l'autre, c'est la même succulence de propos.
Par sa grâce et son élégance, l'auteur de *Sylvestre
Bonnard* défie sans doute la comparaison, et, du
reste, son ironie supérieure, quelle qu'en soit la
finesse, ne serait pas ici de mise. Mais le vieux
savant à la peinture duquel M. France a appliqué
son art infiniment délicat n'en offre pas moins

quelque ressemblance avec le vieux prêtre que
M. Fabre a tout naïvement reproduit.

M. Ferdinand Fabre n'a pas moins d'originalité
comme peintre des mœurs paysannes que comme
peintre des mœurs cléricales. George Sand, dont
les romans champêtres paraissaient une quinzaine
d'années avant les *Courbezon*, avait mis dans ses
idylles quelque complaisance idéaliste et optimiste. D'ailleurs, entre les paysans du Berry et
ceux des Cévennes, il y a la même différence
qu'entre les deux pays, l'un gras, riche, molle-
ment ondulé, l'autre aride, graveleux et d'une
sauvagerie abrupte. Pourtant, comme la montagne cévenole abrite parfois un aimable et frais
vallon, de même, parmi ces rudes villageois, il
s'en trouve aussi dont le cœur est tendre. Mais
leur tendresse a quelque chose de concentré, de
sévère, de fruste, et, par là, les chevriers du
Larzac se reconnaissent encore pour fils d'un
sol ardu et rocailleux.

On ne demande pas au roman rustique des
analyses délicates et nuancées. Le paysan, bon
ou mauvais, est tout d'une pièce. Ce qu'ont d'admirable les romans de M. Fabre, c'est, encore ici,
l'énergique précision des portraits. Dans les *Courbezon*, par exemple, Fumat et Pancol sont deux
figures qui se gravent dans la mémoire, celui-là
cupide et sournois, diplomate de village auquel
son beau parler et son esprit fertile ont valu le
surnom de l'Avocat, celui-ci grossier et terrible,
sorte de bête brute, dont un véritable amour
transfigure à certain moment la difformité, mais

que sa furieuse jalousie va faire assassin. Parmi les femmes elles-mêmes, il y en a plusieurs chez lesquelles M. Fabre exprime avec non moins de vigueur la dureté d'une âme paysanne. Dans *Barnabé*, c'est la Combale, créature revêche et têtue, que l'avarice a complètement desséchée. Dans *Xavière*, Benoîte Oradou, et dans *Mon oncle Célestin*, la Galtière, deux mégères d'autant plus abominables que la fille de l'une, Xavière, et la belle-fille de l'autre, Marie, supportent les injures, les privations et les coups avec plus de patience et d'angélique douceur. Dans les *Courbezon* enfin, la Pancole, à la fois madrée et violente, que la cupidité exaspère jusqu'au crime, type d'un relief sinistre, devant lequel l'auteur lui-même, il nous le déclare candidement, s'est plus d'une fois senti frémir d'horreur.

Mais M. Fabre n'a jamais cru que, pour être vrai, il fallût représenter seulement des monstres. De ces figures odieuses, que comporte à peine la réalité, d'autres figures nous reposent, qui inspirent la sympathie ou commandent l'admiration. A côté de la Pancole, voici la Courbezonne, vénérable et touchante par sa piété sereine, par sa tendresse mêlée de respect pour un fils qui l'a réduite à la misère, voici la sainte, l'adorable Séveraguette, comme, à côté de la Galtière et de Benoîte Oradou, ce sont Marie et Xavière, également exquises, l'une dans son innocence placide, l'autre dans la pureté, dans la grâce virginale de son amour. Et, si Pancol représente tout ce qu'une âme rudimentaire peut

recéler de bestiale férocité, Éran, dans le *Chevrier*, est encore un paysan inculte, mais il
n'ignore aucune générosité du cœur, aucune délicatesse instinctive du sentiment. Son métier
même a quelque chose de libre et de noble.
L'âme de la nature au milieu de laquelle il vit
s'est communiquée à cet humble chevrier. Il y
a chez Éran la sévérité recueillie des rocs et la
fraîche douceur des sources. Son amour pour
Félice est aussi pur que fervent, tendre à la fois
et fort. Rien de vulgaire en lui, rien de grossier. Comme tous les paysans, il a la passion de
la terre ; mais ce n'est pas jalouse avarice, âpre
désir de posséder. Quand la vieille Fontenille
l'a pris à son service, il se sent mal au cœur
en voyant les champs en friche, les bêtes mal
tenues. « Hériteras-tu de la ferme », lui dit la
servante Françon, « pour en montrer si grand
souci ? — La ferme, répond-il, appartient à la
Fontenille, et, après elle, à son neveu, Jean Ber-
nardel ; mais la terre, Dieu l'a faite pour tout
le monde... N'étant cultivée, la terre est malheureuse ici, et je ne puis m'accoutumer à cela. »
Des plaines bien labourées, des troupeaux bien
nourris réjouissent sa vue. Mais il connaît aussi
la beauté, la grâce des choses. Il est sensible
aux splendeurs et aux mélancolies de la nature.
Il a ses heures de rêverie, de contemplation,
ce que lui-même appelle des « innocences ».
Quand Félice vient de lui apprendre qu'elle aime
Frédéry, il s'enfuit aux champs, la mort dans
l'âme, et, tout du long étendu sous un chêne,

il oublie un instant son désespoir en regardant les oiseaux voltiger de branche en branche, mêler leurs chants aigus au bruissement des jeunes feuilles qu'émeut la brise matinale...

Si les romans champêtres de M. Fabre s'élèvent au-dessus d'un réalisme terne et sec, ils doivent leur poésie au sentiment de la nature et à l'amour.

« La nature », dit M. Fabre lui-même, « s'empare de moi dès que je me trouve avec elle. J'ai éprouvé cela cent fois, mille fois, dans mon enfance. » Et il l'éprouve encore à la fin de son séjour au grand séminaire, quand, un jeudi de promenade, il s'isole des autres séminaristes pour descendre en rêvant le cours du Lez. « Je soupçonne », écrivait M. Jules Lemaître (avant *Ma vocation*), « que c'est au fond l'amoureux de la nature qui a détourné le lévite, que c'est Cybèle qui l'a enlevé à Dieu. » Pourtant, les cieux racontent la gloire de leur créateur, et la terre de même. Mais, dans l'amour de M. Fabre pour la terre, il y a aussi une sorte d'effervescence naturaliste. Presque tous ses livres rustiques en portent la trace, *Barnabé* notamment, qu'inspire je ne sais quelle ivresse de la puberté libre et folâtre. M. Fabre est un admirable peintre de la nature, qui fournit à presque toutes ses scènes un fond tantôt gracieux, plus souvent austère ou grandiose. Il a fait sienne la montagne cévenole. Les traines du Berry ne sont pas plus à George Sand qu'à lui les garigues des Cévennes. Et ces mœurs rustiques dont il nous rend le tableau, ces mœurs proprement campagnardes, celles des laboureurs, des vignerons et des pâtres, sa fidélité pittoresque, qui s'attache à nous en retracer les plus humbles détails, n'empêche pas que nous y sentions plus d'une fois comme « un souffle des hauteurs ». Rappelez-vous dans *Xavière* la cueillette des châtaignes. Cette scène si simple a vraiment quelque chose d'épique.

Quant à l'amour, ce fut là l'obstacle de sa vocation. Il ne sortit point du grand séminaire à la suite d'une crise intellectuelle. Sans doute, le cours de philosophie de Mgr Bouvier, évêque du Mans, ne satisfait pas son esprit ; il y trouve trop d'arguments puérils, trop de phraséologie vide. Mais sa foi n'en souffre pas. A-t-on besoin de comprendre pour croire ? Il quitte le séminaire aussi croyant qu'il y est entré ; avant d'écrire à sa mère qu'elle vienne le reprendre, il presse un crucifix contre ses lèvres. Ce qui le décide, c'est « la profondeur de cette maladie d'amour » à laquelle il est en proie ; le jeune lévite « entend les cent gueules de la concupiscence se ruer déjà sur sa vocation ». De douces, d'attirantes figures passent dans ses rêves : Jeanne Magimel avec ses yeux clairs, ses cheveux blonds que poudre çà et là de la fleur de farine, sa taille souple, ses lèvres humides auxquelles, dans un accès de folie, il a éperdument collé les siennes ; Norette, la fille du tuilier, allant et venant sur l'aire avec une grâce d'oiseau ; Marthe, la jeune vendangeuse, brune comme une grappe sur le pressoir, Marthe, baignant au ruisseau son front blessé par le fouet d'un charretier brutal, tandis qu'il la regarde à la dérobée dans le miroir de l'eau où se réfléchit son fin visage...

Ces figures charmantes, les romans de M. Fabre nous les rendent. Les plus âpres de ses livres ont des coins idylliques. Certains, et non des moindres, ne sont guère que des idylles : *Xavière*, idylle tout innocente et d'une exquise suavité ; *Monsieur Jean*, idylle enfantine comme *Xavière*, idylle ingénue, mais déjà sensuelle et légèrement perverse, un peu sacrilège même, puisqu'elle ajoute au plaisir la saveur du remords. Xavière, dont le cœur vient à peine de s'éveiller, ignore qu'elle aime Landry ; son amour n'est qu'une amitié plus tendre. Merlette, espiègle et délurée, curieuse de ce qu'elle ne sait pas encore, amuse « Monsieur Jean » de ses vivacités, l'agace de ses niches, l'allèche si bien par ses coquetteries, qu'avant de se confesser le pauvre garçon succombe à la tentation de baiser ses joues fraîches, et qu'après confesse il recommence. N'oublions pas *Barnabé*, n'oublions pas surtout, dans *Julien Savignac*, la Méniquette, une des plus charmantes entre les esquisses de jeunes amoureuses où se sont complus les souvenirs de l'auteur. Quant au *Chevrier*, c'est encore une idylle, mais celle d'un amour mortel ; et M. Fabre, s'il décrit avec délicatesse les troubles et les premiers émois d'un cœur adolescent, a aussi, dans sa Félice, peint avec une grande force de pathétique ce que l'amour peut avoir de plus fervent, de plus grave et de plus profond.

« Une toile d'araignée », se faisait dire M. Fa-

bre, il y a quelque vingt ans, dans la préface de
l'*Hospitalière*, « le sépare de la grande réputation. » Vingt ans plus tard, c'est presque aussi
vrai. Mais s'il n'a peut-être pas, même aujour-
d'hui, la « grande réputation », on se tromperait,
je crois, en l'expliquant par des raisons qui fassent tort à son œuvre.

Il faut cependant reconnaître que M. Fabre
n'est pas toujours égal à lui-même. Certains de
ses livres n'ont qu'une valeur très médiocre, le
Roi Ramire, par exemple, ou *Mademoiselle de Mala-
vieille*, l'un pénible et sans grâce, l'autre d'un
romanesque banal et factice. Mais qu'importe,
après tout? Si, parmi les vingt-cinq volumes
qu'il a écrits, trois ou quatre sont d'une infériorité notoire, il n'y a qu'à les passer sous silence.
L'auteur ne s'en plaindra pas.

On lui reproche aussi le manque d'invention.
Et il est bien vrai que, dans un certain sens,
M. Fabre imagine peu. La « fable », en ses livres,
n'a guère de place. *Monsieur Jean* est une escapade de jeune garçon, la folle journée d'un neveu
de prêtre, qui, envoyé par son oncle à confesse,
vagabonde par les bois avec une fillette très appé-
tissante. A peine si, dans *Xavière*, il y a vraiment
un sujet : ce sont de petites scènes épisodiques,
avec, çà et là, deux ou trois récits que rien ne
rattache à l'action. Et *Mon oncle Célestin* lui-même,
qu'est-ce qui s'y passe? Le voyage du curé et son
installation à Lignières, la fête de Saint-Fulcran,
l'aventure de Marie Galtier, voilà tout. Mais cela
n'empêche pas *Xavière* et *Monsieur Jean* d'être

des œuvres charmantes, et il n'en faut pas plus à *Mon oncle Célestin* pour être un chef-d'œuvre. L'intérêt, en de tels livres, s'attache à la description des paysages, à l'étude vivante des mœurs, surtout à la peinture des caractères. Dira-t-on que les personnages de M. Fabre sont toujours les mêmes ? Ce qui me frappe au contraire, c'est, dans le domaine qu'il s'approprie, l'extrême diversité des figures, — d'une part tous les ecclésiastiques depuis les desservants de village jusqu'aux cardinaux (Maffeï de l'*Abbé Tigrane* et Finella de *Lucifer*), jusqu'au pape lui-même (entretien de Pie IX avec Jourfier), — d'autre part tout le monde des paysans, fermiers, pâtres, ermites, vendangeurs ou batteurs de châtaignes, sans oublier le médecin de campagne et l'usurier du bourg voisin. Et, quand deux personnages offrent entre eux quelque similitude, regardez-y de plus près. S'il n'y a aucun rapport entre Capdepont et Jourfier, Ferrand est tout autre que Carpezat, Célestin se distingue aisément de Courbezon. N'est-ce pas là le plus bel éloge à faire de l'auteur, si, parmi tant de caractères, ceux-là mêmes qui paraissent au premier abord se ressembler ont chacun sa physionomie originale et bien individuelle ?

M. Fabre n'est pas exempt de gaucherie soit dans la composition de ses livres, soit dans la mise en scène de ses personnages. Ce lui est par exemple un procédé coutumier de s'interrompre pour adresser directement la parole au lecteur. Tantôt il s'assure que nous avons compris, tantôt il attire notre attention sur quelques remar-

ques en nous affirmant que l'intelligence du récit en tirera bénéfice, tantôt il nous demande la
permission de « s'arrêter sur une physionomie
très caractérisée et très singulière », tantôt il
moralise avec l'onctueuse abondance d'un ancien
séminariste. Aussi bien ces réflexions de l'auteur
sont en général assez courtes, et rien n'eût été
plus facile que de les retrancher. Je les regrette-
rais pour ma part ; la candeur qu'elles révèlent
n'est pas sans charme.

On peut enfin lui reprocher une lenteur monotone, une exactitude trop minutieuse. Pourtant,
son allure solide inspire confiance. Nous nous
laissons entraîner à ce développement paisible
et continu, comme si le cours même des choses
se déroulait sous nos yeux. Telle doit être l'allure
d'un auteur qui nous fait connaître les hommes
et la vie non par des crises, par de brusques accidents, mais dans leur habitude naturelle et jour-
nalière. D'ailleurs, la multiplicité des détails est
nécessaire au réalisme. C'est par là que vivent
les personnages de M. Fabre, qu'ils nous deviennent familiers. Nous nous figurons avoir comme
lui vécu dans l'intimité de Fulcran ou de Courbezon. Et puis les plus petites choses, ici, n'ont
elles-mêmes rien de bas. C'est comme dans les
épopées primitives. M. Fabre nous décrit longuement un repas de l'abbé Célestin, le lait crémeux
et tiède, et aussi le jambon salé, les succulents
« grattons », les délicieuses saucisses... Mais est-ce
qu'Homère ne nous montre pas Achille aux pieds
légers faisant sa cuisine ? Ces humbles détails

peuvent, sans que l'harmonie en souffre, se mêler aux plus belles scènes, aux plus graves propos, qui ne cessent jamais d'être simples. Ainsi, quand Marianne, interrompant le bon ermite Labérie, qui raisonne avec l'abbé Célestin sur la vie et sur la mort, entre-bâille la porte de la salle pour demander si elle doit servir les aubergines.

A quoi tient-il que M. Fabre n'ait jamais eu ce qu'il appelle la grande réputation? A l'isolement volontaire dans lequel il a vécu, à son aversion pour le bruit et la réclame, au choix même de ses sujets qui n'affriolent ni la curiosité ni le goût du scandale (quoi? pas un curé libidineux!), à ce qu'il y a chez lui de peu « moderne » ou même de peu « parisien ». Je crois qu'il ne perdra rien pour attendre. Il a fait quatre ou cinq livres qui resteront, des livres qui ne sont, à vrai dire, ni parisiens ni modernes, mais qui sont humains. Je ne sais ce qu'il adviendra dans quelques années des romanciers dont les œuvres font aujourd'hui le plus d'éclat : il me semble que les quatre ou cinq livres dont je parle promettent à leur auteur une belle revanche. On peut dédaigner la grande réputation que donne, un peu au hasard, le public contemporain, si l'on est en droit de compter sur la gloire qu'assure « l'équitable avenir ». Entre cette gloire et M. Fabre, je n'aperçois pas la moindre toile d'araignée. Il se passerait sans dommage d'être académicien. Est-ce une raison pour que l'Académie l'exclue ou pour qu'elle l'élise? Nous ne tarderons pas à le savoir.

III

M. André Bellessort.

III. — M. ANDRÉ BELLESSORT [1]

Et pourquoi ferais-je difficulté de « lâcher
l'admirable » ? M. André Bellessort est, je crois,
un tout jeune homme, et il n'a encore publié que
deux petits recueils ; mais doit-on pour cela lui
marchander les éloges ? Dans les *Mythes et Poèmes*,
qui paraissaient il y a deux ans à peine, dans la
Chanson du Sud, qui vient de paraître, j'ai trouvé
d'admirables choses, et je le dis comme je le
pense. Y faut-il donc tant de précautions ?

Trop souvent, la poésie, sur la fin de notre siècle, n'est qu'un jeu laborieux et puéril. Le besoin
se faisait sentir d'un poète qui réconciliât l'art
avec la vie, avec l'humanité. Ce poète, il se
pourrait bien que M. Bellessort le fût.

Loin de se complaire dans les subtilités cap-
tieuses des décadents, M. Bellessort veut retrouver la franchise et la simplicité primitives.
Lorsque tant d'autres vont demander aux alexandrins le secret de leurs raffinements et de leurs
mièvreries, il remonte jusqu'aux vieux aèdes,
jusqu'à l'antique Homère, et les prie de rendre
son âme candide. Il ne croit pas que la poésie

---

1. *Mythes et Poèmes*, 1894 : *la Chanson du Sud*. 1896.
Lemerre, éditeur).

soit nécessairement inquiète, tourmentée et dolente. Il veut en faire l'expression des « larges
sentiments » et des « beautés simples ». Ses vers
ne sont pas écrits pour quelques cénacles de blasés ; il se met en communion avec les foules
obscures, et le « chant magique des syllabes »
ne ferme point son oreille aux battements du
cœur humain. Quoi de plus misérable que le
labeur de l'artiste s'il se réduit à une habileté
mécanique ? En un temps comme le nôtre, il y a
trop à faire pour que l'homme de cœur se consume dans le culte des formes vaines. La poésie
elle-même doit être action. Le poète ne ressem-
blera pas à ces Athéniens qui, pendant que
Lysandre campait au pied de l'Acropole, écou-
taient en souriant les joueuses de flûte.

Si M. Bellessort dédaigne le métier, il n'en a
pas moins le respect de son art. Il sait que les
plus belles inspirations ne dispensent pas le poète
de rimes exactes et de rythmes harmonieux.
Aussi n'est-il point de ceux qui ramènent notre
poésie à je ne sais quelle mélopée fluide et bal-
butiante. Ses rimes sont riches, souvent rares.
Ses rythmes, francs et fermes, donnent sans mo-
notonie, mais avec un juste accent, la sensation
de la mesure. Quant à sa langue, toujours nette,
vigoureuse, expressive, elle ne cherche pas dans
les bizarreries une originalité facile et de mauvais aloi. A peine s'il rajeunit de loin en loin
quelque vieux mot significatif et pittoresque. Il
n'en invente aucun. C'est la langue de tout le
monde qu'il parle, mais il la parle d'un ton qui est

le sien. Ceux qui affectent des termes insolites ou qui se créent un vocabulaire fantasque, ne font par là qu'accuser leur impuissance et la pauvreté de leur génie.

M. Bellessort n'est pas plus un parnassien qu'un symboliste. Non que le talent pittoresque lui manque. Son dernier recueil surtout abonde en belles descriptions, soit de la mer, soit de paysages exotiques : et il sait aussi rendre avec beaucoup de couleur et de relief les types originaux qui se sont offerts à lui dans ses pérégrinations à travers l'Amérique du Sud : matrone chilienne, cacique araucan, *roto* loqueteux que la guerre transforme en héros, mineurs de douze ans aux faces de vieillards. Mais rarement il se contente de noter les aspects ou les figures. Trois ou quatre pièces du recueil au plus ne sont que picturales. Ses descriptions suggèrent plus de choses qu'elles n'en expriment. Je trouve chez lui beaucoup de courts tableaux, ébauchés en quelques traits et que notre imagination achève. Souvent un ou deux alexandrins lui suffisent, qui font comme une sorte d'évocation, qui ont réellement une âme.

Dans les deux volumes de M. Bellessort, il y a une veine élégiaque d'où procèdent quelques-unes de ses meilleures pièces. Nature vigoureuse mais tendre, le poëte n'est pas un impassible. Son vers n'a rien de dur ou de contraint. A la fois souple et fort, il se plie à l'émotion. M. Bellessort ne rougit point de chanter ses joies et ses tristesses. La note personnelle est chez lui d'une intimité discrète et pénétrante. Voyez, dans la *Chanson du Sud*, des morceaux comme l'*Absente* et comme *Cloches sur mer*, où il exprime avec une si mélancolique douceur le regret du sol natal. Dans *Mythes et Poèmes*, j'indiquerai surtout une dizaine de petites pièces, réunies sous le titre de l'*Urne cinéraire*. Le poète y chante une morte chérie. Deux ou trois sont vraiment exquises. On me saura gré, j'en suis sûr, de citer la suivante :

Un marbre gris au pied d'une muraille nue :
D'autres pierres, et, sous le jour qui diminue,
Le sombre alignement des pierres continue.

Un brouillard gris qui fond en eau sur le sol brun :
Et toujours la Bretagne avec son morne embrun
Et son vent qui gémit sur ses pauvres à jeun.

C'est la dernière nuit qui descend de l'année
Et ferme les yeux las de la froide journée :
Triste comme ses sœurs qui nous l'ont amenée.

Et cette nuit encor de blancs enfants naîtront,
Qui porteront un jour nos rides à leur front,
Pauvres rameaux flétris poussant sur un vieux tronc ;

Et de beaux jeunes gens aux cœurs graves et mâles,
Croyant à leur amour, joindront leurs lèvres pâles,
Tandis que des mourants achèveront leurs râles.

Oh ! cette pierre nue au pied de ce mur gris,
Et devant les tombeaux ces arbres amaigris,
Squelettes où le vent fait courir de longs cris !

Triste est le dernier soir où le vieil an succombe.
Sur ceux qu'il a perdus, c'est un siècle qui tombe,
Et les fleurs de Toussaint sont mortes sur leur tombe.

Que le jour de demain se lèvera blafard !
Mais l'homme indifférent qui rira sous son fard
Pour l'image des morts n'aura plus un regard.

Pauvre âme, avec l'année où l'on cloua ta bière.
On oubliera ton nom gravé sur une pierre.
Ton nom, larme éternelle au bord de ma paupière !

Meurs donc, ô dernier jour de ce douzième mois !
Dans ton brouillard opaque et navrant, je revois
Mes trois cents jours passés, chemins plantés de croix :

Et tu ne m'as laissé, quand ta nuit est venue,
Pour lit d'amour, à moi qui lutte et m'exténue,
Qu'un marbre gris au pied d'une muraille nue.

Voilà, n'est-ce pas, quelque chose de rare. Sentiment, rythme, sonorités lointaines et voilées,
tout s'accorde dans cette petite pièce pour en
faire un chef-d'œuvre d'émotion délicate et profonde.

Mais il y a aussi dans les deux recueils de
M. Bellessort une veine épique, qui n'est pas
moins heureuse. Comme aux grands poètes du
romantisme, il lui arrive souvent d'exprimer sa
pensée par des symboles, et ces symboles, presque toujours, prennent chez lui une allure d'épopée. Il n'est pas un symboliste à la façon de
notre jeune école : les mythes qu'il développe
n'affectent rien d'obscur : il les a choisis pour
donner à ses conceptions plus d'ampleur et non
pour en dissimuler le vide. Dans son premier
recueil, la plupart des poèmes ont le ton épique.
Ils rappellent la *Légende des siècles* par la
vigueur de l'inspiration, la puissance du souffle,
l'éclat et la fermeté du style.

J'ai peur que M. Bellessort ne paraisse un peu
« vieux jeu ». Il a ce tort d'être éloquent. « Prends
l'éloquence et tords-lui le cou », disait le pauvre

Verlaine. Je sais bien que l'éloquence n'est pas
la poésie ; mais elle n'est pas non plus la rhétorique. Elle est, chez M. Bellessort, l'expression
vive et forte d'une pensée généreuse. M. Bellessort n'a pas tordu le cou à son éloquence, et je
l'en félicite. Elle lui a valu des morceaux superbes.
Je signalerai notamment une *Lettre à Fir-
min Roz*, dans laquelle il lance contre l'argent
oppressif et corrupteur une imprécation vibrante.
Depuis longtemps, je ne crains pas de le dire, la
poésie française n'avait eu de si fiers accents.

L'éloquence de M. Bellessort lui vient d'une
âme fervente. Il a le souci des hautes questions
que notre siècle finissant se pose avec angoisse.
La vie humaine, avant tout, le préoccupe. Son
premier volume n'est guère, d'un bout à l'autre,
qu'une vivante évocation de toutes les croyances
qui peuvent affermir et tremper le cœur. La
Chanson du Sud devrait être, lui-même l'appelle
ainsi, « un livre d'impressions de voyage » ; mais
je n'y vois pas de pièce un tant soit peu étendue
où la description pittoresque ne l'amène tôt ou
tard à quelque idée morale. Encore des mythes :
seulement, ce ne sont plus d'anciennes légendes
qui lui servent de thème ; les tableaux divers
qu'il voit défiler sous ses yeux éveillent dans son
âme une pensée d'espoir, de regret, de confiance
ou d'amour. Pendant la traversée, quand, à
l'horizon lointain, un mince filet d'ombre décèle
l'approche d'un steamer, tout de suite, dépris de
la mer stérile, c'est là que vont ses regards : sur
ce steamer sont des hommes, nos pareils, faits

des mêmes désirs et des mêmes songes, et, devant l'infini de leur être, la mer lui semble étroite. Quand, sur son navire, passagers et marins, tous les hublots ouverts, laissent bercer leur sommeil paisible à l'immensité des flots, un hymne de foi jaillit de son cœur. Devant le détroit, gouffre inconnu et béant, où Magellan ne craignit pas de s'engager, il rêve, lui aussi, par delà les terres et les îles que baigne l'Océan des passions, un asile céleste dans lequel puisse aborder un jour le grand radeau de la misère humaine.

> Du brouillard légendaire où dormait l'Atlantide
> L'Amérique émergea, dessinant sur les eaux
> Sa double grappe énorme, onduleuse et splendide,
> Qu'au soleil becquetaient des tourbillons d'oiseaux :
>
> Il en sera de même, ô nobles utopies,
> Des limbes fabuleux où vous vous estompez :
> Réalités du cœur dans la brume assoupies,
> Ceux qui crurent en vous ne nous ont pas trompés !

Le poète a rompu avec la foi de sa jeunesse. Il s'en fera une autre, une foi libre et forte qui satisfasse sa pensée et son cœur. Souvent, dans son pèlerinage obstiné, des cris de détresse lui échappent. Peut-il reconnaître la loi de son existence ? Est-il seulement libre ? La nature tout entière ne fait-elle pas de lui sa dupe aussi bien que sa victime ? Mais il veut croire, ayant besoin d'agir. Et n'en sait-il pas assez pour être sûr de ne pas se tromper, s'il cultive en soi-même tout ce qui peut exalter son âme ? Il ne sera pas de ceux qui passent leur vie à contempler leur être. Il ne se délectera pas dans le chatoyant spectacle de

ses incertitudes. Il chassera de son esprit toute
complaisance au doute, de son cœur toute mol-
lesse affadissante. Il croira, parce qu'il veut
croire. Il chantera les vieilles religions de la
morale humaine qui ont fait jusqu'à présent la
force et la grandeur de notre race. Il chantera la
vie et l'action, la bonté de l'effort, toutes les énergies de la vertu militante. Et il fera un livre sain
et vaillant, non pas seulement un livre d'artiste,
mais le livre d'un homme.

Tout n'est pas également beau dans les poèmes
de M. Bellessort. Je pourrais y noter çà et là des
faiblesses, des longueurs, des obscurités, des
constructions pénibles, et, surtout à la rime, des
impropriétés fâcheuses. Ce ne sont, la plupart du
temps, que de légères taches, et je veux terminer, non par d'ingrates critiques de détail, mais
en saluant avec espérance le nom, encore peu
connu, je crois, d'un vrai poète, qui a déjà tout
ce qu'il faut pour être un grand poète.

IV

Les "Déracinés"

DE M. Maurice BARRÈS

IV. — LES « DÉRACINÉS »

de M. Maurice BARRÈS.

C'est le premier volume d'une trilogie que M. Barrès intitule *Le Roman de l'Énergie nationale ;* les deux suivants sont déjà annoncés sous le titre de *L'Appel au soldat* et de *L'Appel au juge.*

Sept élèves d'un lycée de province ont, se retrouvant à Paris, formé une sorte d'association. L'un d'eux, Racadot, achète un journal auquel tous collaborent. Mais ce journal ne fait pas ses affaires. Acculé à la faillite, Racadot, pour se procurer de l'argent, ne trouve rien de mieux qu'un assassinat. Il est découvert, il est guillotiné. On a là, en deux mots, je ne dis pas le sujet, mais l' « affabulation » du livre.

Il y a dans *Les Déracinés* des parties « romanesques », voire mélodramatiques, la dernière du moins, tout ce qui se rapporte au meurtre et au procès. On se figure, du reste, que l'auteur n'avait pas l'intention de rivaliser avec les feuilletonistes des petits journaux. Racadot assassine parce que Racadot est un « déraciné » d'une espèce particulière et que les déracinés de cette espèce-là doivent infailliblement mourir sur

l'échafaud. Une étude de psychologie individuelle
et sociale commandée par une thèse, voilà le roman de M. Barrès.

Les défauts du roman à thèse, c'est l'abstraction
dans les personnages et la raideur dans les développements. Il faut louer tout d'abord M. Barrès
de les avoir évités. Deux ou trois de ses héros ne
sont guère que des esquisses. Mais tous ont une
figure distincte, un caractère significatif, et la
valeur typique que prennent les plus importants
ne nuit en rien à l'expression de leur personnalité. D'ailleurs les sept, on s'en doute, sont peints
d'après nature. L'auteur les a connus, il est lui-
même un d'entre eux. Je ne sais ni ne veux savoir
qui sont les autres. Assez de contemporains sont
nommés dans ce roman pour lui faire ce qu'on
appelle un succès de scandale. Non que M. Barrès
l'ait recherché. Son sujet l'amenait nécessairement à mettre en scène des illustrations de la politique ou des lettres, qu'il aurait été puéril de
ne pas désigner sous leur véritable nom. En tout
cas, les sept ne sont pas des personnages fictifs,
créés pour les besoins d'une thèse. Il les a choisis,
il ne les a pas imaginés. Laissons là l'intérêt de
genre inférieur que peut avoir un livre à clé : ce
que je dis, c'est que les sept sont des individus
bien réels. M. Barrès soutient une thèse, rien de
plus légitime. Peut-être abuse-t-il des commentaires et des dissertations. Ses personnages du
moins n'ont rien d'abstrait. Ils vivent, et leur
hysionomie garde toute la liberté de son jeu.

Quant à la composition du livre, elle est assez

ample, assez aisée, pour admettre nombre d'épisodes, qui même n'ont pas toujours un rapport
bien direct avec le sujet. Il faudrait sur ce point
reprocher à M. Barrès non pas trop de logique,
mais plutôt le manque de cohésion. Que *Les Déracinés* aient sept héros au lieu d'un seul, je ne
vois pas comment l'unité pourrait en souffrir. Ces
sept héros ne demeurent pas sur le même plan,
et d'ailleurs ils sont intimement unis les uns aux
autres comme se rattachant à l'idée essentielle du
livre, que leur diversité même a pour but de
mettre dans tout son jour. En tant que roman,
Les Déracinés, sauf quelques digressions trop
longues peut-être et quelques hors-d'œuvre, ne
pèchent point par défaut de teneur. C'est la thèse
elle-même, on le verra plus loin, dont le développement ne paraît pas assez net. J'oserai même
dire, mais seulement tout à l'heure, après l'avoir
fait voir, que si M. Barrès passe pour un très délié
psychologue, ce livre nous le montre assez médiocre logicien.

Il n'y a pas seulement une thèse dans *Les Déracinés*, il y en a deux : l'une contre l'individualisme, l'autre contre l'esprit classique de généra-
lisation, ou, comme on disait au xviiᵉ siècle, de
réduction à l'universel.

La première de ces deux thèses n'est pas assez
corrigée par la seconde pour que nous nous dé-
fendions de quelque surprise en voyant M. Barrès
la soutenir. Jusqu'ici le culte du « moi » avait eu
dans M. Barrès son grand-prêtre. Il professait que
le premier devoir de l'individu, c'est de se dévelop-

per et de se manifester. Il niait avec un cynisme tranquille toute subordination de l'unité à la collectivité, toute discipline sociale, toute règle qui pût gêner dans son exercice l'énergie individuelle. Bien plus, l'égotisme dont il se faisait le théoricien s'évertuait à produire je ne sais quelle excitation fiévreuse des facultés et des sens, hyperesthésiés par une méthode artificielle. Le monde lui apparaissait comme la matière de ses jouissances. Il prétendait vivre pour lui-même et ne voyait dans le « moi » des autres que ce qui pouvait servir à l'entretien de son « moi. »

L'auteur des *Déracinés* nous devait peut-être une préface, ne fût-ce que pour expliquer sa subite et surprenante conversion [1]. A-t-il enfin reconnu l'inanité foncière de cet égotisme, qui lui apparaissait jusqu'alors comme loi unique de l'existence ? A-t-il éprouvé que l'abus des sensations dévore la faculté de sentir, que les excitants finissent par stupéfier ? Peut-être aussi le rôle politique qu'il tint voilà quelques années, et dans lequel il ne recherchait sans doute que les émotions du jeu, lui montra le danger d'une théorie qui méconnaît les nécessités élémentaires de l'institution civile. Quoi qu'il en soit, M. Barrès, après avoir jusqu'ici exalté l'individu, se met pour la première fois à un point de vue social. L'objet essentiel de son livre est de dénoncer ce que l'individualisme a d'anarchique et de subversif en protestant contre une forme de société qui, au lieu

1. Cf. pourtant le chapitre de l'*Homme libre* sur la Lorraine, où se trouve en germe l'idée des *Déracinés*.

de grouper les énergies particulières suivant leurs
affinités respectives, les laisse ou bien se consu-
mer en efforts que l'isolement stérilise, ou bien,
par cet isolement même, s'exaspérer jusqu'à la
révolte.

Les sept, une fois sortis du lycée, vont à Paris
continuer leurs études. Les voilà dans le Quartier
Latin comme dans un bazar intellectuel. Ils y
errent à l'aventure sans trouver nulle part un cen-
tre d'union, un groupe de forces vives qui se les
adjoigne. Isolés, tourmentés par un besoin d'agir
auquel ne répond aucun emploi social, détermi-
nés uniquement par leurs désirs, par leurs ambitions, par la sève effervescente de leur jeunesse,
cette énergie individuelle que, dans un milieu
propice, ils auraient associée à l'énergie nationale, ne s'exerce dès lors qu'au détriment de la
communauté. Chacun des sept voudra être un
« héros ». Ils forment entre eux un syndicat de
Césarions, et leur égoïsme frénétique en fera les
plus dangereux ennemis d'une société qui n'a
pas su se les agréger.

La seconde thèse donne au roman son titre.
M. Barrès a voulu montrer que, dans la « disso-
ciation » même de la France, un mode naturel de
ralliement subsiste encore, celui que déterminent
les affinités de race. Il s'élève contre l'éducation
classique, qui ne tient aucun compte des circonstances particulières et des milieux locaux, qui
veut modeler tous les Français suivant le même
type. Entre l'individualisme, qui poussé à bout
dissout la vie sociale, et le rationalisme, qui

commence par déraciner les futurs citoyens d'une
cité tout abstraite, il y a un moyen terme, qui
est le groupement provincial. M. Barrès se plaint
que l'Université fasse des initiés de la raison pure.
Bel idéal sans doute, mais auquel deux ou trois
hommes par siècle sont capables de s'élever. Les
sept dont M. Barrès écrit l'histoire appartiennent
à la même province : loin de couper les racines
qui les attachaient au sol natal pour transplanter
ces fils de la Lorraine hors de leurs traditions, ou
même de leurs préjugés originels, il fallait cultiver en eux les aptitudes spéciales de la race, il
fallait, non pas les lancer à la conquête chimérique de Paris, mais leur montrer dans la contrée
même d'où ils étaient issus un emploi utile de
leur talent. Deux d'entre eux sont du Barrois ; ils
auraient pu relever Bar qui décline, restaurer
l'ancienne capitale. Celui-ci est du pays de la
Seille : les salines y périclitent : pourquoi n'es-
sayerait-il pas de rendre à cette industrie sa prospérité ? Tel autre est de Longwy : ignore-t-il comment l'initiative d'un seul homme a transformé
la région en magnifique bassin minier ? Ce que
veut montrer M. Barrès, c'est le défaut d'une éducation qui traite les intelligences et les caractères
comme des unités purement formelles, qui ne
veut pas voir que l'esprit de chaque province est
pour ses fils un foyer naturel d'activité comme
un instrument de libération, et que l'harmonie
doit se faire dans la grande patrie française non
pas en effaçant les traits particuliers de chaque
petite patrie pour établir je ne sais quelle unité

artificielle et stérile, mais en coordonnant entre
elles, en associant à l'œuvre commune toutes les
formes diverses de l'énergie nationale, qui trouvent leur aliment dans le sol héréditaire.

Dès son premier cours, à la rentrée d'octobre
1879, Paul Bouteiller, professeur de philosophie,
fait une impression profonde sur sa classe. A des
enfants qui jusqu'alors n'avaient reçu qu'une discipline machinale, il apporte des paroles vivantes
et des idées de leur époque. Il les traite en hommes ; il fait appel au sentiment de l'honneur, à la
responsabilité personnelle ; il prononce les mots
de conscience et de devoir. Ce jeune homme
austère et dominateur devient pour ses élèves une
sorte de dieu. Il les fascine. Il les trouble aussi et
enfièvre leur imagination. Dans l'âge où il serait
bon d'adopter les raisons d'agir les plus simples et
les plus nettes, il fait défiler sous leurs yeux tous
les systèmes des philosophes, il implique leur
esprit à peine formé dans toutes les difficultés que
soulevèrent une longue suite de métaphysiciens
subtils. Disciple de Kant, il leur expose d'abord le
scepticisme provisoire de son maître. Puis, quand
il essaye de reconstituer en eux la catégorie de la
moralité et un ensemble de certitudes, personne
ne le suit plus. Il a exalté tout leur être ; mais
cette exaltation s'est traduite chez eux, soit en
mélancolies romanesques, soit en rêves de grandeur et de gloire. C'est que Bouteiller leur parle
de trop haut. Il n'accommode pas son enseignement à leurs dispositions particulières, il ne se
penche jamais pour écouter leurs murmures inté-

rieurs, pour se rendre compte des modifications
que leur nature et leur tour d'esprit impriment à
sa doctrine. La vérité qu'il enseigne, vérité toute
générale, tout idéologique, il ne daigne pas l'ap-
proprier à ses élèves. Insoucieux des traits particuliers qui distinguent le caractère lorrain, il
« détache » ces jeunes plantes de leur sol propre
et les transporte dans la raison abstraite sans voir
qu'elles sont incapables d'y prendre racine.

Quand, vers le milieu de l'année scolaire, il
quitte Nancy, les lycéens qu'il y laisse n'ont plus
qu'une idée en tête, c'est de le suivre le plus tôt
possible dans ce Paris qui les attire. Ils ne se disent point : « Comment servirai-je ma patrie ? »
mais : « Égalerai-je jamais le génie de Bouteiller ? » Déliés de toute attache, suspendus pour
ainsi dire dans le vide, d'où sentiraient-ils l'obligation d'agir pour l'intérêt général ? C'est pour
eux-mêmes qu'ils agiront. Bouteiller a eu beau
leur prêcher de sa voix grave les devoirs de l'individu envers la communauté ; effaçant ce qui les
rattache à leur milieu naturel, à leurs origines, à
leurs traditions locales, il n'a fait qu'exciter en
eux un individualisme sans frein, qui se promet
déjà toutes les jouissances du luxe et du pouvoir.
Ils ne valent que pour être des grands hommes.
Ils auraient pu devenir des hommes utiles ; ils ne
seront sans doute que des grands hommes man-
qués.

Unis les uns aux autres durant leur dernière
année de lycée par la préférence de leur professeur, les sept ont formé dès lors une sorte de

groupe. Ce sont le sage Rœmerspacher, le délicat
et impressionnable Sturel, le naïf et pur Galland
de Saint-Phlin, le futé Renaudin, le sagace Suret-
Lefort, le violent Racadot, le grossier Mouchefrin.
Après deux ans de séparation, ils se retrou-
vent au Quartier Latin. L'auteur nous les montre,
dès leur première réunion, attablés dans un esta-
minet et criant tous ensemble : « A bas Nancy !
Vive Paris ! » Cri de trahison, détestable renie-
ment !

Rœmerspacher fait ses études de médecine ;
en même temps, il lit beaucoup, il cultive son
intelligence, il acquiert sur toute matière des
idées, et les analyse, les classe avec soin. Suret-
Lefort et Sturel font leurs études de droit, mais
chacun à sa manière. Tandis que Sturel rêve et
vague, suit sans réagir ses impressions, Suret-
Lefort, dès le début, a un plan très net. Il se des-
tine à la carrière de politicien. En attendant de
mettre lui-même la main à la pâte, il étudie minutieusement la géographie électorale des divers
quartiers. Galland prépare sa licence ès lettres ;
il la prépare tout doucement et en amateur. Disciple de Le Play et des socialistes chrétiens, ce
qui l'intéresse, à vrai dire, ce sont les problèmes
sociaux. Il se montre très préoccupé du patronat,
auquel semblent l'appeler sa naissance et sa fortune. Renaudin, qui précéda les six autres à Paris,
est passé tout aussitôt des bancs du lycée dans le
journalisme. Encore demi-naïf et déjà demi-cyni-
que, il se débarrasse de plus en plus de ses scrupules provinciaux et commence à tenir sa place

entre les plus habiles reporters. Racadot, auquel
son père détient un héritage de quarante mille
francs et fait une pension de cent francs par mois,
est vaguement clerc de notaire : mais il prend,
avec Mouchefrin, qui n'a aucunes ressources, l'habitude de vivre en compagnie des bookmakers et
des filles de joie. Tous deux ont vainement essayé
de donner des leçons pour faire, eux aussi, leurs
études. Ils vivent d'expédients. Mouchefrin ne
fréquente plus les bibliothèques qu'afin d'y trouver un abri, de s'y chauffer. Il rôde par les rues
comme une bête dans les bois, sans autre soin que
sa nourriture. Quant à Racadot, son père lui
achèterait une étude dans quelque petite ville de
Lorraine : mais il répudie avec dédain cette vie
humble et bornée ; il ne veut pas quitter Paris,
et, avec Paris, ses rêves de fortune. Racadot et
Mouchefrin ont pris rang dans cette armée de
déclassés à tout faire, dans ce prolétariat de ba-
cheliers qui, de loin en loin, fournit quelques
héros, et, presque toujours, des chevaliers d'industrie ou des forbans.

Cependant, un des journaux où Renaudin écrit
ne pouvant plus payer ses collaborateurs, l'ingénieux Renaudin, qui a son idée de derrière la
tête, va trouver Rœmerspacher, Sturel, Galland,
Suret-Lefort, et leur en propose la rédaction. Une
fois le journal remis à flot, il tâcherait d'y intéresser quelque gros personnage qui lui laissât le
soin de le diriger. Les quatre accueillent l'offre
avec joie, tandis que Mouchefrin et Racadot, lais-
sés de côté, se promettent une éclatante vengeance.

Rœmerspacher, le premier, fait paraître un article : c'est l'analyse et la discussion des *Origines de la France contemporaine*. Il reçoit, à cette occasion, la visite de M. Taine, qui s'enquiert bienveillamment de ses études, de son genre de vie, de son milieu, qui lui conseille de s'unir avec ses camarades lorrains, qui lui fait en termes saisissants le résumé précis et imagé d'une philosophie morale. Aussitôt Rœmerspacher va tout raconter à Sturel. Mais Sturel, plein de respect pour Taine, a lui-même d'autres visées. Le programme de Taine ne le satisfait pas. Ce qu'il veut, ce n'est pas seulement *penser*, mais *être*, être le plus possible, tout absorber afin de faire avec tout de l'idéal, porter au maximum son énergie, dominer les hommes, annexer à sa réflexion de vastes champs de travail en faisant sur la matière humaine l'expérience des vérités psychologiques. Pourtant les deux amis n'en conviennent pas moins de former une espèce de ligue. Ils réuniront leurs camarades afin d'établir un plan d'action commune. Rendez-vous est pris pour le 5 mai, devant le tombeau de l'Empereur.

Nous saisissons ici sur le vif un grave défaut du roman. Sans doute, il fallait maintenir ensemble, d'un bout à l'autre, les sept héros ; autrement, plus d'unité. Mais si l'association était nécessaire, il eût fallu la rendre vraisemblable. Elle ne l'est point ; elle n'assure l'unité apparente du roman qu'en portant la plus grave atteinte à la vérité intime de sa psychologie. Tout l'art de M. Barrès ne sert ici de rien ; et même ses adresses, un tant soit peu grossières, souligneraient plutôt ce défaut qu'elles ne nous donneraient le change.

D'abord il n'y a pas le moindre rapport entre le groupement que forment les sept et le conseil de Taine qui en est le prétexte. Si Taine leur recommande de s'unir, c'est pour qu'ils introduisent dans leur existence un précieux élément de sympathie, c'est aussi pour qu'ils se complètent les uns les autres. Et quelle association vont-ils former? Une ligue d'« arrivistes ». Je veux bien que, comme dit l'auteur, un même principe produise des fruits variés selon les esprits qui le reçoivent. Mais c'eût été là le sujet d'un autre livre, et l'on ne voit pas vraiment la nécessité de donner un rôle à Taine, si ses conseils sont si mal compris.

Ensuite, les sept diffèrent trop les uns des autres pour s'unir dans une action collective. Que Racadot et Mouchefrin viennent au tombeau afin de se suggestionner eux-mêmes devant le grand aventurier dont il contient les restes, j'y consens, ou plutôt la seule impertinence que j'y trouve, c'est une disproportion ridicule entre le grand empereur, lyriquement glorifié dans ce chapitre, et deux bohèmes si piètres, si totalement dénués d'« envergure ». Mais Suret-Lefort? Cet esprit lucide et positif ne doit pas, semble-t-il, perdre son temps à une cérémonie pareille. Et Sturel? Je comprendrais beaucoup mieux qu'il y allât tout seul. Ne parlons pas de Renaudin, qui se montre légèrement goguenard. Quant à Galland et Rœ-

merspacher, on se demande ce qu'ils vont faire
là. Le premier n'a pas la moindre ambition ; le
second croit que l'individu n'est rien, que le corps
social est tout, il considère la nature comme une
vivante unité qui renferme en soi son principe
d'action. Alors, quoi ? Il est vrai que Rœmerspacher a hésité quand Sturel lui parlait d'un groupement. Pour nous expliquer son adhésion, il
faut qu'on rappelle la vieille paysanne lorraine
qui lui contait, dans son enfance, des histoires
fantastiques. Ce n'est pas très habile, non. Et
plus loin, devant la tombe elle-même, lorsque
M. Barrès nous dit que les sept ont l'aspect d'une
bande de jeunes tigres, il en est deux au moins
que nous nous refusons à voir sous cette forme,
le doux Saint-Phlin et le raisonnable, l'humain
Rœmerspacher. Les belles tirades ne manquent
pas dans ce chapitre ; mais nous les admirerions
davantage, si la fausseté de la situation était moins
criante.

Voilà le syndicat fondé. Son moyen d'action est
un journal. Comment, si peu d'accord sur les
questions politiques et sociales, nos jeunes Lorrains pourront-ils y collaborer ? On ne nous l'explique guère. On ne nous explique pas mieux que
Racadot, tout à l'heure furieux contre les aristocrates qui dédaignaient son concours, devienne
maintenant leur bailleur de fonds. C'est lui, en
effet, qui achète la *Vraie République* avec les quarante mille francs qu'il s'est fait rendre par son
père. Et sans doute il espère y trouver son compte.
Mais nous nous serions attendus, de sa part, à un

tout autre procédé. N'a-t-il pas vu d'ailleurs, lui
qu'on nous donne comme un esprit pratique et avisé,
que ses camarades ne sont pas faits pour lancer
un journal ? Leurs articles n'ont rien qui puisse
allécher le grand public. Quelques hommes intel-
ligents suivent la *Vraie République*, mais la vente
n'en est pas moins presque nulle. A vrai dire, les
jeunes rédacteurs n'ont pas en vue la prospérité
du journal ; il ne leur est qu'une occasion de classer leurs idées, de préciser et de libérer leur personnalité. Racadot et Mouchefrin, qui en dirigent
l'administration, se voient bientôt réduits aux
expédients de la basse presse, aux tripotages et
aux chantages. Renaudin les exploite, sous prétexte de mettre à leur service son expérience ; Rœmerspacher et les autres abandonnent un journal
suspect. A bout de ressources, Racadot et Mouchefrin finissent par assassiner une jeune femme qui
fut jadis la maîtresse de Sturel. Il y a là sans doute
un artifice de l'auteur pour tenir unis tous ses personnages. Mais en réalité l'association si étrange-
ment formée dans la première moitié du livre
se dissout au début de la seconde, du moment où
Rœmerspacher et les trois autres quittent la *Vraie
République*. Dès ce moment nous n'avons plus
affaire qu'à Racadot et Mouchefrin. A peine, lorsque Racadot a été arrêté, si nous voyons apparaître
Renaudin, qui, au cours de l'instruction, profite de
ses renseignements particuliers pour écrire quelques articles sensationnels, Suret-Lefort, qui,
chargé par Racadot de le défendre, tire parti de cette
cause célèbre pour se mettre soi-même en valeur,

Sturel enfin, qui, ayant connu par hasard la com-
plicité de Mouchefrin, se demande avec angoisse
s'il dénoncera son ancien ami. Le chapitre dans
lequel l'auteur nous fait assister aux hésitations
de Sturel ne s'intitule pas *Une tempête sous un
crâne*, mais *La Vertu sociale d'un cadavre*. Le cadavre est celui de Victor Hugo. Et, sans doute,
les funérailles du poète fournissent à M. Barrès
quelques pages vraiment belles : mais on ne voit
pas assez bien comment ces pages se raccordent
à l'affaire. Toujours est-il que, Sturel gardant son
secret, Mouchefrin bénéficie d'un non-lieu. Quant
à Racadot, l'éloquence de Suret-Lefort ne le sauve
pas de la guillotine. Déraciné d'abord, puis déca-
pité. L'auteur lui-même a soin d'associer ces deux
mots, et le rapprochement semble tout de même
un peu brutal. C'est sur l'exécution de Racadot
que se terminerait le premier volume de la trilogie
si, pour préparer le volume suivant, M. Barrès
ne nous montrait, en un dernier chapitre, Bouteiller se faisant élire député de Nancy. *L'Appel
au soldat* nous transportera sans doute en pleine
vie politique dans la période du boulangisme.
Sturel, sous le nom duquel M. Barrès a manifestement voulu se peindre, est boulangiste avant
même qu'il y ait un Boulanger. On ne sait pas
d'ailleurs s'il croit sincèrement à l'utilité de ce
que lui-même appelle les hommes-drapeaux, ou
s'il ne trouvera dans cette étonnante aventure
que l'occasion d'appliquer sa méthode et de faire
en grand quelque expérience de psychologie sociale.

Nous avons vu çà et là des incohérences dans le développement du livre. Sans relever maints détails qui nuisent plus ou moins à la netteté de l'ensemble, je ferai certaines critiques qui portent sur la manière dont M. Barrès conduit la démonstration de sa thèse.

Et, tout d'abord, si les sept personnages des *Déracinés* devaient nécessairement différer les uns des autres, la thèse semblait exiger qu'il fussent comme les exemplaires divers d'un même type, le type lorrain. Or, nous ne trouvons entre eux que des dissemblances. Voici Rœmerspacher, que distinguent une haute sagesse, une modération vigoureuse de l'esprit et du caractère ; voici Galland, âme tendre, noble, incertaine ; Suret-Lefort, physionomie sèche à la fois et féline ; Sturel, si singulièrement complexe avec son idéalisme d'intellectuel et sa sensibilité avide de toutes les saveurs de la vie : qu'ont-ils de commun, sans parler des trois autres, et par quels traits se rattachent-ils à la même province ? M. Barrès a voulu montrer la nécessité du groupement provincial. Nous l'avons entendu se plaindre que Bouteillier déformât l'âme lorraine. Mais cette âme lorraine, il ne nous en donne aucune idée. Les sept se ressemblent aussi peu que s'ils appartenaient à sept provinces différentes. On explique ces diversités par celles du sol. Tel est de Nomény, tel autre de Custines. A la bonne heure Y aurait-il une âme custinoise, une âme noménienne ? Alors il s'agit de groupement par canton ou par commune ; et la conclusion serait

que chacun doit rester dans son village, que celui
qui est né à Custines ne doit pas émigrer à Nomény. M. Barrès n'ose aller jusque-là. C'est d'une
âme lorraine qu'il nous parle. Pourquoi ne nous
la montre-t-il point? Nous trouvons dans son livre,
non la Lorraine, mais sept « localités » qui, chacune, ont imprimé leur caractère particulier sur
un des sept personnages. M. Barrès nous dit, par
exemple, que Sturel s'explique par Neufchâteau,
et que, pour produire Ræmerspacher, il fallait
l'excellent bassin de la Seille. On nous fait voir
des différences : ce sont les affinités qu'on aurait
dû mettre en lumière, c'est ce qu'il peut y avoir
de semblable chez tous les fils de la Lorraine. Il
eût fallu, les sept ne pouvant sans doute être iden-
tiques, rattacher les particularités qui les diffé-
rencient non pas au sol, puisque tous sont Lorrains, mais plutôt à la condition : et surtout il
eût fallu, par delà les diversités locales, nous
montrer les traits communs qui procédaient d'une
commune origine, cet air de famille, cette parenté qui seule peut justifier la thèse.

Nous ne nous expliquons pas d'autre part les
critiques de M. Barrès contre l'enseignement de
Bouteiller. Il reproche à Bouteiller d'avoir effacé
le caractère de ses élèves. Mais pourtant il nous
montre ce caractère persistant d'un bout à l'autre
en chacun d'eux. Suivant le besoin du moment,
il nous dit que le Lorrain est mort, ou nous explique telle parole, tel acte, par les influences du
terroir et du milieu. Jusque dans la seconde moitié du livre, nous le voyons revenir plus d'une

fois sur l'origine de ses héros pour rendre compte
de leur conduite. C'est donc qu'ils n'ont pas été
déracinés. Contradiction très fâcheuse. Le sujet de
M. Barrès exigeait que l'âme lorraine des sept fût
déformée peu à peu. Il y avait là une délicate
étude de psychologie. Mais, dans le livre, aucune
trace de ce travail de déformation. Tantôt les personnages ne sont plus lorrains, plus du tout, tantôt ils le redeviennent, et tout à fait. L'étude
psychologique que nécessitait la thèse, M. Barrès
s'en est trop peu soucié, ou, du moins, il n'y a
point réussi.

Le seul des sept en qui nous puissions trouver
une âme lorraine, c'est Rœmerspacher. Et, nouvelle contradiction, c'est aussi le seul capable de
se hausser à la vie nationale.

Un des meilleurs chapitres me paraît celui dans
lequel Taine vient lui faire visite. Ce chapitre est
lui-même plein d'ambiguïtés. Taine a conseillé
aux jeunes gens de s'unir. Est-ce pour que chacun développe mieux son individualité propre, ou
pour que tous, coordonnant leurs efforts, se subor-
donnent aux conditions, aux intérêts de la commune cité, cité nationale et cité humaine ? Nous
n'en savons rien. Et il est vrai que Taine a sou-
tenu tour à tour deux théories opposées. Avons-
nous ici l'historien de la littérature anglaise, pour
lequel il n'est pas de plus beau spectacle que celui
de la personne humaine donnant carrière à tous
ses instincts, à tous ses appétits, ou bien avons-
nous le Taine des derniers temps, celui pour lequel Napoléon n'est plus un professeur d'énergie

« mais un monstre d'égoïsme ? On nous dit qu'il
» s'est rallié à la règle de l'*Éthique* : « Plus quel-
» qu'un s'efforce pour conserver son être, plus il a
» de vertu ; plus une chose agit, plus elle est par-
» faite. » Mais l'équivoque n'en subsiste pas moins.
» Si plus une chose agit, plus elle est parfaite, la
« formule que Sturel oppose à cette règle, sa for-
« mule de vie, *être le plus possible*, paraît s'en rap-
« procher beaucoup. Aussi bien Rœmerspacher,
« qui croit soutenir les idées de Taine, ne s'entend
« pas du tout avec lui. Le platane des Invalides était
« pour Taine un individu, il est pour Rœmerspacher
» une collectivité. « Chacun, pense le jeune homme,
« s'efforce de jouer son petit rôle et s'agite comme
» frissonne chaque feuille du platane ; mais il serait
» agréable et noble, d'une noblesse et d'un agré-
« ment divins, que les feuilles comprissent leur dé-
« pendance du platane et comment sa destinée
« favorise et limite, produit et englobe leurs desti-
« nées particulières, » etc. Enfin, de la façon dont il
» a compris Taine, Rœmerspacher devrait conclure
» à la subordination de l'individu ; le voilà qui, tout
« aussitôt, forme avec les six autres un syndicat de
« futurs Napoléons.

Si *Les Déracinés* renferment de belles parties,
et qui font le plus grand honneur au talent de
M. Barrès, le roman, dans son ensemble, est manqué. Il n'y a là qu'une série de chapitres, quelques-uns très pénétrants, mais qui se juxtaposent
tant bien que mal et ne forment pas un livre. Le
sujet est très beau ; il demandait plus de réflexion,
plus de travail, et, peut-être, un génie plus puis-

7

sant, plus capable de suite, plus apte à soutenir une vaste composition. Nous ne retrouvons même pas, sauf en de rares endroits, l'artiste littéraire du *Jardin de Bérénice*. Ici, l'expression m'a paru bien des fois impropre, lourde, inélégante. C'est trop souvent un style de politicien, de journaliste auquel on réclame sa « copie ».

Et d'ailleurs tout cela ne m'empêchera point de terminer sur un éloge. Le roman de M. Barrès est, par les problèmes qu'il pose et les idées qu'il remue, un des plus significatifs et des plus intéressants qui aient paru depuis quelques années. Je ne me sentirais pas quitte avec l'auteur si je louais seulement ses qualités de moraliste ou de peintre. Ce dont je veux surtout le féliciter, c'est d'avoir écrit un livre qui nous montre en lui non plus, comme autrefois, une virtuosité artificieuse et une sèche ironie, mais ce qui jusqu'alors s'y était recélé de « social » et d' « humain ».

V

Paul Bourget.

V. — PAUL BOURGET

M. Paul Bourget est un romancier mondain,
un romancier psychologue et un romancier moraliste.

I

Romancier mondain, ses goûts furent tout
d'abord très aristocratiques. Ce qu'il rêvait dans
le temps des juvéniles enthousiasmes, c'est un
poème « en bottes vernies et en gants clairs ».
L'Idéal lui apparaissait dès lors habillé à la dernière mode. On a souvent raillé avec plus ou moins
d'esprit sa prédilection pour les mœurs élégantes,
son engouement pour les plus insignifiantes fri-
volités des salons et des boudoirs. Peu s'en fallut
qu'on ne découvrît chez le jeune auteur comme
qui dirait un petit grain de snobisme. A vrai dire,
le cas, en « littérature », n'est pas si rare. Un de
ses personnages, le gentil poète René Vincy, en
fait, très naïvement, la remarque. « Nous autres
gens de lettres, dit-il, nous avons tous cette rage
du décor brillant ; Balzac l'a eue, Musset l'a
eue... C'est un enfantillage sans importance. » Il

y a bien des façons d'être snob. Tel de nos hommes de lettres affecte le mépris. Snobisme pour
snobisme, je ne sais si le plus ingénu n'est pas
aussi le plus excusable.

Ce que des esprits malveillants prennent chez
M. Bourget pour la dévotion d'un snob, on pourrait y voir un souci d'exactitude précise. Les boudoirs et les salons ne sont-ils pas le cadre même
dans lequel se passent ses romans, et le milieu,
comme on dit, où évoluent ses héros ? J'avoue
qu'il met quelque complaisance à décrire des colifichets et des fanfreluches. Mais ces menus articles de mobilier ou de toilette que le vulgaire
traite grossièrement de bagatelles, la plupart des
personnages que M. Bourget aime à peindre en
font leur principal soin. Et n'ont-ils pas bien raison ? Si le marquis de Bonnivet trouble de prime
abord le cœur de Mme de Nançay, il le doit à la
coupe spéciale de son col et de ses manchettes, à ce
large ruban de moire, suspendu par un mince cro-
chet d'or, qui soutient un lorgnon de forme ancienne. Et pourquoi, dès qu'a paru Raymond Casal,
Mme de Tillières ne voit-elle plus dans l'éloquent,
dans le généreux Poyanne, dont elle est depuis
des années la fidèle amante, qu'un chevaleresque
et troubadouresque « raseur » ? Il faut bien que
nous le sachions. Il faut qu'on nous montre en
Casal l'arbitre de la haute vie, qu'on nous fasse
entrer dans ce cabinet de toilette où les jouven-
ceaux viennent, à son lever, prendre sur lui modèle, qu'on nous ouvre cette vitrine fameuse sur
les rayons de laquelle s'étalent admirablement

rangées, quatre-vingt-douze paires de chaussures. Nous nous expliquons alors comment son nom seul, à peine Mme de Tillières l'a-t-elle entendu prononcer, fait sur elle une telle impression.

Tout ce qu'on pourrait reprocher à M. Bourget, c'est de trahir parfois quelque admiration pour des élégances qui, dans le monde, passent inaperçues. Mais ses romans, au point de vue documentaire, ne font après tout qu'y gagner. Si, comme dit un des maîtres qui formèrent sa jeunesse, on doit mesurer la valeur des œuvres d'art au nombre des documents qu'elles transmettent à la postérité, les romans de M. Bourget ont ce singulier mérite de nous renseigner avec une religieuse exactitude sur les plus minces détails de la vie mondaine. Un « homme du monde » négligerait beaucoup de ces détails, si familiers pour lui qu'il ne les remarque même pas. Il était bon que M. Bourget s'en avisât et qu'il en prît note. Sans lui, la postérité eût été frustrée ; elle se serait vue réduite à feuilleter les gazettes spéciales, à interroger la comtesse de Follebiche. En lisant *L'Irréparable*, elle saura que Mme de V***, celle qui raconta au jeune écrivain la tragique aventure de Noémie Hurtrel, avait, ce soir-là, les pieds chaussés de bas de soie.

Je me demande pourtant si la nature avait destiné M. Bourget à écrire des romans mondains. Il a voulu être un romancier à la mode, et il l'a été. Mais, tout en le félicitant du zèle avec lequel il a rempli cet office, on peut regretter qu'il ne se soit pas proposé un objet plus conforme à son esprit.

Dans le genre dont M. Bourget a fait choix, les qualités qui lui sont propres se tournent en défauts. Son plus beau livre est une sévère et forte étude, où il n'y a rien de mondain. Quand il peint les élégances du monde, sa gravité prend un air puéril, et quand il raisonne sur des mièvreries sentimentales, sa métaphysique nous semble pédantesque. Il n'a d'ailleurs aucun des talents que demande l'emploi. Consciencieux et lourd, il ignore l'art de se jouer. L'aisance lui manque, et l'adresse, et la grâce. Ce que d'autres laissent délicatement entendre, il le dit tout au long avec une prolixité monotone. Où de plus légers glissent, il enfonce, il s'empêtre. Le badinage, l'ironie, lui sont inconnus. Observateur pénétrant, ingénieux moraliste, il est totalement dépourvu de ce qu'on appelle l'esprit. Parcourez les quinze ou vingt volumes dont il est l'auteur, vous n'y trouverez rien de plus spirituel que les pataquès de Françoise dans *Mensonges*, ou, dans le *Disciple*, ceux du père Carbonnel : l'une dit *en coquelicot* pour *incognito*, l'autre *entre quatre et minuit* pour *en catimini*. M. Bourget collectionne soigneusement des drôleries aussi réjouissantes ; il s'en ferait céder, au besoin, par Bouvard et Pécuchet.

Ce maître de l'analyse a trop de candeur pour avoir de l'esprit. On ne saurait dire à quel point M. Bourget manque de désinvolture. Vous vous imagineriez don Juan ? Sous le don Juan, voici le don Quichotte qui perce. Il se passionne, s'exclame, s'indigne, gémit, invoque le ciel et la terre. Toujours fervent et solennel, il prend

au tragique ce que le monde ne prend même
pas au sérieux. Les énigmes qu'il trouve cruelles,
qui le jettent dans les plus douloureuses angoisses,
ses lectrices se contentent d'en sourire. Rappelez-
vous ce que dit de lui-même Claude Larcher. « On
m'appelle un analyste subtil, je suis un jobard de
la grande espèce. » Rien de plus honorable sans
doute qu'un peu de ce « jobardisme ». Par là
M. Bourget me semble bien supérieur à un
romancier mondain ; mais c'est par là que, comme
romancier mondain, il me semble bien inférieur à
M. Marcel Prévost.

II

Psychologue, M. Paul Bourget a réintégré dans
le roman l'analyse morale. En un temps où la
physiologie grossière du naturalisme étouffait
toute psychologie, où l'étude de l'homme n'était
plus que celle de la bête humaine, M. Bourget,
empruntant des naturalistes leur méthode, appliqua cette méthode non plus à l'étude des « humeurs », mais à celle de l'âme. Je n'ai nulle
envie de lui contester son plus glorieux titre. Il a
été, dans le genre romanesque, un des premiers,
et le plus puissant peut-être, entre les promoteurs
d'une réaction devenue inévitable contre des violences gratuites, contre une philosophie courte
et tranchante qui, ramenant la vie humaine à
l'activité fatale des appétits, excluait de la nature, et, par suite, de l'art, tout ce qu'un matérialisme brutal laisse hors de prise. Malheureusement cette réaction, comme il arrive, passa la

mesure. A une formule s'opposait une autre formule : au naturalisme sectaire, qui supprime
l'âme, un « psychologisme » d'école, qui se perd
dans l'abstraction.

M. Bourget peut connaître admirablement le
cœur humain : cette science du psychologue ne
le rend pas plus apte à créer des personnages. De
tant de figures qu'il mit en scène, pas une n'a
la vie, pas une ne se fixe dans notre imagination.
Au reste, son analyse s'exerce dans un domaine
des plus restreints, et ses personnages se ramènent à quelques types, toujours les mêmes. Les
femmes de M. Bourget, presque toutes, ont entre
elles un tel air de parenté qu'il nous faut beaucoup d'attention pour ne pas les confondre. Parmi
les hommes, si nous omettons les Hubert Liau-
ran, les René Vincy, ou même les Poyanne, qui
sont d'une rare insignifiance, je ne vois plus
guère que son éternel dilettante, cette « victime
de l'analyse » qui reparaît dans chaque roman
sous un nouveau nom, cet « enfant du siècle »
fin-de-siècle qui, déjà, nous fait sourire, qui n'est
pas moins poncif, à tout prendre, ni moins aga-
çant que l'ingénieur magnanime ou le chevaleresque maître de forges.

En voulant être un psychologue, M. Bourget
oublia qu'il était un romancier. Il confondit la
science, qui a pour objet de décrire la vie, avec
l'art, qui la recompose. Tel de ses ouvrages a beaucoup moins la figure d'un roman que celle d'un
traité de psychologie. Il avait commencé par la
critique : lorsqu'il changea de genre, il conserva

ses procédés. Presque toujours, l'action et les
acteurs ne lui sont qu'un prétexte à ratiociner
savamment. Psychologue merveilleux sans doute ;
mais on voudrait que sa psychologie ne consistât
pas uniquement en gloses, qu'il prît moins souvent la place de ses personnages, qu'il les fît
vivre au lieu de les expliquer. Les personnages
de M. Bourget sont à vrai dire des automates. De
temps en temps, ils ont comme un geste ; dès que
l'un d'eux a remué le bras ou la jambe, voici
l'auteur qui survient, qui nous fait toute une
leçon de mécanique, qui ne nous lâche pas avant
d'avoir minutieusement démontré la délicate justesse de sa petite horlogerie. D'autres créent des
âmes ; M. Bourget disserte avec application sur
des états d'âme. Sa psychologie est, pour ainsi
dire, marginale. Il nous la sert à part. Il en fait
des notes, et si copieuses qu'elles envahissent de
toute part le texte, qu'elles étouffent le roman.
La plupart de ses livres consistent en une char-
pente grossière, à chaque clou de laquelle il
accroche quelque planche d'anatomie. On l'a vu,
quand *Une Idylle tragique* a été mise au théâtre.
Il fallait bien, sur la scène, supprimer le rôle de
l'auteur. C'était toute la psychologie du roman,
cette psychologie extérieure aux personnages,
qui disparaissait du coup. Une fois retranchées
les dissertations, il ne resta qu'un mélodrame
banal et cru.

Si M. Bourget applique souvent son analyse à
des sentiments assez complexes, assez mal connus
pour en justifier l'insistance, il lui arrive de

s'étendre complaisamment sur un cas qui n'a
rien d'obscur, sur une situation qui ne nécessite
aucun commentaire. On pourrait en citer maint
exemple. Je ne vois pas, notamment, quelle con-
tribution si intéressante apportent à l'anatomie
de l'amour jaloux les pages de *Cruelle énigme* où
il nous montre longuement ce qui se passe dans
l'âme d'Hubert trompé par Mme de Sauve. M. Bourget, plus d'une fois, se met en frais pour le plaisir ; il joue de son instrument. Des états d'âme
très simples en eux-mêmes, il les explique avec
une telle minutie que nous finirions par les
croire excessivement compliqués. Les lecteurs
candides lui savent gré d'éclaircir un point délicat ; les lecteurs plus avertis s'étonnent qu'il
prenne tant de peine pour obscurcir ce qui semblait clair. Et, si le zèle de ses enquêtes, la prolixité de ses descriptions, ne sont pas toujours en
rapport avec l'importance du sujet, il invente
aussi des cas et des personnages chimériques qui,
trop singuliers pour que nous nous y intéressions,
trop exceptionnels pour que nous puissions en
contrôler l'analyse, fournissent une admirable
matière à la virtuosité psychologique de l'auteur.
Mais, quelque ordinaire que soit le cas, quelque
insignifiant que soit le personnage, M. Bourget
n'en étale pas moins sa trousse. Parfois même il
insiste sur ce qui, dans le roman, est épisodique
et adventice. Mme du Prat, la femme d'Olivier,
ne prend aucune part à l'action d'*Une Idylle tragique*. Elle doit, tout simplement, apprendre à
Pierre qu'Olivier a été avant lui l'amant de la

baronne. Mais l'auteur n'en arrive là qu'après avoir anatomisé par le menu le cœur de la jeune femme, depuis le premier éveil du soupçon jusqu'au moment où elle montre à Pierre la lettre que son mari vient d'écrire pour solliciter d'Ely un rendez-vous. Qu'eût-il fait de plus, si Mme du Prat avait été l'héroïne du drame ?

La psychologie, dans ces derniers temps, a subi une révolution que M. Bourget ne pouvait manquer de mettre à profit. Autrefois, nos écrivains se croyaient obligés de maintenir jusqu'au bout le caractère de leurs personnages. Ils y employaient, les naïfs, beaucoup de soin. Nous avons changé tout cela. Pour nos psychologues modernes, le *moi* n'a plus rien de fixe ; il évolue, il se modifie sans cesse, il est dans un perpétuel « devenir ». Disons mieux : chacun de nous recèle en soi des êtres divers qu'il ne connaît même pas. Ces êtres peuvent rester ensevelis dans les profondeurs de l'inconscience ; mais, dès que l'occasion s'en présente, ils peuvent aussi, l'un ou l'autre, surgir inopinément, se substituer au *moi* antérieur, prendre possession de notre âme tout entière. A vrai dire, il n'y a là rien de si nouveau. Dès notre époque classique, au temps même de Descartes, certains analystes avaient au moins pressenti ce qu'a de complexe la personne humaine. « On est quelquefois, dit La Rochefoucauld, aussi différent de soi-même que des autres. » Voilà pour la multiplicité du *moi*. Et ailleurs : « Il s'en faut bien que nous connaissions toutes nos volontés. » Voilà pour l'inconscient. Mais cette vérité délicate,

les psychologues de son siècle ne la débitaient pas
en formules; et, quant aux peintres de l'homme,
ils jugeaient que, sur ce point comme sur maint
autre, l'art s'oppose à la nature, que, si la nature
n'est jamais simple, l'art a justement pour fin de
la ramener, sans violence, vers l'unité. Avec la
théorie sur laquelle M. Bourget se fonde, le romancier jouit d'une sécurité parfaite, il ne risque pas
d'errer, il défie toute critique. Ce qu'on peut
craindre seulement, c'est qu'elle ne serve à justifier
ses divagations et à autoriser ses incohérences.

Si on l'appliquait dans la rigueur, les personnages se démentiraient d'un chapitre à l'autre,
perdraient subitement leur identité, croiseraient
au hasard l'écheveau de leurs *moi* divers. Ce
serait un admirable fouillis. Reconnaissons que
M. Bourget a fait preuve de discrétion. Il a beau
dire et répéter que « l'âme humaine est une forêt
obscure », que « chaque personnage est un
monde », cette multiplicité du *moi*, dont il fait
si grand étalage, presque tous ses romans la réduisent à une modeste dualité. C'est, par exemple,
Robert Greslou, qui « porte en lui deux états distincts, comme une condition première et une
condition seconde, deux êtres enfin, un, lucide,
intelligent, honnête, amoureux des travaux de
l'esprit, et un autre, ténébreux, cruel, impulsif ».
Ou bien encore c'est, dans *Un Cœur de femme*,
Mme de Tillières, « vivant par deux hommes,
Poyanne et Casal, à chacun desquels répond un
de ses deux *moi* ». Mme Moraine, de *Mensonges*, a
seule ce privilège d'entretenir jusqu'à trois per-

sonnalités différentes. Elle est la plus « multiple » entre toutes les héroïnes de M. Bourget.
« Il y a en elle, dit Larcher, une femme qui veut
jouir du luxe, il y a une femme qui veut jouir de
l'amour, il y a une femme assoiffée de considéra-
tion. » Et attendez. Quand le bon Larcher conclut : « C'est un animal très compliqué !... »
l'abbé Taconnet lui répond doucement : « Compliqué ?... Je sais ; vous avez de ces mots, pour
n'en pas prononcer d'autres bien simples. C'est
tout bonnement une malheureuse qui vit à la
merci de ses sensations ». Mais quoi ? Si l'abbé a
raison, que devient le fatras psychologique de
M. Bourget ? Il a raison certes, et rien n'est plus
simple qu'un animal comme Suzanne. Ce dont
M. Bourget a, durant tout un volume, fait tant de
mystère, deux mots, à la fin, suffisent pour l'expliquer. Au fond de sa psychologie rébarbative,
vous ne trouverez jamais que l'antithèse du corps
et de l'âme, de l'ange et de la bête. Et je ne lui
reproche pas de traiter ce thème éternel, mais de
ne le rajeunir que par des complications gratuites
et par une phraséologie pédantesque.

Lorsque Mme de Sauve, qui n'a pas cessé d'aimer Hubert, se donne à La Croix-Firmin, cette
espèce de bellâtre insipide mais bien musclé,
M. Bourget n'y comprend plus rien, et, comme
dit Pascal, cherche en gémissant. « Oh ! » s'écrie-
t-il d'un ton pathétique, « la cruelle, cruelle
énigme ! Comment, avec cet amour divin dans le
cœur, avait-elle pu faire ce qu'elle avait fait ? Car
c'était bien elle et non pas une autre..... Oui,

c'était elle... Et pourtant non ! Il n'était pas possible que la maîtresse d'Hubert eût fait cela...
Quoi? Cela? Oh ! cruelle (*bis*), cruelle énigme! »
Hé ! mon Dieu, est-il donc nécessaire de se tant
monter la tête ? L'énigme cruelle — oh ! si
cruelle ! — lui-même va, cinquante pages plus
loin, nous en donner le mot. Vincy « creuse
en vain le caractère de Thérèse ». Mais,
pendant que le petit jeune homme retombe
toujours sur cette question : « Ah ! pourquoi?
pourquoi? » comme « sur une pointe d'épée »,
M. Bourget, plus expérimenté, fait en marge
la réponse. Thérèse est une romanesque, et,
en même temps, une passionnée : elle a des
rêveries sentimentales, mais aussi des appétits de sensations, et le divorce « s'établit à de
certaines heures entre les besoins de son cœur et
la tyrannie de ses sens ». Ce n'est pas, comme on
dit, plus malin que cela. De même pour Mme de
Tillières. Poyanne est l'amant de son esprit, et
Casal, l'amant... de ce que Poyanne ne satisfait
pas en elle. L'explication vient tout à la fin,
parce qu'on nous réservait le plaisir de la surprise ; mais elle n'a rien que d'assez simple, et
nous nous étonnerions que ce roué de Casal ne la
trouvât pas tout seul, si nous ne savions que les
plus grands roués sont parfois bien naïfs. C'est
lord Herbert qui, à la dernière page, éclaire son
ami. Ne prenez pas lord Herbert pour un subtil
psychologue ; il passe sa vie à s'alcooliser dans
les assommoirs de la *high life*, côte à côte avec des
jockeys et des bookmakers.

Dans quelques-uns de ses romans, M. Bourget ne se contente pas de décrire des états d'âme : il s'attaque à de véritables thèses. Dans le *Disciple*, par exemple ; et là, son analyse est admirable d'exactitude et de profondeur. Je n'en dirai pas de même de la *Terre promise* et de *Cosmopolis*. Dans la *Terre promise*, le moraliste pose la question, mais le psychologue trahit le moraliste. C'est un problème que traite le livre, et l'auteur nous déclare lui-même « n'avoir écrit ce livre que pour traiter ce problème ». « Si un pareil titre, dit-il, n'eût pas paru trop ambitieux, mon volume se serait appelé le *Droit de l'Enfant.* » On se rappelle le sujet. De son ancienne maîtresse, Francis a une fille, et, d'autre part, il aime Henriette, qui est sa fiancée. Pris entre deux obligations inconciliables, quelle est celle qu'il sacrifiera à l'autre ? Ce que voulait montrer l'auteur, c'est qu'un père, même dans la situation de Francis, a encore des devoirs vis-à-vis de son enfant. Relisez les termes de la préface. Voici le problème général : « Le fait d'avoir donné la vie à un autre être nous engage-t-il envers cet être ? Dans quelle mesure notre personnalité est-elle obligée d'abdiquer l'indépendance de son développement devant cette existence nouvelle ? » Et voici maintenant le problème particulier : « Un homme a été l'amant d'une femme mariée à un autre. Il a eu de cette femme un enfant inscrit sous le nom de cet autre. Mais il ne saurait douter, il ne doute pas qu'il ne soit le véritable père. Garde-t-il des devoirs envers cet enfant, et quels devoirs ? » La question

étant ainsi posée, il eût fallu, si Francis se décide pour son enfant, nous le montrer obéissant
au commandement de la conscience. Mais non,
c'est à un instinct de tendresse qu'il s'abandonne;
depuis le moment où il reconnaît sa fille, c'est le
sentiment paternel qui l'inspire. La première
fois qu'il voit Adèle, « une corde tressaille dans
les profondeurs de sa personne », « un appétit
irrésistible, passionné, sauvage, le possède. »
Peu à peu, il sent grandir en lui « un amour
maladif pour sa fille ». Bien plus, il s'est persuadé,
à tort ou à raison, que son devoir lui ordonne de
renoncer à elle, il en a pris l'engagement envers
lui-même, et, s'il ne tient pas cet engagement,
c'est parce que « la fibre paternelle a été trop
fortement touchée ». L'auteur, on le voit, oublie
complètement ce qui était le sujet même de la
Terre promise. Si Francis ne remplit pas un devoir
où il se sent obligé, s'il cède aux entraînements
d'un irrésistible appétit, le roman peut bien être
très pathétique, mais il ne reste plus rien du
problème pour lequel M. Bourget déclarait l'avoir
écrit.

Dans *Cosmopolis*, nous avons une thèse purement psychologique. Dorsenne l'expose dès le
début. Ces personnages qu'il nous présente, tous
divers de race ou même de couleur, la vie inter-
nationale a effacé chez eux l'empreinte originelle;
ils n'ont plus de physionomie particulière, ils
nous apparaissent comme les exemplaires à peine
distincts d'un type unique. Eh bien, un drame
fera saillir leur caractère propre, rendra sensibles

en chacun les traits fondamentaux, ceux qui
accusent l'atavisme. M. Bourget, dans le cours
du roman, saisit toutes les occasions de remarquer qu'ils agissent, le moment venu, conformé-
ment aux lois de l'hérédité. Et nous ne sommes
pas étonnés sans doute qu'il nous fasse retrouver
en eux ce que lui-même veut bien y mettre.
Mais quoi de plus vain ? Je ne saurais voir là,
pour ma part, qu'un pur enfantillage. Et puis,
est-il vrai que ces individus, dont il fait autant
d'entités ethniques, représentent chacun sa race ?
Lui-même avoue qu'ils ne peuvent pas la représenter, qu'ils y sont seulement *possibles*. Voilà
qui semble un peu bien faible. Tout individu
n'est-il pas possible dans toute race ? Un cha
pitre du livre s'intitule : *La petite-cousine d'Iago*.
M. Bourget désigne ainsi l'octavonne Lydia Mait-
land. Est-ce donc que, dans le drame de Skakes-
peare, le More serait Iago ? Petite-cousine d'Iago
par le caractère, Lydia l'est d'Othello par la race.
Que pourrait-on imaginer de plus contraire à la
thèse de l'auteur ? Avouons que la psychologie de
Cosmopolis est tout arbitraire. Voyez encore comment M. Bourget explique que Fanny Hafner et
son père se ressemblent si peu. Il imagine deux
variétés de l'âme juive, caractérisées, il est vrai,
l'une comme l'autre, par « une force singulière
d'embrassement », mais que l'une applique aux
choses de la vie matérielle et l'autre à celles d'en
haut. Quant à Lydia, c'est une octavonne, et
Dorsenne se rend par là compte de son caractère
quand il la prend encore pour « une véritable

esclave, que la présence seule d'un blanc anni-
hile ». Puis, lorsqu'il apprend que cette octavonne
est une créature énergique, animée d'une haine
féroce pour le mari qui l'annule, oh ! il ne s'embarrasse pas pour si peu ; il recourt tout simplement à « l'hérédité d'une race opprimée » dans
le cœur de laquelle fermente un irrépressible
besoin de vengeance. Psychologie spécieuse, je le
veux bien, mais singulièrement grossière, et que
le caprice de l'auteur peut arranger à son gré.

III

M. Bourget a voulu être un romancier moraliste en même temps que psychologue. Mais, remarquons-le tout de suite, le roman psychologique, tel que lui-même le définit, et le roman à
thèse morale, qu'il y a parfois superposé, sont,
de leur nature, inconciliables. Que nous dit l'auteur dans la préface de la *Terre promise* ? D'après
lui, le roman psychologique ou roman d'analyse
a pour objet de « raconter les situations exceptionnelles et les caractères singuliers. » Il ne
s'attache pas aux vastes lois d'ensemble. La vérité qu'il recherche n'a rien de typique, rien de
constant ; elle est faite de traits particuliers et de
détails individuels. Mais alors, comment M. Bourget ne voit-il pas la contradiction dans laquelle
lui-même s'engage en voulant donner à ce roman-
là une portée générale ? Tout ce qui individualise
les personnages et tout ce qui spécifie les circonstances ne peut manquer de réduire l'application de la thèse. Si le roman nous présente des

« caractères singuliers » et des « situations
exceptionnelles », que pourrons-nous donc en
tirer qui nous soit applicable ? De données toutes
particulières ne réussit point une loi. Nous avons
là le principal défaut de la *Terre promise*. Et il
s'aggrave encore du rôle que, dans toute la suite
du livre, M. Bourget fait jouer au hasard. Pour
que la *Terre promise* aboutisse à la leçon finale,
il faut une série d'incidents si extraordinaires,
que l'auteur même se sent obligé d'invoquer
par moments la Providence. Dès lors, ce n'est
plus de la morale, c'est de la théologie. Un romancier se donne vraiment trop beau jeu en
recourant à des causes surnaturelles. Il avoue
ainsi sa propre impuissance. Mais, dans un roman
à thèse, toutes les choses fortuites devraient, plus
que dans aucun autre, être scrupuleusement ban-
nies et non déguisées sous le nom de providen-
tielles. Si la conclusion morale ne se tire pas des
données par une logique nécessaire, il ne saurait
y avoir de leçon.

Le *Disciple* est sans doute l'œuvre la plus vigoureuse de M. Bourget. Mais là encore, la thèse me
semble, si j'ose le dire, très faible. M. Bourget,
nous montrant l'élève d'un grand philosophe, qui
commet un crime odieux, veut prouver que ce
philosophe est responsable du crime de son disciple. Et, notons-le — car l'auteur, il faut en convenir, s'est rendu à dessein la démonstration
plus difficile — M. Sixte est une sorte de « saint
laïque » ; il vit à l'écart du monde, tout absorbé
dans ses spéculations abstraites ; on l'étonne sin-

gulièrement quand on lui apprend, un beau jour,
comment ce jeune homme dont il soupçonne à
peine l'existence, a prétendu appliquer ses théories en les transportant dans le domaine de la vie
pratique. Je ne discute pas ici la question pour
elle-même. Tout en convenant que le philosophe
ne saurait se désintéresser de l'influence qu'exer-
cera sa doctrine sur les esprits et sur les caractères, il s'agit encore de savoir si, quand on
subordonne la philosophie aux nécessités de l'institution civile, ou même à la morale, on ne met
pas en danger toute pensée libre, toute critique
vraiment profonde. Ce que je remarque pour
l'instant, c'est ce qu'il y a de sophistique dans
l'argumentation de M. Bourget. Un ou deux traits
pourront suffire. Greslou, par exemple, a, comme
il nous le dit, étudié par le menu, dans le livre
de M. Sixte intitulé *Anatomie de la volonté* le
chapitre relatif « aux singuliers phénomènes de
certaines dominations morales ». Est-ce une raison pour soutenir que le jeune homme applique
les théories du philosophe, lorsqu'il met à profit
telles indications de ce chapitre pour « suggestionner » Mlle de Jussat-Randon ? Et, de même, si
l'autobiographie romanesque que Greslou raconte
à Charlotte pour troubler son cœur, il en a imaginé les détails « d'après deux principes posés
par son maître », en conclurons-nous que M. Sixte
ait part au mensonge et à la séduction ? Mais
quoi ? Le prétendu « disciple » a, nous dit-on,
trouvé dans les pratiques religieuses elles-mêmes
un moyen de se pervertir. Comment imputer aux

analyses purement scientifiques de M. Sixte les
odieuses machinations de Greslou ?

Quelle que soit la valeur de ses thèses morales,
M. Bourget s'est toujours intéressé aux choses de
la conscience. Tellement que ses préoccupations
de moraliste ont déconcerté plus d'une fois le lecteur par un contraste étrange, sinon avec sa curiosité de psychologue, du moins avec ses mièvreries
de romancier à la mode, et surtout avec son goût
pour les plus scabreux sujets. Or, si la responsabilité d'un philosophe comme M. Sixte peut sem-
bler douteuse, personne ne contestera celle du
romancier. Aussi M. Bourget s'est-il senti responsable. Et même, à un certain moment, il sembla
effrayé du travail de perversion morale que ses
livres avaient peut-être favorisé. C'est alors que
parut la préface du *Disciple*. Mais, après s'être
accusé, il s'y excuse. « Quand tu lis, dit-il au
jeune Français de son temps, des livres comme
ceux que nous *devons* écrire quand il nous *faut*
peindre les passions coupables, souhaites-tu », etc.,
etc. Ainsi, c'était un devoir pour lui de retracer
les troubles du cœur et les faiblesses de la chair.
Voyons un peu comment il s'acquitte d'une aussi
pénible obligation.

Je remarque d'abord la sympathie de M. Bourget pour toutes les pécheresses que ses romans
mettent en scène. Lorsqu'elles se bornent à tromper
un mari, il voit la chose d'un œil fort doux ; s'il
leur est parfois sévère, c'est lorsqu'elles trahissent
un amant. Hélène Chazel, de *Crime d'amour*, est
mariée au meilleur des hommes, et qui l'adore.

Quand elle se livre à ce sec blasé d'Armand, M. Bourget ne peut s'empêcher de voir là tout de même une faiblesse ; mais cette faiblesse, il la qualifie de « divine ». Dans *Mensonges*, il trouve affreux que Suzanne, amante de Vincy, se laisse entretenir par Desforges ; mais, femme de Moraine, il excuse presque sa liaison décente avec un quinquagénaire très bien conservé. Le seul de ses romans où M. Bourget prenne parti contre l'adultère, c'est la *Terre promise*. Toute la moralité du livre consiste dans le châtiment infligé à Francis pour la faute qu'il a commise en faisant de Mme Raffraye sa maîtresse. « C'est cette faute, dit l'auteur même, qui tient Francis prisonnier, qui reflue toujours sur lui comme la marée sur les malheureux qu'elle surprend », etc. Et plus loin : « N'était-il pas puni précisément là où il avait péché ? Qu'était sa nouvelle douleur après les autres, sinon une conséquence toute naturelle de ce péché d'adultère, vers lequel nous marchons si allègrement ?... Il est écrit cependant que c'est la plus criminelle d'entre les œuvres de chair, celle à qui les Livres Saints donnent pour châtiment la mort... Lui aussi avait commis l'inexpiable péché... » Eh bien, l'adultère dont Francis porte si cruellement la peine, M. Bourget, quand il le raconte, mentionne toutes les circonstances qui peuvent le rendre sympathique. Veut-il montrer par là que le plus véniel des adultères est un « inexpiable péché » ? Non, mais ce péché inexpiable, il n'a jamais pu, même s'il le châtiait, se défendre d'y être indulgent.

Peut-être, après tout, la psychologie de M. Bourget explique-t-elle son indulgence. N'oublions pas
que le *moi* est multiple. Si la multiplicité du *moi*
donnait au psychologue une grande latitude, elle
met à l'aise le moraliste. De cette multiplicité dé-
rivent, comme dit M. Bourget, les volte-face sin-
gulières de conduite qui ont fourni prétexte à
tant de déclamations. « Nous dépensons notre
activité à poursuivre un but dont nous nous ima-
ginons que dépend notre bonheur, et, le but atteint,
nous nous apercevons que nous avons méconnu
les véritables, les secrètes exigences de notre sensibilité. » Appliquez ceci à l'amour, qui est le
thème à peu près unique de M. Bourget. Mlle X...
épouse M. X... : après quelques mois de mariage,
elle s'avise de son erreur, et les secrètes exigences
de sa sensibilité la poussent dans les bras de
M. Z... Nouvelle déception, suivie d'un nouvel
essai, et ainsi de suite. Aucune raison pour s'arrêter. Mais voici mieux encore. Songez que les
divers *moi* peuvent être simultanés et non succes-
sifs. Alors autant d'amants que de *moi*. L'héroïne
d'*Un Cœur de femme* aime à la fois Casal et
Poyanne ? C'est qu'il y a vraiment deux Madame
de Tillières. L'une aime Poyanne, l'autre Casal.
Quel moraliste grincheux y trouverait à redire ?
Chez Suzanne Moraine, nous avons : 1° le *moi* du
luxe ; 2° le *moi* de l'amour ; 3° le *moi* de la consi-
dération. Ils vivent tous trois en bonne intelligence, mais restent distincts. Eh bien, chacun de
ces *moi* étanches n'a-t-il pas droit à un homme ?
Vincy se montre bien médiocre psychologue en

accusant sa maîtresse de trahison : c'est confondre
le numéro 1 avec le numéro 2 ; et, quant à
Moraine, il aurait fort mauvaise grâce en se
plaignant, s'il devait un jour ou l'autre ouvrir
les yeux, que sa femme le trompe en double
expédition : ce serait confondre les trois numéros.

Avec l'amour, le mal de l'analyse est ce que
M. Bourget a le plus volontiers décrit. Il commença par s'inoculer toutes les maladies du siècle,
puis en répandit autour de soi la contagion. Vint
un jour, nous l'avons dit tout à l'heure, où, épou-
vanté lui-même de son œuvre, un cri de repentir
et d'alarme lui échappa. Mais le roman dans la
préface duquel il jetait ce cri éloquent n'est encore que l'analyse d'une expérience passionnelle.
Aussi bien M. Bourget donnait vers le même
temps à la *Vie parisienne* une *Physiologie de l'amour*
que ne gêne aucun souci de moralisation, et son
roman d'après le *Disciple*, *Un Cœur de femme*, se
préoccupe fort peu, semble-t-il, de contribuer à
ce relèvement de la « génération montante » que
le jeune écrivain venait de prêcher avec tant de
ferveur.

On a longtemps parlé de son évolution morale,
et même, une ou deux fois, on le crut décidément
converti. Non, M. Bourget est resté, depuis ses
débuts, sensiblement le même. Il y a toujours eu
en lui, comme en ses héros, deux ou trois individualités distinctes : un mystique d'imagination et
de sentiment, je l'accorde, mais aussi un dilettante
et un voluptueux. Son mysticisme se consume en
velléités illusoires, s'exhale tout au plus en sté-

riles éjaculations, parce que les *moi* variés dont
est faite la personne humaine communiquent
entre eux, quoi qu'il en pense, par je ne sais quelles
veines secrètes. Le scepticisme intellectuel et la
sensualité l'arrêtent sur le chemin du ciel. Voilà
bien des années que les oscillations de M. Bourget nous amusent. Presque tous ses romans mettent en scène un libertin qui finit par être touché
de la grâce. On nous l'a montré aux dernières
pages de ce livre, murmurant quelque patenôtre :
le voici, aux premières pages du livre suivant,
redevenu, sous un autre nom, tout aussi sceptique que jamais. C'est fort décourageant.

Pour le moment, nous en sommes restés à la
conversion de Dorsenne. Ce « monstre intellectuel » paraît bien et dûment rentré dans le giron
de l'Église. Léon XIII lui-même s'en mêla. Mais
la dévotion ne serait-elle pas chez lui une forme
supérieure de dilettantisme ? Quoi qu'il en soit, je
m'intéresse médiocrement au petit manège d'un
personnage tant de fois converti et tant de fois re-
laps. Il y a trop longtemps que cela dure. Et puis,
à ne rien cacher, si le libertin ne me plaisait
guère, le capucin ne me plaît pas davantage.

VI

Fustel de Coulanges.

VI. — FUSTEL DE COULANGES

Le nom de Fustel de Coulanges n'a pas le
même éclat que celui d'un Michelet, d'un Renan
ou d'un Taine. On peut aisément se l'expliquer.
D'abord la rigueur de sa discipline lui interdisait
tout ce qui émeut la sensibilité, tout ce qui
caresse l'imagination, tout ce qui fait violence à
l'esprit; ensuite le genre spécial, au moins en
apparence, des questions qu'il a traitées, semblait
le reléguer parmi ces érudits dont les travaux
obscurs reçoivent d'honorables éloges, mais qui
sont trop peu occupés de leur temps pour que
leur temps s'occupe beaucoup d'eux. Sa renom-
mée n'a rien eu de retentissant. Il craignait le
bruit. Ce n'est pas une raison pour lui refuser la
place à laquelle il a droit. Les plus illustres historiens de notre époque nous charment souvent
et nous éblouissent par des talents dont l'histoire
peut se passer, ou qui même en compromettent
la gravité et en corrompent la vertu. Si Fustel
n'est qu'un historien, nul ne mérite mieux que
lui ce titre, car, ayant au plus haut degré toutes
les parties que l'histoire exige, il ne fut psychologue, philosophe, moraliste, écrivain, que dans la
pleine mais juste mesure où l'historien doit l'être.

Son érudition, en premier lieu, est d'une exemplaire probité. Il ne se fie qu'aux documents originaux. Il les étudie avec un soin minutieux pour que rien ne lui en échappe, avec une préoccupation jalouse de ne rien y ajouter. C'est aux textes que Fustel demande l'histoire, non seulement dans sa matière, mais encore dans sa signification. « Le meilleur historien, dit-il, est celui qui se tient le plus près des textes, qui n'écrit et même ne pense que d'après eux. » Par là, Fustel appartient à l'école réaliste; mais, entre tous les historiens de cette école, il est celui qui a fait le plus pour soustraire l'histoire aux divergences des conceptions personnelles en lui conférant une valeur objective et documentaire. Les textes eux-mêmes, il n'y ajoutait foi qu'après les avoir soumis à une scrupuleuse critique. Quant aux ouvrages de ses devanciers, il se faisait une loi de les tenir en suspicion. Aucune autorité, si universellement reconnue qu'elle pût être, n'imposait à Fustel. Il ne croyait pas qu'on fût jamais dispensé de se former soi-même une opinion. Pour lui, l'histoire était une école de libre examen. Les théories les plus accréditées le trouvaient défiant. Il a fait justice de maint système qui semblait à l'abri de toute attaque, et sous ces « grandes vérités » que consacrait avant lui le prestige d'un nom célèbre, montré plus d'une fois de grosses erreurs.

Indépendant à l'égard des autres, il ne l'était pas moins à l'égard de soi, je veux dire de ses préférences ou de ses convictions individuelles. Il s'élevait au dessus des préjugés, des passions qui eussent troublé son jugement. Quelque beau nom que l'esprit de parti pût revêtir, il s'en défendait avec vigilance, et son patriotisme, dont nous savons la ferveur, ne fit jamais tort à son impartialité. Comme on le blâmait d'avoir dit que la Gaule se laissa aisément conquérir par César : « Je l'ai dit, répliqua-t-il, parce que c'est vrai. » Il tenait l'amour de la patrie pour une vertu, mais n'admettait dans la science d'autre vertu que l'exactitude. Et, rendant hommage à l'érudition des Allemands, il leur reprochait, sur toutes les questions qui touchent leur race, d'accommoder l'histoire aux préventions plus ou moins inconscientes de l'orgueil ou de l'intérêt national, comme si elle se proposait, non la recherche de la vérité, mais le culte du patriotisme.

L'esprit de système ne lui fut pas moins étranger que l'esprit de parti. Dans certaines formes de l'état social à Rome, dans tel mode de propriété et de tenure, ses *Institutions politiques de l'ancienne France* découvraient les traits rudimentaires du régime féodal, que la plupart des historiens précédents avaient considéré comme originaire de la Germanie. Il n'en fallut pas davantage pour qu'on voulût en faire un « romaniste ». Mais lui-même repoussa toujours cette qualification. « Je suis à la fois, disait-il, romaniste ou germaniste, ou plutôt je ne suis ni l'un ni l'autre. » Il ne souffrait rien d'exclusif et de sectaire. Il répudiait tout ce qui eût fait paraître la vérité sous la forme étroite d'une thèse.

Ce n'est pas à dire qu'il prohibât les vues générales. Le premier livre qui ait frappé vivement son esprit fut, nous dit-il, la *Civilisation en France*, de Guizot. Ainsi, l'histoire l'attira tout d'abord non par des scènes dramatiques ou de vives peintures, non par de minutieuses analyses, mais par des généralisations abstraites; et ce qu'il admirait chez Guizot, c'est la puissance de cet esprit méditatif et doctrinaire, qui considère les événements dans leur signification morale et les explique par des lois.

Avec la patience de l'érudit que ne rebutent pas les plus ingrates recherches, Fustel allie la largeur d'esprit qui seule peut donner à ces recherches une portée. L'érudition n'est plus qu'une curiosité vaine si elle se consume sur les faits. Il demandait aux faits leur sens. Il avait le mépris des stériles enquêtes et des minuties insignifiantes. Plusieurs de ses études traitent de sujets tout spéciaux : mais les plus particulières elles-mêmes aboutissent à une conclusion d'ordre général ou se rattachent du moins à quelque vue d'ensemble. Le « contingent » et le « fortuit » ne l'intéressèrent jamais par eux-mêmes. L'histoire, telle qu'il l'entend, a justement pour office d'en rendre compte, c'est-à-dire de les supprimer. De même, il prétend restreindre le plus possible la part des individus, qui ne sont, en somme, que de purs accidents. Son intérêt se porte exclusivement sur ce qui laisse prise à la raison; mais il enlève au hasard tout ce que la raison peut ranger sous la discipline des lois. Ne voir dans les événe-

ments que le jeu de la fortune; c'est bien une
philosophie sans doute; ce n'est pas une philosophie de l'histoire. Or, quand elle n'a pas sa
philosophie, l'histoire perd toute sa dignité. Elle
devient une amusette puérile, un thème à d'ingénieuses fantaisies.

Fustel est philosophe aussi bien qu'historien,
mais il l'est pour expliquer l'histoire. De l'historien proprement dit, il a le don de « voir les faits
comme les contemporains les ont vus, non pas
comme l'esprit moderne les imagine ». Le grand
précepte qu'il faut donner, écrivait Augustin
Thierry, c'est « de distinguer au lieu de confondre ». Fustel est très sensible aux diversités
multiples qu'introduisent la race, le temps, le
milieu, dans la vie individuelle ou collective.
Mais il y a en lui un philosophe qui ne se sépare
pas de l'historien; et, tandis que l'historien distingue, le philosophe recherche, par delà les
différences, ce que la nature humaine offre de
constant, de partout et toujours identique à soi.
Ni germaniste ni romaniste, comme il le disait,
Fustel trouve l'origine du système féodal non pas
tant chez les Germains ou chez les Romains eux-
mêmes que dans certaines institutions véritablement communes à tous les peuples et procédant
de principes éternels, de besoins universels, qui
sont inhérents à l'humanité. Telle qu'il l'entend,
l'histoire n'a pas d'autre objet que l'âme de
l'homme, considéré comme un animal politique.
Cette conception de l'histoire, qu'il ne perd
jamais de vue, donne à l'œuvre de Fustel un

intérêt profondément humain, elle en fait l'unité
intime et la grandeur.

La forme, chez Fustel, ne se sépare pas du
fond. Rien, en lui, d'un styliste ; ce mot devait
sans doute lui faire horreur. Comme pour Buffon,
qu'il a supérieurement loué, non peut-être sans
songer à lui-même, le style, pour Fustel, est
l'ordre et le mouvement des pensées. Ses qualités
d'écrivain tiennent à la précision, à la vigueur, à
la délicate rectitude de son esprit. Ne lui demandons pas les « mouvements » et les « couleurs »
de l'histoire lyrique ou pittoresque. Il ne veut
qu'être clair, exact, serré, et il l'est en perfection,
soit dans l'ordonnance générale de ses ouvrages,
soit dans les détails d'un style qui ne fait valoir
la pensée qu'en lui donnant son expression la plus
propre et la plus forte. Il y a beaucoup d'art chez
lui : c'est un art discret et secret, qui ne recherche
pas l'admiration, qui tout au contraire s'y dérobe,
qui prétend, non pas à signaler le talent de l'écrivain, mais à mettre la vérité dans tout son jour.
L'historien fait parler les documents ; ne devant
rien dire en son propre nom, il ne doit pas avoir
ce qu'on appelle un style. Fustel, en ce sens, n'a
pas de style. Lui même, quand ses amis l'enga-
geaient à solliciter les suffrages de l'Académie
française, se disait « un simple piocheur de
textes », qui ne serait jamais un écrivain. Beaucoup le prirent au mot. Les « littérateurs » reje-
taient son œuvre hors de la « littérature ». Et, à
la vérité, Fustel écrit en savant, non en artiste.
Sa langue est le modèle accompli de la prose

scientifique, de cette prose unie, simple, grave, qui n'a d'autre élégance qu'une heureuse justesse et d'autre vernis que la netteté.

De tous les historiens d'une génération réaliste, aucun n'a fait plus que Fustel, — ni Taine, qui systématise l'histoire en formules, ni Renan, qui l'enjolive au gré de ses fantaisies, — pour transporter dans l'ordre des phénomènes moraux la discipline que le savant applique aux phénomènes de l'ordre sensible. Mais l'histoire peut-elle être vraiment une science? Ce qui me frappe en examinant la méthode de Fustel, c'est qu'elle contredit sa théorie scientifique, et que les scrupules mêmes de cette méthode imposée par le respect de la science procèdent au fond d'un scepticisme latent qui suppose la science hors de notre prise.

« M. Jules Simon, disait Fustel peu de temps avant sa mort, m'a expliqué il y a trente-huit ans le *Discours de la méthode* : de là sont venus tous mes travaux, car ce doute cartésien qu'il avait fait entrer dans mon esprit, je l'ai appliqué à l'histoire. » Fustel prétend que l'historien, quelque sujet qu'il étudie, fasse d'abord table rase. Et rien assurément de plus conforme aux principes d'une rigoureuse critique. Mais si nous devons, comme il le veut, remettre chaque fois tout en question, c'est donc qu'il n'y a pas en histoire, qu'il ne saurait y avoir de vérités acquises. « En histoire comme en philosophie, disait encore Fustel, il faut un doute méthodique; l'érudit, comme le philosophe, commence par être un douteur . » Ce doute universel n'implique-t-il pas

par lui-même la négation de toute certitude?
Doute méthodique, je le veux bien; mais quel
physicien, quel géomètre s'aviserait jamais d'en
appliquer la méthode à sa science? Il y a en géométrie, il y a en physique, il y a dans toutes les
sciences des vérités qui n'admettent pas le doute.
Les vérités scientifiques se constatent ou se
démontrent; une fois constatées ou démontrées,
elles ne peuvent être remises en question. Déclarer que l'historien doit faire table rase, c'est
reconnaître par là même que l'histoire est toujours à recommencer. Quand il disait à ses audi-
teurs de ne jamais le croire sur parole, Fustel
leur donnait sans doute un excellent conseil,
dont je ne méconnais point la haute valeur péda-
gogique et morale. L'eût-il donné si l'histoire
était véritablement une science?

Sans parler des passions et des préjugés auxquels de hauts et fermes esprits comme celui de
Fustel ne se soustraient pas toujours, il y a
l'imagination, qui altère l'histoire, il y a ensuite
la raison, qui, elle-même, l'interprète en divers
sens. Faut-il s'en plaindre? Pour être vraie, dans
l'acception absolue du mot, elle devrait reproduire
simplement la réalité, et la reproduire complète,
car tout choix suppose déjà le « subjectif » et le
« relatif ». Or, le peut-elle? Et ce fac-similé
d'ailleurs, quelle en serait la signification? Ce
qui fait, je ne dis pas seulement le charme, mais
l'intérêt et la valeur de l'histoire, c'est ce que
chaque historien y met de lui-même, de son *moi*
intellectuel et sensible. Voilà pourquoi elle est

un instrument de culture morale, et, si l'on peut
dire ainsi, d'humanité.

Et, bien que Fustel conçoive l'histoire comme
une science, ne voulant y rien introduire que
d'impersonnel et de purement objectif, — lui-
même ne s'est pas tellement assujetti à cette
conception, que les qualités supérieures pour
lesquelles nous admirons son œuvre, je veux dire
la droiture, l'intégrité, la hauteur de vue, n'appartiennent moins à l'érudit qu'à l'homme.

VII

Henri Becque

et l'Académie.

VII. — HENRI BECQUE ET L'ACADÉMIE

On a quelque velléité de plaindre M. Becque en
songeant qu'il fait en ce moment à ses futurs
confrères la visite traditionnelle. Mais quoi? S'il
n'y avait pas cette petite corvée, combien de Français résisteraient à la tentation de poser leur candidature? C'est une si agréable, une si brillante
situation que celle de candidat! L'académicien
est, si je puis dire, enterré dans son immortalité.
Mais le candidat! Le candidat défraye toutes les
conversations, s'étale à la première page de tous
les journaux. Les « interviewers » se succèdent
dans son cabinet de travail, empressés, le sourire
aux lèvres... — « Cher maître, voudriez-vous bien
avoir l'extrême obligeance de me dire quels sont
vos titres? » — On s'étonnerait justement du petit
nombre de candidatures, si les visites n'en décou-
rageaient pas tant.

Eh bien, M. Becque, qui s'est déjà présenté,
nous déclare qu'elles lui ont laissé le souvenir
le plus aimable. Cela dépend du caractère.
Quand on a, comme M. Becque, le caractère
bien fait, on trouve à ces visites un grand
charme. Il est par le monde des gens suscep-
tibles, grincheux, acariâtres, toujours prêts à se

formaliser, à se gendarmer, à surprendre dans les
plus inoffensifs propos des allusions désobli-
geantes. Tant pis pour eux! Apportez seulement
quelque bonne humeur à vos visites, nous déclare
l'auteur des *Corbeaux*, elles deviennent un passe-
temps tout à fait rare et délicat. Lui-même en
parle par expérience. Pour ces occasions-là, il
fait provision de bonne humeur, quitte à s'arranger comme il peut dans les intervalles. Un échec,
auquel il devait s'attendre, n'a pas aigri sa mansuétude. On ménage l'Académie, quand, tôt ou
tard, on en sera. Je ne sache pas qu'il ait assigné
en justice les académiciens coupables de lui avoir
préféré son concurrent, comme il poursuivit
autrefois le directeur de théâtre qui avait refusé
une de ses pièces.

M. Becque prétend être parfaitement à son
aise avec l'Académie parce qu'il ne s'en prit
jamais, dans ses jours de plus mauvaise humeur,
à l'institution elle-même. Est-ce, de sa part, un
mot naïf? A moins que cette apparente naïveté ne
recouvre une atroce ironie. Pour le succès de sa
candidature, mieux eût valu sans doute mettre
l'institution aussi bas que terre et montrer un
peu plus de bienveillance aux « individualités »
qui la représentent. Je connais quelques académiciens qui témoigneront, en votant pour lui,
d'une magnanimité singulière. Vous représentez-
vous M. Becque faisant sa petite visite à M. ***?
« Monsieur, je viens vous demander votre voix ».
(Ce n'est pas tout à fait de la sorte qu'on procède,
je suppose, mais il faut abréger.) — « Monsieur,

vous avez écrit que j'étais un « académicien de
carton », un « littérateur de pacotille », oui,
page 41 de vos *Souvenirs*, — « le dernier des polissons », page 48, — un « homme uniformément
nul », je ne me rappelle plus la page. — Monsieur,
il est bien regrettable que vous ne soyez pas allé plus
loin; page 71, je déclare en toutes lettres qu'on a
exagéré votre nullité. — Achevez donc la
phrase... : « qui est restée proverbiale. » — Monsieur, je n'ai jamais dit un mot contre l'Académie
française en tant qu'institution. — Charmé, Monsieur, si, en tant qu'institution, l'Académie française vous ouvre son sein; mais j'ai peur que la
plupart des académiciens ne vous refusent leur
voix. »

Tout son respect de l'Académie n'empêche pas
M. Becque de déclarer qu'elle ne sert à rien. Ce
corps inutile décerne un inutile titre, que la
vanité seule fait rechercher. Le dernier politicien
qui mettrait le feu à Paris pour devenir conseiller
municipal parle des opinions qu'il représente et
de la cause qu'il soutient. Mais le candidat à
l'Académie, de quel motif honorable peut-il autoriser sa candidature? C'est la question que pose
M. Becque. La lui poserons-nous à lui-même? Il
ne serait point embarrassé pour répondre.
M. Becque n'a-t-il pas une cause à soutenir, des
opinions à représenter? S'il brigue les suffrages
de l'Académie, ce n'est point de sa part vaine
gloriole. Je n'oserais dire qu'il ait uniquement
cédé à l'attrait si doux des visites. Mais son élection consacrera les théories qu'il professe et le

système dramatique dont il passe pour l'inventeur. Ce jour-là, il ne dira plus que l'Académie
est un corps inutile.

C'est autour de M. Becque, en effet, que se
groupent, depuis dix ou quinze ans, tous ceux
qui prétendent introduire au théâtre une « formule » nouvelle. On le considère unanimement,
quoique lui-même s'en défende avec beaucoup de
modestie, comme un chef d'école.

Pour être chef d'école, il faut certaines qualités
morales dont M. Becque est abondamment pourvu.
M. Becque, par exemple, témoigna toujours à ses
devanciers un large et puissant mépris. Excellent,
cela! Le seul dont il ait parlé avec quelque indulgence, c'est — le croirait-on? — M. Victorien
Sardou. Apprenez que M. Sardou fit jouer, voici
bientôt trente ans, l'*Enfant prodigue*. On savait
que M. Becque a la mémoire longue. Mais, s'il
oublie rarement un mauvais service, il garde à
jamais le souvenir d'un bon. En toute occasion il
a marqué à M. Sardou sa reconnaissance. Qui
donc l'en blâmerait? Cette petite faiblesse lui fait
honneur. Et songez qu'il a mis à la racheter un
zèle méritoire, en conspuant avec d'autant plus
d'entrain chez ses autres confrères ce qu'il vantait
chez M. Sardou.

Le mépris des autres s'explique tout naturellement par une grande confiance en soi. Je
rappelais tout à l'heure l'histoire de *Michel Pauper*. Le directeur de l'Odéon n'ayant pas accepté
sa pièce, M. Becque le cita sans hésiter en justice,
sous prétexte qu'un théâtre subventionné par

l'État est légalement tenu de représenter tout
chef-d'œuvre qu'un auteur veut bien lui apporter;
et pour montrer au moins que *Michel Pauper* était
un chef-d'œuvre, il loua une salle, des décors, des
costumes, des acteurs, peut-être une claque, et fit
jouer son drame en plein mois de juin. *Michel
Pauper* ne réussit qu'imparfaitement, et M. Sarcey, quoique moins vieux, en ce temps-là, d'un
quart de siècle, fit beaucoup de réserves. Vous
savez d'ailleurs qu'aucune œuvre de M. Becque
n'a jamais eu un franc succès. Mais il n'est heureusement pas de ceux que les échecs découragent
ou font douter d'eux-mêmes. La foi de M. Becque
en son génie est inconcussible. Tel autre, dans
une telle occasion, se demande s'il n'y a peut-
être pas un peu de sa faute. Cette idée ne lui vien-
drait jamais à l'esprit. Quand une de ses pièces
tombe, il se console en infligeant au public les plus
malveillantes épithètes.

L'unique concession que M. Becque ait jamais
faite, ce fut de réduire à quatre actes l'*Enfant
prodigue*, qui, primitivement, en avait cinq. Mais,
à cette époque lointaine, il ne se présentait encore
que comme un vaudevilliste très gai, sans autre
prétention que de désopiler la rate de ses audi-
teurs. Depuis *Michel Pauper*, qui ne ressemble en
rien à un vaudeville, qui est une sorte de drame
symbolique, son intransigeance n'a plus admis le
moindre tempérament. A prendre ou à laisser,
voilà la devise de M. Becque. Pendant la répétition de ses pièces, des amis, bien souvent, —
Seigneur, sauvez-moi de mes amis! — le sup-

plièrent de modifier tel ou tel détail, de retrancher
tel ou tel mot dont pouvaient s'effaroucher les
susceptibilités des spectateurs; aux reprises,
quelques retouches çà et là eussent rendu le
succès plus facile : non, il se refuse par principe
au moindre changement. *Ne varietur.* Le texte de
ses pièces est sacré comme un évangile de la
nouvelle école. Assez d'auteurs travaillent en vue
de leur auditoire, consultent son goût, caressent
ses préjugés et ses hypocrisies. M. Becque, lui,
veut s'imposer. On dira peut-être qu'il n'y réussit
pas. Patience! Son heure doit arriver. Déjà, tous
ceux dont le jugement compte, et même les professionnels de la critique, tous ceux qui ne vont
pas entendre une pièce à seule fin d'être divertis
pendant le travail pénible de la digestion, tiennent
l'auteur des *Corbeaux* en plus haute estime que
tant d'autres, parmi ses confrères, dont les œuvres
n'ont un tel succès que parce qu'elles s'ajustent à
la médiocrité du public. Et enfin, si l'intransigeance de M. Becque a plus d'une fois compromis le sort de ses pièces, elle n'aura pas peu
contribué à le poser en chef d'école.

De quelle école M. Becque est-il le chef? Il y a
quelques années, le naturalisme qui, dans le
roman, avait pu se donner tout de suite entière
satisfaction, trouvait devant lui sur la scène des
obstacles qui l'empêchaient de pousser jusqu'au
bout l'application de ses théories. Les novateurs
sentaient le besoin de ramener le théâtre à une
observation plus fidèle de la réalité; mais ils
tâtonnaient, sans savoir au juste ce qu'on devait,

ce qu'on pouvait faire. Eh bien, M. Becque fut le premier qui précisa les idées plus ou moins vagues de réforme, non par des manifestes et des préfaces, mais par des œuvres vivantes; et voilà pourquoi il devint, au théâtre, le chef de l'école naturaliste.

Naturaliste, M. Becque l'est bien, si l'on veut, mais surtout parce que la signification du mot s'est peu à peu altérée. Pourtant nous devons reconnaître qu'on trouve parfois chez lui des tableaux qui nous donnent, sur les planches mêmes, la sensation de la vie réelle. Les *Honnêtes Femmes*, par exemple, sont une petite comédie assez plate, en somme, mais d'une platitude tout à fait « nature ». Au début de la pièce, Mme Chevalier a cette phrase à dire : « Quand les bras me tombent, que ma tête s'engourdit et que je sens que je vais m'endormir, je trempe le bout d'un biscuit dans un demi-verre de ce petit vin blanc, la seule boisson qui me dise quelque chose. » L'auteur lui-même raconte que M. Claretie, présent à une répétition, l'interpella d'un ton indigné. « Oh! Becque, du petit vin blanc à la Comédie-Française! — Eh bien? — Il faudrait mettre du Marsala. » Ce vin blanc et ce Marsala sont en soi de peu d'importance. Mais, ne nous y trompons pas, ils ont une valeur de symboles. Le Marsala, c'est l'ancienne formule, et le petit vin blanc, c'est la formule nouvelle; le Marsala, c'est la convention, et le petit vin blanc, c'est la nature. Supposez Mme Chevalier buvant du Marsala : logiquement la pièce tout entière se modifie,

10

prend un autre air, tourne au poncif, devient, au
lieu d'une comédie naturaliste, quelque chose de
semblable aux plus anodines berquinades d'Octave
Feuillet. Ai-je besoin d'ajouter que M. Becque
maintint son petit vin blanc avec une indéfectible
énergie? Quel triomphe pour le naturalisme!

Si nous prenons les *Corbeaux*, qui sont la maîtresse pièce de M. Becque, il faudra bien avouer
que le premier acte en son entier, que plusieurs
scènes des trois suivants ont à un degré tout à fait
rare cet accent de réalité qui fait dire aux critiques
de la vieille école : « Ce n'est pas du théâtre! »
Nulle part la vie ordinaire n'a été reproduite sur
la scène avec plus d'exactitude. Je ne vois chez
les Dumas et les Augier aucune peinture de ce
ton qui soit aussi simplement vraie. Le premier
acte surtout est un admirable tableau d'intérieur
bourgeois, où rien ne sent l'artifice et la contrainte, ne laisse paraître l'auteur, n'accuse les
conventions du genre. On a là l'impression d'une
vérité toute familière, toute naturelle et cordiale.
A peine quelques traits qui jurent, ceux où se
marque, dans la première ébauche des « Corbeaux », la misanthropie de M. Becque, déjà prête
à gâter son naturalisme.

Mais justement les naturalistes du théâtre ne
reconnurent en M. Becque leur chef que du jour
où M. Becque devint pessimiste. Le mal, nous
sommes ainsi faits, semble toujours plus vrai que le
bien, et voilà pourquoi le mot de naturalisme
s'applique, détourné de son acception, à des
œuvres qui mutilent outrageusement la nature,

quand elles nous la montrent plus laide et plus
perverse. Voyez seulement M. Zola. Quoique
beaucoup moins naturaliste, au juste sens du
mot, que M. Alphonse Daudet, on l'a de tout
temps tenu pour le maître du naturalisme. C'est
que M. Daudet ne se crut jamais obligé de peindre
l'humanité constamment féroce ou lubrique, de
n'admettre dans son œuvre, comme faisait M. Zola,
que ce que la vie offre de plus bas, de plus igno-
minieux, de plus horrible. Il en a été pour la
scène de même que pour le roman. Les novateurs
s'étaient insurgés contre les conventions au nom
de la nature et de la vérité. Si notre théâtre leur
est redevable d'avoir parfois serré de plus près le
réel, ils en ont surtout éliminé, je ne dis pas seulement la vertu, — Brutus lui-même déclarait
qu'elle n'est qu'un nom ! — mais jusqu'à l'instinct
du bien. Leur trait le plus caractéristique, ce fut
l'âpreté de leur misanthropie. Aussi le théâtre
naturaliste devint-il en peu de temps le théâtre
« rosse ».

M. Becque n'a pas toujours été un misanthrope.
Ses premières œuvres en font foi. Je laisse de
côté *Sardanapale*. Qu'un livret d'opéra n'ait rien
de pessimiste, cela s'entend de soi-même ; mais
n'est-il pas piquant de penser que l'auteur des
Corbeaux ait débuté par un livret d'opéra ? Il y
aurait mauvaise grâce à insister. M. Becque lui-
même, tout en recueillant la pièce dans son *Théâtre complet*, déclare qu'elle ne compte pas ou ne
compte que pour les « blagueurs ». Du moins,
sans aucune intention de « blaguer » M. Becque,

il me sera permis de remarquer que *Sardanapale*
décélerait de sa part une certaine inclination à
l'éloquence poétique ou même à la grandiloquence. Non seulement aucun pessimisme, mais
pas le plus petit indice de réalisme. Son second
ouvrage, *l'Enfant prodigue*, s'intitule comédie;
c'est plutôt un vaudeville, et qui, bien souvent,
tourne à la charge, un vaudeville tout ce qu'il y a
de plus drôle, où M. Becque s'annonçait fran-
chement comme le disciple de Labiche par sa
jovialité plantureuse, débonnaire et naïve.

Après l'opéra de *Sardanapale*, après le vaudeville de *l'Enfant prodigue*, M. Becque essaya du
drame. *Michel Pauper* n'est certes pas ce qu'on
peut appeler une pièce gaie et dénoterait même
une vision assez sombre de la vie et de l'homme,
si le fond en avait plus de consistance. Mais le
pessimiste y apparaît beaucoup moins que le
révolutionnaire sentimental. Soit comme pièce
de théâtre, soit pour la conception philosophique,
ce drame ne laisse rien pressentir de nouveau. Il
retarde plutôt d'une vingtaine d'années. N'y
entendez-vous pas le dernier écho d'un romantisme extravagant? Quelques scènes sont d'une
vérité singulièrement puissante. Mais cette exaltation généreuse et chagrine qui s'y marque n'a
rien de commun avec la sèche, la froide misanthropie de la *Parisienne* ou des *Corbeaux*. Il y a là
beaucoup de donquichottisme et quelque peu de
prudhommesquerie; il n'y a pas un seul trait du
pessimisme rêche et pinçant où M. Becque devait
plus tard se complaire.

Ne parlons ni de la *Navette* ni des *Honnêtes Femmes*. Les *Honnêtes Femmes*, sauf la couleur bourgeoise et le petit vin blanc, sont une piécette assez insignifiante ; ou plutôt si elles avaient quelque chose de significatif, ce serait justement de nous montrer l'auteur comme un optimiste convaincu, qui proteste, en mettant des femmes honnêtes sur la scène, contre les misanthropes farouches (spécialité de misogynie), toujours prêts à nier qu'il y en ait dans le monde. Car le titre n'est point ironique. Nous ne trouvons là, bien réellement, que d'honnêtes femmes. Mme Chevalier passe sa vie à coudre du linge.

> Elle fut vertueuse et marqua des mouchoirs.

Le seul défaut qu'on puisse lui reprocher, c'est sa répugnance à raccommoder les torchons. Geneviève est bien un peu bavarde, un peu sotte, mais elle fera la meilleure des ménagères. Louise, enfin, la bonne d'enfants, n'a pas sur la conscience le moindre militaire. Connaissez-vous, dans tout le répertoire du théâtre français, une pièce plus bénigne ?

Quant à la *Navette*, je sais bien qu'elle est une première esquisse de la *Parisienne*. Mais M. Becque, qui la destina d'abord au Palais-Royal, n'y a jamais vu qu'une bluette sans conséquence. C'est après la *Parisienne* qu'on voulut en faire quelque chose de sérieux ou même de profond. A ce compte, maints traits de l'*Enfant prodigue* lui-même pourraient aisément se convertir en amères boutades. Mais nous en trouverions d'analo-

gues dans les plus exhilarants vaudevilles de
Labiche.

Si M. Becque devint pessimiste, il est facile de
se l'expliquer. Vous n'avez qu'à lire ses *Souvenirs*,
dans lesquels il nous raconte minutieusement,
comme si nous devions nous y intéresser autant
que lui-même, les injustices, les passe-droits, les
perfidies dont il n'a pas cessé d'être victime. Vit-on
jamais auteur dramatique plus persécuté? On
s'étonne que cet esprit vigoureux ait si peu
produit. C'est qu'il consumait toute son énergie à
faire jouer ses pièces, à les porter de scène en
scène, à les soutenir contre la sottise publique.
Tôt ou tard l'humanité devait lui apparaître tout
entière sous la forme des directeurs de théâtre
qui le renvoyaient ou l'exploitaient, des critiques
qui le vilipendaient ou le persiflaient, des spectateurs qui lui marchandaient leurs applaudissements.

Et puis, M. Becque n'avait écrit jusque-là, sauf
Michel Pauper, que des pièces toutes superfi-
cielles; et *Michel Pauper* lui-même est un drame
romanesque, non une étude approfondie de la vie
réelle. Quand M. Becque fit les *Corbeaux*, c'est-à-
dire une comédie d'analyse, il devait tourner plus
ou moins au pessimisme. Quelle œuvre fortement
observée n'est pas au fond cruelle? Après tout, le
premier ancêtre de l'école rosse, c'est Molière;
ses pièces les plus gaies abondent en mots aussi
misanthropiques que ceux de la *Parisienne* ou des
Corbeaux.

Ce qu'il faut seulement ajouter, c'est que le

parti pris se marqua tout de suite chez M. Becque.
On se rappelle assez les *Corbeaux* pour que je me
dispense d'en faire l'analyse. Sachons-lui gré de
n'avoir pas fadement idéalisé la famille Vigneron ;
mais tous les autres personnages sont visiblement
plus noirs que nature. Nous apercevons derrière
eux l'auteur se délectant aux mots cruels qu'il
leur prête. Ne parlons même pas du musicien
Merckens, qui ressemble à quelque caricature de
bas vaudeville. Mais, par exemple, le notaire Bour-
don est une canaille vraiment trop cynique. Nous
sentons qu'il y met du bon vouloir, qu'il le fait
exprès, ou plutôt que M. Becque le souffle. Et je
ne dis pas, remarquez-le bien, qu'on ne puisse
trouver sur la terre des types aussi abominables ;
mais loin d'étaler leur vilenie de gaîté de
cœur, ils font au contraire ce qu'ils peuvent pour
la cacher, et si, chez eux, l'hypocrisie n'est pas
un hommage rendu à la vertu, elle est du moins
une précaution où leur intérêt même les oblige.
Ici, le pessimisme de l'auteur est en contradiction
avec son naturalisme.

Pourtant il y a dans la pièce des personnages
« sympathiques ». Ceux-là sont précisément les
plus conformes à la nature. Sans parler d'une
servante qui mériterait bien le prix Montyon,
Mme Vigneron est, d'un bout à l'autre, admirable
dans la juste vérité de son caractère qu'aucune
exagération ne gâte. Mais ce qui fit de M. Becque
un chef d'école, le chef de l'école naturaliste, ce
n'est pas ce que nous pouvons louer chez lui
d'observation exacte, forte, profonde, c'est ce

qu'il s'y trouve de pessimisme systématique et forcé.

Le pessimisme de la *Parisienne* a plus de raffinement. Ici point de violence. Loin d'exaspérer à plaisir la noirceur de ses figures, si bien qu'il s'élève en nous une protestation spontanée contre des brutalités voulues, l'art de M. Becque triomphe, et aussi sa misanthropie, à nous faire accepter pour échantillons de l'humanité moyenne des personnages qui, sans rien d'énorme en leur propos, sans aucun acte de leur part où nous trouvions de quoi crier au scandale, respirent une immoralité monstrueuse, mais si naturelle qu'ils ne s'en doutent pas et que nous-mêmes ne la saisissons parfois qu'à la réflexion. Ce qu'il y a de plus caractéristique dans la *Parisienne*, c'est justement cette sécurité de conscience avec laquelle Clotilde trompe son mari au profit d'un amant, et ce premier amant au profit d'un autre, jusqu'à ce qu'enfin, mal satisfaite de celui-ci, qui la blesse dans son amour-propre, elle revienne à celui-là sans espérer que la leçon le guérisse de sa jalousie quasi conjugale. Et tout se remet comme devant. La pièce est un chef-d'œuvre d'ironie misanthropique, d'une ironie profonde et couverte où rien ne détonne et qui se soutient si parfaitement d'un bout à l'autre que l'effet doit en être ou de nous faire prendre les personnages pour les plus honnêtes gens du monde en dérobant leur perversité foncière à notre simplesse, ou de nous faire considérer l'humanité tout entière comme un ramassis de coquins, si nous réfléchissons que dans leurs actions ou leurs paroles nous n'avons rien trouvé de scandaleux ni même d'insolite.

Mais, quelle que soit l'habileté de M. Becque, on sent encore l'artifice. On le sent, déjà même, à l'insipidité continûment monotone de ces trois actes. Il est manifeste que l'auteur s'est interdit de propos délibéré tout relief, tout détail frappant, tout ce qui aurait pu soit exciter l'émotion ou provoquer le rire, soit donner à la pièce une signification quelconque. Et voyez un peu le dénouement. Pourquoi Clotilde revient-elle à Laffont? Pourquoi pas à son mari? Certes le mari de Clotilde n'a rien d'attrayant. Mais Laffont? Clotilde ne l'aime pas, et les scènes qu'il lui fait chaque jour rendent sa vie intolérable. Seulement, si Clotilde était revenue à son mari, la pièce aurait pris un faux air de moralité qui répugnait à l'auteur. Et puis, le dénouement de M. Becque a ce mérite qu'il ramène les choses au point de départ. Jamais on n'a mieux montré l'inanité de l'existence. C'est plus que du pessimisme, c'est du nihilisme. Mais remarquons que cette absence de sujet, de caractères, de traits expressifs, a pour résultat une sorte de neutralité abstraite et vide, qui est bien ce qu'on peut trouver de moins naturaliste.

M. Becque dit et répète qu'il a toujours eu horreur des thèses. Les pièces à thèse sont, en effet, directement contraires à la théorie naturaliste, puisqu'elles emprisonnent l'auteur dans une sorte de syllogisme. Mais celles de ses pièces qui sont considérées comme les modèles mêmes du genre

soutiennent perpétuellement une thèse contre
l'humanité. Ou bien, dans la *Parisienne*, il nous
présente des personnages insignifiants, vulgaires,
d'une banalité terne, d'une mesquinerie continue,
et dont la platitude n'a aucune physionomie, pour
que ce soit bien, non leur platitude à eux, mais
une platitude anonyme et commune, celle du
genre humain; ou bien, dans les *Corbeaux*, prenant
à son compte les procédés fondamentaux contre
lesquels le naturalisme a si vivement fait campagne,
il use de l'idéalisation pour exagérer le mal, et de
l'abstraction pour exclure le bien.

C'est donc, je crois, par une sorte de contresens,
que M. Becque représente au théâtre l'école naturaliste. Encore conserve-t-il lui-même quelque
retenue. Et sans doute je ne veux pas le rendre
responsable des excès où se sont portés ceux qui se
réclamaient de lui comme de leur maître. Mais il a
paru du moins autoriser par son exemple tous ces
pessimistes d'occasion qui ont failli discréditer à
tout jamais le naturalisme, quelques-uns peut-être
des farceurs, mais beaucoup d'autres des jobards,
s'imaginant que le dernier mot de l'art comme de
la philosophie consiste à mettre en scène je ne sais
quels automates si parfaitement égoïstes, vicieux,
féroces, qu'ils ont vraiment l'air de soutenir une
gageure.

Après Augier, après Dumas, il y avait quelque
chose à tenter pour introduire sur la scène une
vérité plus aisée et plus libre. Certes, le genre dramatique aura toujours ses conventions; mais on
pouvait sans doute le rapprocher davantage de la

vie naturelle, soit pour la structure des pièces, en
évitant une rigidité contrainte, soit pour la conception des personnages, en leur prêtant une
figure plus mobile, plus souple, plus complexe,
soit enfin, pour le style en *écrivant* moins ce qui
est parlé. Voilà justement à quoi travaillent ceux
de nos auteurs dramatiques qui, n'ayant pas subi
l'influence du naturalisme sectaire et du pessimisme livresque, se tiennent en dehors de toute
école comme de tout système. Parmi eux, sans
faire tort à quelques autres, je citerai M. Jules Lemaître, et aussi M. de Curel. Ce dont il faut leur
savoir gré, c'est qu'ils ont rompu avec la facture
décisive et stricte des maîtres précédents. Nous ne
leur devrons, il est vrai, aucune formule nouvelle.
Tant mieux! Ils se bornent à rapprocher le théâtre
du roman d'analyse en exprimant la vie, surtout
la vie intérieure, celle du sentiment et de la pensée,
avec autant de sincérité, d'aisance, de délicatesse
qu'en comportent les conditions du genre. Ils
inaugurent, pour dire le mot, un théâtre aussi peu
théâtral que possible. Le vrai naturaliste, ce n'est
pas l'auteur des *Corbeaux*, c'est l'auteur du *Pardon*
ou celui de l'*Invitée*.

Naturaliste ou non, M. Becque est incontesta-
blement un talent original et robuste entre tous.
Ses plus belles qualités, il les gâte souvent par le
défaut de proportion, par le désordre de la conduite, par des gaucheries, des puérilités, des divagations, et surtout par des partis pris auxquels il
se butte obstinément. Mais il a au plus haut point
ce qu'on appelle un tempérament dramatique; il

à la force de l'observation, la vigueur de touche, le
don de la vérité sobre et âpre. Aucune œuvre de
lui qui ne prête à beaucoup de critiques, sauf la
Parisienne peut-être, dont lui-même, si parfaite en
son genre qu'elle soit, ne s'exagère point la valeur.
« C'est, déclare-t-il modestement, une fantaisie
qu'il est très agréable d'avoir faite pour montrer
aux gens d'esprit qu'on n'est pas plus bête qu'eux. »
Mais deux de ses pièces ont plus de portée, *Michel
Pauper* et les *Corbeaux*. Dans *Michel Pauper*, je
crains que les défauts du plan et les extravagances ne fassent trop de tort aux plus fortes qualités; il ne s'y en trouve pas moins quelques
scènes vraiment admirables, une surtout, celle du
quatrième acte entre Michel et sa femme, qui,
voici déjà vingt-cinq ans, suffit pour mettre l'auteur
hors de pair. Quant aux *Corbeaux*, si la composition n'en a pas assez de fermeté, si des maladresses nous y choquent, si nous y voyons trop
souvent le parti pris de l'auteur, c'est pourtant
une des plus belles pièces du théâtre contemporain
par la solidité de l'observation, par le naturel du
pathétique, et, sauf ce qui tient au système, par
la couleur même d'une vérité sincère, unie, sans
apprêt, enfin, j'ose le dire, par une émotion contenue dont l'inhumanité volontaire de l'auteur n'a
pu se défendre.

Si l'Académie française veut donner pour suc-
cesseur à Alexandre Dumas un auteur dramatique,
l'élection de M. Becque s'impose. Qu'on n'ait pas
de crainte pour le discours. M. Becque a bien lâché
contre Dumas quelques boutades peu aimables.

Pourquoi donc eût-il fait une exception en sa faveur? Mais je suis convaincu qu'en prenant sa place, il lui rendra justice. Après tout, Dumas est bien, entre tous les devanciers de M. Becque, celui qui porta sur les planches le plus de réalité vivante. Tout en rendant à son œuvre un hommage bien dû, M. Becque marquera peut-être en quelques traits ce qui a pu lui manquer de souplesse, de vraisemblance, d'humanité large et cordiale, ce que son rationalisme a parfois de violent et de raide. Mais il le dira avec tact, avec mesure. Que l'Académie ne se mette pas en peine. Une fois académicien, l'auteur des *Corbeaux* sera, j'en suis sûr, beaucoup moins méchant.

VIII

Édouard Estaunié.

VIII. — ÉDOUARD ESTAUNIÉ (1).

M. Estaunié débutait, voilà cinq ou six ans, par *Un Simple*. Ce début faisait plus que promettre, et nous retenions déjà le nom de l'auteur. Dans *Un Simple*, M. Estaunié raconte l'histoire d'un garçon de dix-huit ans, très bon et très ingénu, que son inquiète tendresse, sa candeur, sa sensibilité maladive ont, dès l'enfance, fait cruellement souffrir, et qui finit par se noyer de désespoir en apprenant que sa mère, pour laquelle il a une sorte de culte, dont il adore de loin l'impeccable et hautaine vertu, est la maîtresse d'un bellâtre. Les soupçons du jeune homme, ses efforts pour s'y arracher, ses révoltes, ses angoisses, l'infâme espionnage auquel le ravale un irrépressible besoin de savoir, puis, lorsqu'il sait, lorsqu'il a vu, sa stupeur et son dégoût, le vide soudain qui se fait en lui, M. Estaunié révélait dans cette peinture les qualités d'une psychologie un peu crue sans doute, mais vigoureuse et passionnée. Son style, souvent rocailleux, toujours violent, parfois suspect d'incorrection, avait la netteté du trait, l'éclat des images, la rectitude du tour, quelque chose de sain, de droit et de

1. *Un Simple, Bonne-Dame, l'Empreinte.* (Perrin, éditeur.)

11

robuste. Avant tout, il avait la vie. Et cela nous
rappelait Maupassant, comme d'ailleurs le sujet
d'*Un Simple* ne laissait pas d'offrir quelque ana-
logie avec *Pierre et Jean*, une des plus belles
œuvres du maître, auquel M. Estaunié dédiait son
premier livre.

Bonne-Dame, qui suivit de près *Un Simple*,
prête davantage à la critique. La composition n'en
est pas assez serrée ; il s'y trouve çà et là des longueurs. Puis, l'héroïne du livre manque d'unité.
On en fait, au début, un type de mansuétude
sereine et de placide bienveillance, mais nous ne
tardons pas à nous apercevoir que, dans cette
« bonne-dame », il y a aussi une belle-mère. Et
surtout, le sujet n'apparaît clairement que vers le
milieu. Dans toute la première moitié, M. Estaunié nous donne sa Bonne-Dame comme une sorte
de mère universelle, — si j'ose m'exprimer
ainsi, — et, dans la seconde, il la transforme en
mère Goriot. Certains épisodes ne sont pas moins
très louables. Par exemple le chapitre où Bonne-
Dame, étant allée passer quelques jours chez sa
fille et son gendre, s'aperçoit qu'elle les gêne,
qu'elle est de trop dans leur maison, qu'ils la
traitent en étrangère ; ou bien encore celui qui
nous la montre envahie par eux sous son propre
toit, lorsqu'elle les recueille après leur ruine,
dépossédée peu à peu de ses plus chères habi-
tudes, réduite finalement à sa petite chambre, où
elle vit comme une recluse, jusqu'à ce que, pour
ne plus incommoder Germaine, elle lui cède la
place et se retire dans un hospice.

En somme, *Bonne-Dame* était quelque chose d'à moitié manqué. Le nouveau roman du jeune écrivain, *l'Empreinte*, est quelque chose de tout à fait supérieur. Depuis le *Disciple*, auquel il fait songer, nous n'avons rien eu, que je sache, de plus original et de plus fort.

En voici le sujet.

1° Léonard Clan, élève des jésuites, à Nevers, est habilement circonvenu par ses maîtres, qui voient en lui une enviable recrue; mais il soupçonne enfin le piège où l'on veut le prendre et se dégage d'une vocation factice, que les Pères lui avaient artificieusement suggérée.

2° Le jeune homme vient habiter Paris. Pendant sept ans, il essaie de tout et ne réussit à rien; il se consume en vaines tentatives, et, découragé, épuisé, las de vivre, il retourne à Nevers, ne fût-ce que pour s'y enterrer.

3° Après avoir, dans la retraite, sondé sa conscience, il se reconnaît décidément incapable d'être homme; il sera jésuite.

C'est là, comme on voit, une structure en même temps très simple et très exacte. Le développement de la thèse, clairement indiquée par le titre, réclamait ces trois parties. D'abord, comment Léonard reçoit l'empreinte; puis comment cette empreinte le rend étranger au monde, impropre aux fonctions de l'existence normale; enfin, comment il ne lui reste, s'il veut vivre, qu'à se réintégrer dans sa vocation première.

Ce que je reprocherai tout d'abord à l'auteur, c'est de ne pas être remonté plus haut dans l'en-

fance de Léonard. Au moment où il nous le présente, Léonard, à vrai dire, ne sait pas encore ce
qu'il deviendra, et même n'y a pas songé, mais il
porte déjà l'empreinte. La première partie du
livre en fait à elle seule la moitié ; je n'y verrais
pas un défaut, si M. Estaunié avait voulu préparer son sujet de plus longue main. Cette empreinte,
qui ne s'effacera pas, il devait, pour que nous
pussions la croire indélébile, nous expliquer
patiemment, et dès le début, par quelle subtile et
complexe discipline les jésuites en ont peu à peu
marqué l'âme de leur élève. Peut-être y eût-il
fallu plus de délicatesse que n'en comporte le
talent un peu raide, un peu brutal de l'auteur ;
et je dirais bien que, pour ce genre de peinture,
l'École polytechnique, par laquelle passa M. Estaunié, n'est pas une très bonne préparation, si
M. Marcel Prévost, dont la manière insidieuse et
caressante ferait ici merveille, n'avait été lui aussi
polytechnicien.

Louons maintenant tout à notre aise les chapitres où l'on nous montre le jeune homme savamment capté par ses maîtres. Les Pères amusent
son esprit, endorment sa conscience, dépravent
chez lui le sentiment moral, matérialisent le sentiment religieux, exaltent enfin, dans cette nature
enthousiaste et faible, l'orgueil d'une prédestina-
tion qui le met à part comme élu de Dieu. Puis,
une fois le moment venu, quand il s'ouvre à son
confesseur, lui fait part de ses velléités, de ses
hésitations, du trouble de son âme en face d'un
engagement irrévocable, le Père Propiac, tout de

suite, sans un mot, sans une demande, met la
vocation hors de cause, comme si elle devenait
obligatoire par le seul fait qu'on en avait parlé.
Et, dès lors, commence autour de Léonard le
grand œuvre de l'isolement. Un à un tous les liens
qui l'attachent encore à la vie commune sont
brisés. Il prend le monde en dégoût. Ses amitiés
elles-mêmes se rompent, ou plutôt s'évanouissent
sans laisser aucun vide. Il est enfin seul, absorbé
dans une piété orgueilleuse et glaciale. « Remer-
ciez Dieu », lui dit alors le Père Propiac, qui a présidé de loin à ce premier noviciat; « il vous tient
désormais dans sa main ! »

Cependant, des répugnances viennent à Léonard. Traité déjà par les jésuites comme un
« frère », on sollicite de lui — *ad majorem Dei glo-
riam* — des délations qui révoltent sa fierté. Et
puis, il finit par entrevoir les captieux manèges
des Pères. Le Provincial, avec lequel un entretien
lui est ménagé, effraie sa vocation en la brusquant.
Je crains, s'il faut tout dire, que les jésuites de
M. Estaunié ne soient pas encore assez adroits. Il
leur échappe çà et là des paroles imprudentes.
Plus d'une fois leur tactique est en défaut. Surtout
ils manquent de cette patience qui passe pour leur
vertu caractéristique. Voulant les faire dangereux,
M. Estaunié aurait dû les faire plus habiles, plus
couverts, moins pressés. Toujours est-il que
Léonard sort de chez le Provincial avec la tentation de se reprendre.

Quelques jours après, une dépêche de son
tuteur, M. Artus, l'appelle à Paris. Le peu

d'heures qu'il passe dans la grande ville suffit pour modifier ses idées sur le monde. M. Artus, d'ailleurs, est un esprit libre et pénétrant, dont l'ironie scandalise Léonard, mais lui dessille les yeux. « Les grands sentiments, lui dit-il, sont le miroir auquel se prennent les cœurs de ton âge... Défie-toi; après tout, la proie est de nature à valoir au moins une tentative. »

Le lendemain même, Léonard, de retour à Nevers, commence une retraite. Mais les paroles de son tuteur le suivent dans la solitude. Il veut dissiper ses soupçons en lisant certains feuillets que lui a remis le Père Propiac : ce qu'il y trouve, c'est une morale sèche et perverse, qui prêche l'indifférence sous le nom de détachement, qui réduit l'être tout entier à la préoccupation de sa propre fin, lui donne pour loi unique de s'aimer, de faire servir à son salut toutes les créatures. Le jeune homme s'indigne. Sa générosité naturelle proteste contre cette glorification, contre cette sanctification monstrueuse de l'égoïsme. Et, en même temps, son orgueil s'insurge; il ne veut pas être pris pour dupe. Rejetant avec mépris, avec haine, les abominables feuillets, il écrit au Père une lettre toute tremblante encore de sa colère mal contenue.

Sept ans plus tard, nous le retrouvons à Paris. Qu'est-il devenu pendant ces sept années? On nous le dit en quelques mots : il a fait vaguement son droit, il a fréquenté les revues éphémères du quartier Latin, tâté du journalisme et de la littérature. J'aurais voulu plus de détails. Il fallait,

ce me semble, raconter tout au long les expé-
riences du jeune homme, car nous étions, ici, au
vif du sujet même. L'auteur passe trop vite sur
ces sept années. Une seule fois, mais tout à la fin,
il nous donne quelques détails. C'est quand Léonard se voit retirer la chaire qui lui a été promise.
Affilié à l'œuvre de régénération sociale qu'ont
tentée quelques nobles âmes, il compte semer ses
idées dans le monde, exercer sur la jeunesse une
salutaire influence, préparer la solution des
redoutables problèmes que cette fin de siècle
pose à notre société ruineuse. La veille même de
sa première conférence, il apprend que la chaire a
été donnée à un autre. C'est là un coup du Père
Propiac, qui ne le perd pas de vue, qui, tout
récemment encore, a essayé de remettre la main
sur lui. Malheureusement, cette intervention des
jésuites, si vraisemblable qu'elle puisse être, a le
tort de ne pas s'accorder avec le sujet du livre, ou
plutôt d'aller directement à l'encontre. M. Estaunié
veut montrer dans cette troisième partie, la plus
essentielle, que l'éducation des Pères rend Léonard incapable de s'adapter à l'existence laïque.
Nous n'avons pas affaire avec les jésuites d'Eu-
gène Sue, et leurs machinations ténébreuses,
même si nous pouvons y croire, ne sont pas ici
de mise. Du moment où Léonard a rompu avec les
Pères, je veux bien sans doute qu'ils le surveillent
de loin, toujours prêts, dès que l'occasion se présente, à en reprendre possession. Mais, si le jeune
homme échoue par suite des obstacles qu'ils
mettent en travers de sa route, je puis croire que,

sans ces obstacles, il aurait dûment réussi ; et, dès lors, que devient la thèse?

D'autres épisodes, il est vrai, nous font très bien voir l'incapacité foncière du jeune homme, traînant après lui la chaîne de sa vocation manquée. Léonard a l'air d'une âme en peine. Façonné par l'éducation des Pères, il ne trouve plus, dans le siècle, à quoi se prendre. Toute initiative le trouble, toute responsabilité l'épouvante. Quand l'amour s'offre à lui, riche de promesses, il en a peur ; il recule, il se dérobe, sentant que son cœur est irrémédiablement desséché.

Et bientôt, avec le courage et l'espérance, la foi même s'en va, cette piété superficielle et machinale que lui avaient inculquée les Pères. Effrayé d'abord par l'ébranlement subit de toutes ses croyances, il court à l'église, il demande un prêtre, il se confesse avec angoisse, il implore un secours contre les doutes qui l'obsèdent. « Chaque matin, lui dit le prêtre, récitez une dizaine de chapelets. » Puis, après la religion, voici le tour de la morale, que l'enseignement jésuitique y liait. Dès qu'il est bien sûr de ne plus croire à rien, il veut du moins jouir de la vie. Mais, dans les bras d'une maîtresse, son âme répugne aux frissons de son corps ; les baisers de chair la laissent froide et aride, bourrelée de remords qui survivent à la piété. Tout est fini pour le malheureux : après l'avoir exclu de la vie active, le monde lui refuse sa part de joie ; il ne lui reste plus qu'à s'en retirer.

La troisième partie du livre forme une sorte de

journal. C'est un examen de conscience, une analyse minutieuse que le jeune homme fait de lui-même, et à la suite de laquelle le dilemme se pose devant lui : ou raté, ou jésuite. Mais, pour être jésuite, il faut croire? Non, il suffit d'obéir. Le Père Propiac montre à Léonard que la religion est une habitude du cœur; on ne lui demande pas de « sentir la foi », on lui demande seulement de « s'y tenir ». Athée, il fera les gestes de la religion, que son noviciat lui a rendus faciles. Et ces gestes suffiront pour qu'il conduise les hommes à son gré. Son mensonge planera au-dessus des foules ; sous la robe du jésuite, Léonard va leur apparaître comme le prophète de Dieu, ministre des miséricordes et des vengeances célestes. « Seigneur, s'écrie-t-il, je donne tout : je veux tout ! »

Ce qui prête un intérêt supérieur au beau roman de M. Estaunié, c'en est la portée morale. Il y a là, non un pamphlet, mais une thèse vigoureuse contre l'éducation vraiment *homicide*. « Jusqu'ici, dit M. Artus à Léonard, on n'a fait que langer ton intelligence. Après tout, le mal fut relatif. Il est puéril de s'occuper de la façon dont on lange un marmot. » Si avisé qu'il soit, M. Artus se trompe. Le jeune homme peut bien rompre avec les jésuites ; son intelligence et sa conscience restent emmaillotées. Sans doute, nous rencontrons tous les jours des Léonard Clan qui n'ont pas été élevés par les bons Pères. Aussi la thèse de M. Estaunié comporte-t-elle une application plus étendue, et je ne crois pas qu'il me démente. A

proprement parler, la discipline des jésuites,
c'est la discipline cléricale à une puissance supérieure. Il n'y a pas si longtemps encore que l'État
laïque répudia les principes et les méthodes dont
les Pères lui avaient transmis l'héritage. Et rien,
assurément, n'est plus utile et plus opportun que
de dénoncer une éducation à laquelle doivent être
attribuées la plupart des maladies morales dont
souffre notre temps, éducation qui semble prendre
à tâche d'hébéter les esprits en leur fournissant un
savoir fallacieux, une philosophie artificielle, une
religion mécanique, et d'abâtardir les caractères
en dissolvant la vertu des libres initiatives et le
sens de la responsabilité personnelle. Cette éducation fait le pire danger de notre société démocratique ; et voilà comment le cléricalisme, je ne
dis pas seulement pour les Homais, qui en ont
gardé beaucoup, mais pour tout esprit véritablement libéral, reste, encore et toujours, l'ennemi.

IX

Métrique et Poésie nouvelles.

IX. — MÉTRIQUE ET POÉSIE NOUVELLES

Les questions de métrique sont à l'ordre du jour. On ferait toute une bibliothèque des livres qui, dans ces derniers temps, ont été écrits sur la matière. Il y en a de savants, jusqu'à des thèses de doctorat, et il y en a aussi de fantaisistes, ou même de saugrenus. En voici deux qui viennent tout récemment de paraître, la *Poésie contemporaine* de M. Vigié-Lecocq et la *Crise poétique* de M. Adolphe Boschot. L'un et l'autre méritent d'être lus. Ils valent la peine qu'on en prenne texte pour causer quelques instants de l'évolution que subit depuis un quart de siècle notre prosodie officielle. Entre les œuvres poétiques de l'année, je me bornerai à en retenir deux, la *Maison de l'enfance*, par M. Fernand Gregh, et les *Jeux rustiques et divers*, par M. Henri de Régnier, dans lesquelles nous irons, quand il en sera besoin, chercher des exemples.

M. Vigié-Lecocq est un apologiste fervent de la jeune école. Je dis « la jeune école », pour abréger. Ce n'est pas une école que nous avons, c'est presque autant d'écoles que de poètes. Mais toutes s'accordent du moins pour secouer le joug des règles parnassiennes et préconiser une métrique

plus libre, plus ductile, qui s'approprie d'elle-
même à toutes les inflexions de la pensée ou du
sentiment. Le livre de M. Vigié-Lecocq n'est pas
l'œuvre d'un métricien. Il se recommande par une
intelligence très juste et très fine de la poésie moderne. Vous n'y trouverez rien de si docte sur la
théorie du rythme ; mais ce qui en fait l'intérêt,
et même le charme, c'est l'interprétation délicate
de maintes pièces que l'auteur a recueillies çà et là
chez les jeunes poètes et dont il nous donne toute
une anthologie. Je n'oserais dire que son admiration ne s'attache jamais qu'à des chefs-d'œuvre ;
elle est parfois un peu bénévole, un peu candide,
ce me semble, l'admiration de M. Vigié-Lecocq.
Mais, dans le grand nombre de morceaux que cite
son ouvrage, il y en a bien assez de charmants,
voire d'exquis, pour justifier telles innovations
métriques qui eussent été considérées par l'école
antérieure comme des extravagances grotesques ;
et sans aller jusqu'à déclarer avec lui que « ces
dix dernières années sont une radieuse époque
poétique », convenons du moins que le Symbolisme n'a pas si piteusement échoué, qu'il laissera
sans doute une trace durable, et que, ses vues
sur l'art étant après tout légitimes, il avait bien
le droit d'assouplir, en l'y accordant, la raide prosodie du Parnasse.

Quant à M. Adolphe Boschot, il commence son
petit livre par nous dire que « le Parnasse est
mort » et que « le vers-librisme a avorté ». Ces
deux assertions sont d'ailleurs un tant soit peu
contradictoires ; car enfin, si vraiment le Parnasse

était mort, il semble que sa ruine ne pût guère
profiter qu'au « vers-librisme ». Mais M. Boschot
lui-même est peu ou prou un vers-libriste. En tout
cas, je vous le donne pour un ennemi déclaré du
Parnasse et de ses pompes rythmiques. Il en veut surtout à la rime riche ; il nourrit contre la rime riche
une haine implacable. « Quiconque désormais,
nous déclare-t-il, fera de nouveau jouer cette ma-
chine à rimer qui a tué la poésie, *est un parri-
cide*. » Vous voyez que, si M. Boschot se plaît à
constater l'avortement de la réaction anti-parnas-
sienne, il en a pourtant subi l'influence. On peut
être vers-libriste de bien des façons. On l'est plus
ou moins. Il y a des degrés dans le vers-librisme.
M. Boschot se révolte, tout comme ses aînés, contre
les règles étroites du vers parnassien, et même
son indignation généreuse me semble un peu retar-
der. A l'égard du Parnasse, il est vers-libriste ;
mais, à l'égard de certains vers-libristes, il fait
des restrictions dont ce n'est pas moi qui le blâ-
merai.

Un point ne laisse pas de m'inquiéter. A peine
affranchi des rigueurs de la rime, M. Boschot veut
qu'on se fasse pardonner la liberté de ses assonances par une régularité d'autant plus scrupuleuse dans la construction rythmique. Les poètes,
d'après lui, doivent « avoir recours soit aux alli-
térations sur les temps forts, soit à la concordance
du sens et du rythme ». Il me semble, pour ma
part, que l'affaiblissement de la rime et celui de
la mesure sont nécessairement liés. L'un et l'autre
répondent à une même conception de la poésie.

Après tout, rimer, c'est battre la mesure ; et, notre
poésie contemporaine s'opposant à celle des Parnassiens comme plus vague, plus secrète, plus
éparse, on voit bien pourquoi elle répudie la rime
riche, mais elle doit répudier également dans le
rythme une exactitude trop catégorique. Si l'on
ne peut justifier l'affaiblissement des rimes que
par le besoin d'accorder la métrique à une poésie
imprécise et fluide, c'est se contredire manifestement que de rythmer le vers avec une précision
d'autant plus expresse. Veut-on le justifier en
alléguant les facilités qu'il offre ? Mais ces facilités-
là ne conviennent qu'à certains genres, aux genres
qui relèvent de ce qu'on appelle le symbolisme.
Quoi qu'en dise M. Boschot, le Parnasse n'est pas
mort. S'il est bon que les symbolistes aient une
facture particulière, on peut concevoir la poésie
autrement qu'eux. On peut, non pas en faire une
sorte de « musique lointaine », mais lui demander
au contraire de donner à l'idée ou au sentiment, par
la fixité même du rythme, une certitude formelle
et décisive. Et alors on s'imposera toutes les exigences de la facture parnassienne.

Aussi bien, cette facture comporte déjà maintes
dérogations à la régularité du rythme. Si même
nous laissons de côté toute différence de genre et
de poétique, il n'en faut pas moins reconnaître
que, depuis la constitution définitive de notre littérature, la métrique s'est faite de plus en plus
libre, a de plus en plus altéré la symétrie normale
du vers au profit de la variété et de l'expression.
Cela se conçoit aisément. Comme les rythmes, à

mesure que nous en prenons l'habitude, perdent
pour nous leur vertu significative, nous éprouvons
un instinctif besoin de les renouveler. En même
temps l'oreille fait son éducation. Elle n'a d'abord
saisi que des rapports tout à fait simples : mais,
peu à peu, une harmonie plus complexe lui devient
perceptible, et tels rythmes l'auraient fait autrefois souffrir, dans lesquels, maintenant, elle trouve
un charme subtil.

Par là s'explique toute l'histoire de notre versification depuis le xvii° siècle jusqu'aux symbolistes. En prenant pour exemple l'alexandrin, on
verrait que son évolution se marque, de Malherbe
à Hugo, de Hugo aux Parnassiens, par des « licences » nouvelles qui déforment le type primitif.
Je ne parle pas de la Pléiade. Il est vrai que Ronsard et ses disciples usèrent de l'alexandrin avec
une grande liberté. Mais cette liberté trahit plutôt
leur inexpérience. S'ils furent pour la plupart
d'habiles versificateurs, c'est dans les combinaisons
des strophes que nous admirons à juste titre leur
science rythmique. Quant aux vers de douze syllabes, ils y font preuve d'une gaucherie manifeste.
Partout où ils emploient ce mètre, leur rythme
est amorphe, incapable de prendre jamais une
figure précise. Le moment n'était pas encore venu
de « disloquer » l'alexandrin. Pour que sa forme
normale pût être altérée sans péril d'une complète
subversion, il fallait sans doute le tenir plus ou
moins longtemps assujetti à des règles sévères, en
déterminant, en accusant avec rigueur cette symétrie fondamentale hors de laquelle des oreilles

novices ne pouvaient encore que se fourvoyer au
hasard dans une molle inconsistance. Ce fut là
l'œuvre de Malherbe. On a dit que Malherbe faisait
des vers beaux comme de la prose, et, en un sens,
on a eu raison, car les qualités de ce poète n'ont
rien qui relève proprement de la poésie. Considé-
rons en lui non plus le poète, mais le versificateur :
il se trouve au contraire que son rôle distinctif et
son mérite essentiel ont été de séparer systémati-
quement le vers de la prose. Soumettant l'alexandrin à des lois inflexibles, il en a institué, il en a
consacré le type classique.

Il faudrait partir de ce type pour suivre l'évolution rythmique de l'alexandrin ; et, si nos plus
récents novateurs ont réduit la langue poétique à
je ne sais plus quelle informe mélopée, c'est parce
qu'ils eurent le tort de le perdre de vue. On sait
quelles altérations y apportèrent les romantiques
d'abord, puis les Parnassiens. Les romantiques
affaiblirent la césure médiane et la césure finale
en se permettant d'une part l'enjambement du
premier hémistiche sur le second, de l'autre l'enjambement d'une unité métrique sur la suivante.
Quant au Parnasse, il supprima tout vestige de
césure au milieu du vers, et tandis que, par un
reste de superstition, les romantiques s'astrei-
gnaient à terminer l'hémistiche sur une tonique,
il fit des alexandrins où la césure normale coupe-
rait un mot en deux. Ces perturbations de la symétrie classique sont assurément des plus graves.
Une série de vers dans lesquels il n'y aurait ni
césure médiane ni césure finale n'aurait plus rien

de métrique, et n'offrirait à l'oreille qu'un ramage sans accent. Mais il faut aussi remarquer que ces vers irréguliers sont relativement assez rares chez les romantiques et chez les Parnassiens. Chez eux, l'alexandrin classique demeure toujours la base du rythme. Ils n'élargissent ou ne rompent le cadre que pour le reformer aussitôt. Les vers différant de la prose par une certaine symétrie du rythme, on peut bien sans doute, à mesure que s'affine le sens rythmique, s'écarter davantage et plus souvent de la symétrie parfaite, mais on ne fondera jamais un système de métrique sur la discordance, qui est la négation de tout système et qui nous ramène à la prose pure.

C'est ce que ne semblent pas voir bon nombre des novateurs contemporains, ou, du moins, ce dont ils ne veulent pas tenir compte. Quand M. Vielé-Griffin, par exemple, dit que « la théorie n'a pas à intervenir », que « le poète est maître chez soi », il parle du poète comme si sa langue particulière ne lui imposait aucune condition. C'est le prosateur qui est maître de son rythme. Tant qu'il y aura une langue poétique distincte de la prose, le poète se distinguera du prosateur en se soumettant à certaines règles. Semblablement, quand M. de Régnier affirme que « si le rythme est beau, peu importe le nombre du vers », on pourrait lui citer telle phrase de Chateaubriand ou de Bossuet dans laquelle il n'est pas douteux que le rythme ne soit beau, et qui pourtant est une phrase de prose. Enfin, quand le maître dont se réclament la plupart des vers-libristes, M. Stéphane

Mallarmé, assure qu' « en vérité, il n'y a pas de prose », nous le féliciterons soit de sa logique, soit même de sa franchise, mais nous lui ferons ensuite observer que, s'il n'y a pas de prose, il ne peut plus, par là même, y avoir des vers. « Tout est vers », prétend M. Mallarmé. En lisant ce qu'écrivent ses disciples, nous serions plutôt tentés de croire le contraire. Lorsque M. Jourdain disait : « Nicole, apportez-moi mes pantoufles », il pensait naïvement faire de la prose. Pas du tout ; il faisait un vers, un vers de neuf syllabes. « Il n'y a pas de prose, déclare M. Mallarmé, il y a l'alphabet, et puis des vers plus ou moins serrés, plus ou moins diffus. Le vers est partout dans la langue où il y a rythme, partout, excepté dans les affiches et à la quatrième page des journaux. » Cette restriction même est-elle bien juste ? Ici, la logique de M. Mallarmé semble en défaut. Car enfin, il ne s'agit point de style, il s'agit purement et simplement de métrique. Si les vers peuvent être composés d'un nombre quelconque de syllabes, et si, d'autre part, leur rythme est délivré de toute règle, je ne vois plus aucune raison pour faire une différence entre la quatrième page d'un journal et la première.

Voici une strophe de M. Gustave Kahn, dans les *Palais nomades*. La loyauté me fait un devoir de vous avertir que le sens m'en échappe totalement. Mais ce n'est pas ici le sens qui nous intéresse, ce sont les procédés métriques. Je cite :

Elles quand s'afflige en verticales qui se foncent, le soleil,
Pourquoi seules ?

Pourpres banderoles
Où retirez-vous, vers quel fixe
Vos muettes consolations ?
Étirements, affaissements, ô normes.
Quelle fleur d'inconnu fane inutile aux reposoirs de nos soirs,
Où frémit et languit une attente d'espérance vaine ?

La première ligne a dix-sept syllabes ; la seconde, trois ; la troisième, cinq ; la quatrième, huit ; la cinquième, neuf ; la sixième, dix ; la septième, dix-sept ; la huitième quinze. Sont-ce là des vers ? Pour y consentir, nous devrions admettre d'abord qu' « en vérité, il n'y a pas de prose ». S'il y a encore de la prose au monde, ces prétendus vers ne peuvent manquer d'en être. Coupons-les autrement : qui nous dira ce qu'ils y perdent ? Le dernier, par exemple, se décompose de fort bonne grâce en deux « vers », l'un de six, l'autre de neuf syllabes. Et l'avant-dernier, soit en deux, lui aussi :

Quelle fleur d'inconnu
Fane inutile aux reposoirs de nos soirs ?

soit en trois, de cette manière :

Quelle fleur d'inconnu
Fane inutile
Aux reposoirs de nos soirs ?

ou de celle-ci, pour peu que vous préfériez :

Quelle fleur d'inconnu
Fane inutile aux reposoirs
De nos soirs ?

Et comme d'ailleurs il n'y a là ni rime, ni même la moindre trace d'assonance, on se demande en quoi ces groupements arbitraires peu-

vent bien différer d'un morceau quelconque de
prose. Le premier almanach qui nous tombe sous
la main se prête le mieux du monde à de telles
découpures. Quand les novateurs travaillent de
la sorte, ils font peut-être de la poésie, mais à
coup sûr ils ne font pas des vers. D'ailleurs, si leur
poésie elle-même — ouvrons cette parenthèse —
se distingue de la prose, c'est, le plus souvent, par
une obscurité qui leur dérobe sans doute le vide
de leur imagination et l'insignifiance de leur
pensée.

Est-ce à dire qu'il faille condamner toutes les
innovations de la jeune école ? Je ne le pense pas.
Lorsqu'elle s'autorise des changements antérieurs
que notre métrique a subis pour faire des vers
analogues à ceux des *Palais nomades*, elle oublie
que ni Hugo en modifiant le vers classique, ni les
Parnassiens en modifiant le vers de Hugo, n'ont
jamais perdu de vue, même quand ils l'altéraient
par occasion, cette régularité du rythme qui peut
bien admettre des discordances, mais qui n'en
reste pas moins le principe de toute versification.
A la vérité, je ne vois pas un seul de leurs rythmes
dont nous ne puissions trouver la première
ébauche, sinon chez Malherbe, du moins chez La
Fontaine ou Racine. Mais, tout en maintenant
contre des novateurs par trop hasardeux la limite
au delà de laquelle il n'y a plus de différence entre
les vers et la prose, nous devons aussi reconnaître
aux poètes de notre temps le droit de chercher,
en deçà de cette limite, un mode de versification
mieux approprié à l'idée qu'ils se font de la poésie.

Le Symbolisme s'oppose directement à l'école parnassienne. Tandis que le Parnasse, faisant de son art un instrument de notation, recherchait, dans le rythme comme dans le style, une exactitude parfaite, les symbolistes, concevant la poésie de tout autre façon, devaient nécessairement modifier le vers des Parnassiens. Ce vers leur parut dur et sec. Il ne s'accordait point avec une poésie beaucoup moins pittoresque que musicale, avec une poésie qui veut, non transcrire le monde visible, mais évoquer ce qui ne se voit point, ce qui ne peut s'analyser, ce dont nous n'avons que le sentiment obscur et lointain. A la poésie symboliste convenait un vers plus « soluble », d'une mesure discrète, d'une sonorité adoucie et comme voilée.

Si la versification des novateurs n'a pas eu son Hugo, quelques poètes de talent suffisent pour en autoriser certaines libertés. Je parlais l'année dernière de M. de Régnier et de son *Aréthuse*. Il nous donne cette année-ci un nouveau volume dans lequel, avec *Aréthuse*, se trouvent quatre autres recueils, les *Roseaux de la flûte*, les *Inscriptions pour les treize portes de la ville*, la *Corbeille des heures*, les *Poèmes divers*. Le symboliste, chez lui, s'est toujours doublé d'un parnassien. Dirai-je que le parnassien a de plus en plus pris le pas sur le symboliste? Parmi ses pièces nouvelles, il en est beaucoup, les odes notamment et les odelettes de la *Corbeille des heures*, où le poète prend avec la métrique des libertés aventureuses; même lorsque sa facture se précise et se serre, il s'accorde souvent,

pour la rime, une latitude que n'aurait jamais
admise l'art sévère du Parnasse. Pour ce qui est du
rythme, voici, par exemple, les treize *Inscriptions*,
dont l'alexandrin est d'une régularité parfaite.

> Avec l'aube, l'aurore et le premier soleil,
> Éleveurs de bétail ou trieurs de méteil,
> Vous entrerez, poussant en files devant vous
> Les grands bœufs de labour qui bavent sous les jougs,
> Le bouc noir qui renifle et l'agneau blanc qui bêle.
> Le laboureur répond au bouvier qui le hèle :
> Et les femmes s'en vont, portant sur leurs épaules
> Des coqs d'or enfermés en des cages de saule
> Et la corbeille ronde où se gonflent les fruits...

M. de Régnier, lui du moins, n'a jamais perdu le
sens de la tradition. Et puis, ce poète du rêve et
du mystère est un artiste en même temps qu'un
poète.

Quant à M. Fernand Gregh, il a récemment
fait paraître, pour ses débuts, un recueil que recommandent la grâce du sentiment et de la diction.

M. Gregh procède sans doute de Verlaine et un
peu de Baudelaire. Son livre n'en a pas moins
un accent d'originalité sincère et tout ingénue.
Vous y trouverez mainte élégie vraiment exquise
de tendresse, de candeur, de suavité mélancolique. Le jeune poète exprime avec un charme délicat le regret des années matinales ; il chante
d'une voix douce et triste la maison bénie qui sym-
bolise les rêves, les langueurs, les illusions naïves,
l'innocente lasciveté de l'enfance. Son âme erre
tout autour de ce paradis. Exilé dans le siècle, il a
emporté avec lui l'image indécise des choses na-

tales, la vision pâlissante d'un toit bleu qui rit au
grand soleil clair, d'un vieux perron écroulé dans
les fleurs, d'un parc ombreux et secret, d'un bassin
verdi par les mousses, de tout un passé frais et
printanier qui, déjà, tremble et recule à l'horizon
toujours plus lointain. Une nostalgie invincible le
ramène sans cesse au « seuil blanc des années » ;
son chant s'exhale, plaintivement modulé, discret
à la fois et pénétrant, fait de furtives évocations,
de vagues réminiscences, d'échos mystérieux et
profonds que la distance atténue.

Une pièce de ce recueil est déjà célèbre, le
Menuet. Quelque charme qu'elle ait dans sa délicatesse légère et gracile, elle ne doit pas faire tort
au reste du livre. Je pourrais en citer maintes
autres qui la valent. Celle-ci, intitulée la *Musique*,
me paraît donner mieux que toute autre la note
intime du poète :

> La Musique aujourd'hui pourrait dire
> Ce que j'ai dans le cœur de tristesse :
> C'est un chant qui s'élève et s'abaisse,
> C'est le thrène au lointain d'une lyre ;
>
> Un refrain au retour monotone
> Et si doux qu'on dirait du bonheur,
> Mais où vient se briser en mineur
> Un arpège éploré qui s'étonne.
>
> O doux mal d'un destin ennemi !
> Ma tristesse est toujours autre chose...
> Elle est tout ce qui souffre et qui n'ose,
> Tout ce qui n'est en pleurs qu'à demi.
>
> Un chagrin qui voudrait s'assoupir,
> Un frisson qui fait mal et qui charme,
> Un sourire en qui glisse une larme,
> Un sanglot qui finit en soupir...

C'est un rêve indécis et lucide
Où l'on parle à quelqu'un d'en allé ;
Un départ à pas lents d'exilé
Qui s'en va déchiré mais placide :

Les sanglots, les soupirs d'un enfant
Que sa mère a calmé d'un baiser,
Et qui pleure encor mal apaisé
De son doux grand chagrin étouffant...

Ainsi comprise et sentie, la poésie ne peut s'accommoder de la facture parnassienne. On sent, par exemple, dans les vers que je viens de citer, une secrète harmonie entre le sentiment et le mètre, ce mètre impair qui répugne de lui-même à la plastique du Parnasse.

La nouvelle école ne prétend pas, comme celle des Parnassiens, exprimer en perfection des choses précises. Ce qui peut la caractériser, au contraire, c'est le sentiment de l'imparfait, de l'inachevé, de l'indéterminé, des choses qui n'ont pas de contours bien définis. Aussi fait-elle volontiers, depuis Verlaine, un fréquent usage des rythmes impairs. Ces rythmes ont par eux-mêmes je ne sais quoi de flottant. Leur instabilité répugne à toute rhétorique, leur discordance éveille une impression de trouble. Tandis que la symétrie du rythme pair a je ne sais quel air spécieux et concerté, ils semblent, dans l'incertitude de leur allure, réfléchir spontanément, rendre, sans rien d'arrangé ni de convenu, l'émoi d'une âme frissonnante et qui ne s'est pas encore ressaisie.

Quant à la rime, elle s'astreignait depuis Malherbe à des règles sévères, dont les unes sont factices, tandis que les autres, bonnes sans doute pour certains genres, parfaitement appropriées à la poésie didactique ou oratoire, étaient en contradiction flagrante avec une poésie vaporeuse, crépusculaire, une poésie de frissons et de murmures, qui n'a rien d'analytique, rien de logique, rien de technique, qui est tout aérienne, toute spirituelle. Cette poésie, s'il faut bien qu'elle s'exprime, veut du moins se matérialiser le moins possible. Elle fuit l'étroite armature des cadences fixes comme celle des vocables précis.

Il serait trop long de relever ici par le détail les infractions de nos jeunes poètes aux règles traditionnelles de la rime. Quelques-uns l'ont complètement abolie; ce sont les mêmes qui affranchissent le nombre et le rythme de toute loi. Nous n'avons rien à leur dire. Aussi bien, pure question de mot. Les définitions, comme disait Pascal, sont libres. Ceux-là appellent des vers ce que nous appelons de la prose; que voulez-vous y faire? Mais il en est d'autres qui, conservant la rime, n'ont peut-être pas eu tort d'en modifier l'usage. Et, par exemple, je ne vois guère de quoi s'autorise « l'ordonnance de Ronsard ». Si un juste sentiment de l'harmonie avait induit tel ou tel poète à alterner les rimes masculines et les féminines, était-ce une raison pour que cette « ordonnance » devînt obligatoire? Les législateurs de notre versification, Ronsard d'abord (puisque c'est de lui que nous vient la règle de l'alternance), mais surtout Malherbe et Boileau (car, dans tout le reste, Ronsard est beaucoup plus libéral), multiplièrent les règles mécaniques qui dispensent d'avoir de l'oreille et du goût. Ils réduisirent le plus possible la part de l'individualité, c'est-à-dire du génie ; ils appliquèrent à la versification comme à la poésie elle-même cette théorie étroitement classique et cartésienne, que le sens propre doit être sacrifié au sens commun. De là tant de prescriptions qui avaient sans doute leur fondement dans une vérité générale, mais qui n'en doivent pas moins être considérées comme de fâcheuses contraintes pour le poète, dès qu'elles réduisent ses moyens d'expression, dès que, substituant à la variété des talents une rectitude uniforme et abstraite, elles mettent sur la même ligne le méchant rimeur et le grand artiste. Il est heureux que Racine et La Fontaine ne se soient pas soumis à toutes les règles de la versification officielle.

Celle-là, pourtant, ils l'observèrent. Une règle aussi arbitraire a subsisté jusqu'à nos jours, et les romantiques eux-mêmes ne se permirent pas d'y porter la moindre atteinte. Elle a pour effet la variété ? Sans doute ; mais quelle variété monotone et machinale ! Si les rimes féminines ont quelque chose de moins arrêté, quelque chose d'atténué pour ainsi dire et comme d'estompé par la muette, pourquoi ne s'en servirait-on pas à l'exclusion des masculines quand on veut, par exemple, exprimer des choses rêvées, des choses imprécises et presque illusoires, confuses divinations, fugitifs ressouvenirs, mélancolies subtiles, à peine conscientes ? C'est ce que font les poètes de la jeune école. Lisez, de M. Gregh, la *Brise en larmes* :

Ciel gris au-dessus des charmes,
Pluie invisible et si douce
Que sa caresse à ma bouche
Est comme un baiser en larmes :

Vent qui flotte sur la plaine,
Avec les remous d'une onde,
Doux vent qui sous le ciel sombre
Erre comme une âme en peine :

Âme en peine, âme des choses
Qui frissonne sur la plaine,
Âme éparse et fraternelle
Des cieux, de l'ombre et des roses ;

Ciel, forêt bleue, aube grise,
Doux amis de ma tristesse,
Ma bouche au hasard vous baise
Sur les lèvres de la brise...

Dans cette pièce même, vous avez remarqué certaines rimes approximatives : *douce* et *bouche*, *onde* et *sombre*, *plaine* et *fraternelle*, *tristesse* et *baise*. On se rappelle le temps où les Parnassiens refusaient à Lamartine le nom de grand poète sous prétexte qu'il lui était arrivé de rimer *cèdres* avec *ténèbres* et *vagues* avec *algues*. Dans leur réaction contre le Parnasse, les Symbolistes devaient tout naturellement relâcher la rime. Non pour le malin plaisir de s'opposer à leurs prédécesseurs et d'en prendre gratuitement le contrepied. Mais si la rime exacte convenait à la poésie parnassienne, la nouvelle poésie l'évitait d'instinct, elle en fuyait l'indiscret éclat, le martèlement régulier et sec. Souvent même, de simples assonances lui suffisent. Et pourquoi pas ? Il y a des chansons « grises », comme disait Verlaine, il y en a de naïves, de

timides, de presque ineffables, dans lesquelles la
batterie des rimes riches ferait un bruit criard et
discordant.

Concluons, sans entrer ici dans plus de détails,
que toute conception particulière de la poésie a
droit à sa métrique propre. On peut admirer les
artistes impeccables du Parnasse, sans se croire
obligé de ne voir dans le Symbolisme qu'une ridicule extravagance. Et de même on peut accorder
au Symbolisme beaucoup des nouveautés qu'il a
introduites dans la versification, sans traiter pour
cela ses devanciers de rhéteurs et de charlatans.
Les deux écoles poétiques ne doivent pas s'exclure.
Il y aura toujours des vers-libristes et des Parnassiens. Oserai-je dire qu'il y en a toujours eu ? Au
XVIIᵉ siècle, les Corneille et les Boileau sont des
Parnassiens, les Racine et les La Fontaine sont des
vers-libristes. De notre temps, la poésie, si elle
exprime des idées précises, des sensations définies,
des contours arrêtés, empruntera au Parnasse sa
ferme et austère métrique ; et, pour exprimer ce
que les formes sensibles recouvrent d'indécis et
d'ondoyant, ce que l'âme humaine recèle d'obscur,
de vague, d'inquiet, elle profitera des libertés que
le Symbolisme nous a définitivement acquises. Le
même poète, suivant l'inspiration du moment, se
fera tour à tour vers-libriste et parnassien. Voici,
pour finir, un sonnet de M. Gregh, qui est d'une
gravité somptueuse et magnifique :

NUPTIÆ

Pareils aux grands Amants des légendes antiques,
Nous avions fiancé nos âmes près des vagues,

Et ses yeux agrandis et l'éclair de ses bagues
Luisaient dans l'ombre avec des clartés magnétiques.

Et nos baisers, parmi les choses éternelles,
Se changeaient en serments sur nos lèvres unies...
Et le vent et la mer, profondes harmonies,
Faisaient tonner pour nous leurs orgues solennelles...

Parfois, à nos serments attendris et pieux
Nous montrions du doigt l'éternité des cieux,
Dont les flots noirs berçaient le lumineux prestige ;

Quand soudain une étoile aux voûtes de l'éther,
Ivre d'espace et d'ombre, et prise de vertige,
Se détacha du ciel et tomba dans la mer...

P.-S. — L'Académie française vient de décerner à la *Maison de l'Enfance* le prix Archon-Despérouses. Ce n'est pas une raison pour que les vers-libristes crient victoire. D'abord, M. Gregh est un des plus discrets parmi les novateurs, et ni M. Vielé-Griffin, ni M. Gustave Kahn n'ont reçu, que je sache, le moindre bout de couronne. Ensuite, M. Sully Prudhomme nous en avertit, il faut voir dans le choix de l'Académie un hommage au talent du poète et non pas la sanction de nouveautés prosodiques « très discutables ». Le rapporteur de la commission ne couronne M. Gregh que d'une main ; de l'autre, si je puis dire, il fait un geste de protestation contre les tentatives des novateurs. Pourtant, c'est déjà beaucoup qu'un des maîtres du Parnasse désigne lui-même aux suffrages de la Compagnie un poète dont la versification transgresse presque toutes les règles de la prosodie traditionnelle. On ne pouvait demander plus à M. Sully Prudhomme ; sachons-lui gré

d'être passé par-dessus ses répugnances pour les
manquements à la facture parnassienne. Aussi
bien il paraît que, dans la discussion qui a eu lieu,
d'autres académiciens, sans rien abandonner, bien
entendu, des principes essentiels sur lesquels
repose notre métrique, se sont montrés beaucoup
moins hostiles à certaines libertés de la jeune
école, à la plupart de celles qu'a prises M. Gregh.
Si ce n'est pas la versification nouvelle qui vient
d'être consacrée, c'est, du moins, la nouvelle poésie
qui, pour la première fois, obtient de l'Académie
une « récompense ». Or, cette forme de poésie
a, comme nous venons de le dire, ses moyens
d'expression à elle ; il faut bien les lui concéder.
On ne conçoit pas des pièces comme la *Musique*
ou la *Brise en larmes* rythmées et rimées sur le
mode parnassien.

X

LES ROMANS DE
M. Alfred Capus.

X. — LES ROMANS DE M. ALFRED CAPUS [1]

Avant tout, les livres de M. Alfred Capus sont des livres amusants. Je sais qu'il y a maintes façons de l'être. Mais de ne pas l'être, il y en a encore plus. Il y a d'abord la façon naturaliste : celle des derniers disciples de M. Zola ; tout à fait magistrale. Il y a ensuite la façon psychologique : celle de M. Bourget, quand, au lieu de faire vivre ses personnages, il se met en devoir de nous expliquer leur mécanisme, et, vingt ou trente pages durant, raisonne, discourt, épilogue sur de plus ou moins cruelles énigmes, inventées à souhait pour exercer sa casuistique subtile. Il y a la façon sociologique et humanitaire : celle de M. Rosny — ce haut esprit, cet écrivain souvent génial — quand il consacre la moitié d'un roman à nous promener d'hôpital en ouvroir et de crèche en orphelinat, ou encore quand il monte sur le trépied pour vaticiner, avec un enthousiasme dithyrambique, des lieux communs que sa phraséologie de chimiste inspiré rend à peu près inintelligibles. Et combien d'autres encore ! Oh ! le roman n'est plus du tout un genre « fri-

1. *Qui perd gagne*, 1890 ; *Faux Départ*, 1891 ; *Monsieur veut rire*, 1893 ; *Années d'aventures*, 1895.

vole ». Dans notre jeunesse, on en défendait la
lecture comme trop légère : on devra bientôt l'in-
terdire par crainte du surmenage.

Il me vient un scrupule. Dire que les romans
de M. Capus nous amusent, ne serait-ce pas lui
faire tort ? Je signalerai donc le dernier, *Années
d'aventures*, comme moins amusant que les deux
autres ; et, quant à ceux-ci, je ne veux pas retirer le mot, mais j'y ajouterai quelques correctifs.

Le roman amusant n'est pas de toute nécessité un roman mal écrit. M. Capus écrit au contraire le plus joliment du monde. J'avoue qu'on
le trouvera facile à lire. Maints auteurs nous
donnent souvent le plaisir de les deviner. M. Capus n'est pas de ceux-là. Rien chez lui que de
net, de franc, de juste et d'aisé. Nul effort, nulle
manière. Il ne nous fait jamais l'effet du Monsieur qui s'applique. Il écrit le moins possible ;
excellente façon d'écrire, pourvu que la plume
soit bonne. Toujours naturel, il a le naturel toujours vif et piquant.

Un roman amusant n'est pas forcément dépourvu d'observation. Avec la légèreté de leur
allure, les livres de M. Capus dénotent la plus
fine connaissance des mœurs et des caractères.
Maints romanciers étalent devant nos yeux un
appareil complet d'anatomiste. Le « scalpel » en
perd déjà tout prestige. M. Capus a sa petite
trousse, mais il est assez discret pour nous en
dérober la vue. Vous ne trouverez chez lui aucune « planche anatomique ». Ni dissertations,
ni commentaires, ni monologues d'auteur. Il

borne son office de romancier à peindre la vie ;
et l'image qu'il nous en donne a un tel accent de
vérité qu'elle se passe de pièces justificatives.
Peut-être ne lui faudrait-il, pour être mis au
rang de nos profonds psychologues, qu'un peu
du charlatanisme professionnel. Mais toute sa
psychologie consiste à représenter des personnages vivants.

« On ne passe pas dans le monde pour se connaître en vers, disait Pascal, si l'on n'a mis l'enseigne de poète. » M. Capus se refuse à mettre
l'enseigne de psychologue. Pas un méchant bout
de préface. Pas même un sous-titre modeste et
significatif, quelque chose comme *Études de
mœurs parisiennes,* ou *Notes sur la société,* ou
Roman d'analyse. Là seulement sa psychologie
serait en défaut, s'il s'imaginait que le public n'a
pas besoin d'être averti. Le public, d'ailleurs, est
toujours ingrat envers ceux qui l'amusent. —
« Tu m'as amusé : comment veux-tu donc que je
te prenne au sérieux ? Tu n'es qu'un amuseur ! » ...
Et puis, s'il s'agit particulièrement de M. Capus,
du moment que ses personnages s'expliquent
d'eux-mêmes, du moment qu'il nous retrace la
vie telle qu'elle est, on se demande vraiment en
quoi peut bien consister le mérite de l'auteur.
On le cherche, cet auteur, on ne le trouve pas.
Alors, quoi ?

Manquer de pédantisme, ce n'est qu'une de ses
maladresses. Ne cachons rien. Il y a d'autres
habiletés qui lui font complètement défaut.
M. Capus n'appartient à aucune école et ne se

réclame d'aucun maître. Tout au moins prend-on,
dans ce cas, l'élémentaire précaution de fonder
une école nouvelle, dont il y a bien des chances
pour qu'on soit le chef. Mais lui, il ne s'est pas
mis en peine d'inventer le moindre genre. Infériorité flagrante. A quoi voulez-vous qu'on le distingue ?

Tous les pharmaciens vous diront que la spécialité seule a du succès. Et voyez, des spécialités en
vogue, M. Capus n'en tient aucune. Peintre de
milieux où la vertu se niche rarement, il ne se
complaît pas, comme tant d'autres, à allécher le
libertinage et à caresser la concupiscence ; toute
dépravation lui est étrangère aussi bien que tout
raffinement. — Pour faire figure de romancier
mondain, il faut un grain de snobisme :
pas le plus petit grain de snobisme chez M. Capus. — Si seulement il écrivait des romans à
clef ! Excellent moyen de réussir. « Peindre
les mœurs sans toucher aux personnes », voilà
quelque chose de bien anodin. Molière, dont ce
fut la devise, n'eut aucun scrupule à mettre sur
la scène l'abbé Cotin et Ménage. Touchez brave-
ment aux personnes, monsieur Capus ! Ah çà !
vous ne dînez donc nulle part ? Prenez garde, on
croira que vous n'avez pas d'amis.

L'auteur de *Qui perd gagne* pouvait, après
tout, se passer de ce qui lui manque. Le premier
roman de M. Capus est, en son genre, un chef-
d'œuvre. A trente ans, Farjolle, qui a mené jusqu'alors une existence équivoque et précaire, se
décide à épouser sa blanchisseuse, Emma, dont

le passé vaut le sien. Les économies de la jeune
femme le mettent en état de se loger et de se
vêtir convenablement ; il ose, dès lors, paraître
dans le « monde des affaires ». Secondé par
Emma, qui ne le trompe jamais que pour le servir, il devient bientôt une manière de personnage. Tous deux n'ont qu'un rêve : gagner dix
ou douze mille livres de rente, pas plus, et se
retirer à la campagne. Farjolle passe dans son
milieu pour un fort honnête garçon. S'il lui arrive malheur, c'est pur accident. Les actions de
la Banque Marocaine lui jouent un mauvais tour :
il fait quarante-cinq mille francs de « différence ».
Personne n'est à l'abri de pareils hasards. Mais
la guigne le poursuit : à peine vient-il de payer
avec les titres que le commandant Baret lui a
remis en dépôt, voilà ce fâcheux qui réclame son
argent. Notre homme est mis en prison tout
comme un filou. Heureusement Mme Farjolle
surmonte son dégoût pour un vieux financier,
Letourneur, qui la poursuivait depuis longtemps.
Avec le chèque qu'il lui donne, elle rembourse
le commandant, et, comme Letourneur a été très
généreux, il lui reste encore de quoi acheter une
jolie maison de campagne, où les deux époux
vivront tranquillement, loin des soucis, sans que
Farjolle soit jamais obligé de recourir à des expédients hasardeux et sa femme de manquer à la
fidélité conjugale. C'était leur vocation naturelle :
il ne leur fallait qu'un peu d'argent.

Faux Départ n'est pas inférieur à *Qui perd gagne*. M. Capus nous y transporte du monde des

affaires dans le monde du plaisir. Marguerite Desclos, son héroïne, est tout à coup passée d'une
condition plus que modeste à l'opulence en épou-
sant le richissime Pierre Rongier. Très honnête
femme d'ailleurs, elle se met au-dessus des préjugés sociaux, traite en camarades les amis de
Pierre, court avec eux les petits théâtres, les cabi-
nets particuliers, prend l'existence comme un
divertissement de carnaval, et ne reconnaît son
erreur qu'à la fin du livre, quand il lui faut se
défendre contre les galantes entreprises d'un
vieux beau défraîchi, Briand, auquel tout le
monde la donnait pour maîtresse.

Autour d'elle s'agitent une foule de personnages étrangers aux plus simples notions du bien et
du mal : Edmond, l'un de ses frères, qui se fait
cabotin parce que les autres métiers le dégoûtent ;
M. Desclos, son père, un raté du barreau et de
la politique, qui pose pour l'homme fort et ne
veut voir dans la « morale » qu'une fallacieuse
superstition ; Mme Jonquet, une jolie veuve, qui,
s'étant mis en tête de faire « des choses
excentriques », soupe avec la jeune femme et son
frère aux restaurants de nuit, se laisse conduire
par Edmond dans une chambre d'hôtel meublé,
reste huit jours sa maîtresse, et va, en écla-
tant de rire, se confesser à Marguerite, laquelle
trouve la chose excessivement drôle. La morale a
ici pour représentant un frère aîné d'Edmond,
Georges, le seul entre tous les personnages du
roman qui sache ce qu'il fait et ce qu'il veut faire,
le seul qui prenne l'existence au sérieux, son

égoïsme étant moins superficiel et plus réfléchi,
le seul qui prononce, çà et là, quelque parole
austère, ses visées sur Mme Jonquet, dont la
fortune le tente, lui faisant craindre un scandale
qui ne lui permettrait plus de la demander en
mariage. Et l'honneur a son parangon dans
Briand, déjà nommé, qui, après des incidents
désagréables au jeu et à la Bourse, réhabilité
maintenant par d'heureux duels, par sa bonne
tenue, par de brillants succès amoureux, par ses
attitudes chevaleresques et sa phraséologie so-
lennelle, est invoqué comme arbitre dans les
affaires les plus délicates, où son opinion fait
loi.

Je ne m'arrêterai pas sur *Années d'aventures*.
On y retrouve les meilleures qualités de M. Capus ; mais ces aventures à travers lesquelles il
nous promène manquent par elles-mêmes d'intérêt, et n'offrent, d'ailleurs, nulle signification.
Son réalisme imite la vie à s'y méprendre ; seulement, c'est une vie monotone et terne, et les
personnages qu'il met en scène n'ont même pas
une physionomie distincte. *Années d'aventures*
rappelle *Jours d'épreuve*, le beau livre de M. Paul
Margueritte : mais chez M. Capus nous ne trouvons rien qui relève la platitude d'une histoire
vulgaire, aucune sympathie, aucune intention de
moralité. Et puis, disons-le, la peinture des honnêtes gens ne lui réussit pas. Le personnage le
plus caractéristique dans *Années d'aventures*,
c'est un personnage accessoire, Linières, type du
financier véreux qui s'appelait Farjolle dans son

premier ouvrage et dont nous avons un autre exemplaire dans *Brignol et sa fille.*

Farjolle, Linières ou Brignol, ce type lui appartient en propre. Psychologue de la gredinerie candide, d'une gredinerie débonnaire, presque innocente, sans ombre de perversité, non seulement il n'y a nulle hypocrisie chez les fripons que M. Capus met en scène, mais, de la meilleure foi du monde, ces fripons-là se croient d'honnêtes gens. Vous étonneriez singulièrement Farjolle en le traitant du nom qu'il mérite. Écoutez-le parler de son journal : « Des gens comme Sélim nous déconsidèrent parmi le public... J'ai fondé un journal honnête et indépendant, et rien ne me fera dévier de ma route. » Plus loin, quand il paie sa différence (avec l'argent du commandant Baret), il ne peut se défendre d'un sentiment d'orgueil en accomplissant cette action si essentiellement honorable ; puis, au moment de quitter sa femme pour comparaître devant le juge d'instruction, c'est du fond de son cœur qu'il s'écrie ; « Ce commandant est vraiment une sale bête ! » Il espère bien d'ailleurs que le juge, qui passe pour homme intelligent, ne le confondra pas avec un filou vulgaire. Il a eu du guignon, voilà tout. Et, acquitté par le tribunal, non sans une légère flétrissure, — quand il est rentré dans sa maison, qu'il a terminé sa toilette, mis un pantalon de flanelle, un veston et des pantoufles, il s'étend sur sa chaise longue, allume une cigarette, et, comme un brave bourgeois qui revient de quelque voyage fatigant : « Dieu ! fait-il, qu'on est bien chez soi ! »

Brignol est une autre variété du même type. Il
ne se contente pas, comme Farjolle, de tripoter.
Père d'une charmante fille, il la compromet en
se servant d'elle pour adoucir des créanciers ou
pour allécher des prêteurs. Disons le mot, Brignol est une canaille. Seulement il n'en a pas
conscience. Telle de ses paroles vous semble cynique, qui dénote son ingénuité. Ce dupeur a tout
ce qu'il faut pour être dupe. Délivrez-le de ses
embarras d'argent, voilà le plus honnête homme
du monde et le modèle des pères.

Ce qui me paraît supérieur dans *Qui perd
gagne*, dans *Faux Départ*, dans *Brignol et sa fille*,
c'est justement la candeur des personnages.
M. Capus a l'ironie à peine sensible. Nous serions presque tentés de prendre parti pour Brignol contre son beau-frère, dont la vertu semble
un peu bien chagrine, et même pour Farjolle
contre cette « sale bête » de commandant qui,
emporté par la passion du jeu, passion immorale
entre toutes, brise une existence à seule fin de
hasarder son argent quelques jours plus tôt sur
une table de baccara. Du moins, le naturel avec
lequel M. Capus décrit des mœurs aussi peu édifian-
tes et des personnages aussi peu recommandables
risque de tromper les lecteurs innocents que lui-
même ne prend pas soin de prévenir. Mais il faudrait pourtant être d'une province bien reculée !
Ce sont les étrangers surtout qui me font peur.
Depuis que j'ai lu, de M. Brandes, le « grand critique du Nord », un article où M. Marcel Prévost
nous apparaît comme une sorte d'apôtre, nulle

méprise de leur part ne saurait m'étonner. Et
puis, quel beau thème les romans de M. Capus
n'offrent-ils pas aux esprits malveillants pour
flétrir une fois de plus la corruption de nos
mœurs ! Voilà, dira-t-on des Farjolle et des
Brignol, voilà les personnages « sympathiques »
du roman d'outre-Rhin, ceux qu'on présente au
lecteur comme des exemples, ceux qu'on récompense au dénouement — Brignol, en lui
faisant marier sa fille avec un millionnaire, Farjolle, en lui ménageant, pour le dédommager de
la prison, une existence paisible et confortable
de rentier campagnard.

Vaut-il la peine de répondre à ces récriminations exotiques ? Pour ma part, je n'estime pas
moins M. Capus comme moraliste que comme
psychologue. M. Capus est un censeur qui n'a
rien de prud'hommesque, et personne ne l'accu-
sera sans doute de bégueulerie ; mais, s'il se
garde de juger ses personnages, cela ne veut
pas dire que leurs vilenies le trouvent indulgent : M. Capus est un misanthrope si raffiné
qu'il ne s'indigne même plus. Ne lui repro-
chons pas davantage de nous rendre le vice excusable. C'est aux auteurs *cruels* qu'il faudrait ren-
voyer le reproche. En exagérant la perversité
humaine, ceux-ci nous habituent à ne la reconnaître que dans ses pires excès. Les personnages que certains romanciers dramatiques se
font un jeu de représenter sont de si noirs scélé-
rats qu'une coquinerie ordinaire nous semble
auprès d'eux tout ce qu'il y a de plus bénin.

Cette critique, au surplus, si nous l'adressions au moraliste, tournerait en éloge pour l'écrivain. L'ironie se joue d'un bout à l'autre de ses ouvrages sans qu'aucun mot, qu'aucun geste la trahisse. On la devine partout, on ne la saisit nulle part. Tout cela est d'une mesure, d'une convenance parfaite. Il y a dans la « rosserie » des procédés bien connus, faciles à appliquer. On sait trois ou quatre formules, toujours les mêmes, pour fabriquer les mots amers. Mais l'ironie de M. Capus a ceci d'admirable qu'elle se concilie avec la naïveté des personnages sans nous la rendre jamais suspecte. Nous avons déjà loué chez lui la justesse de l'observation, le relief des peintures, la facilité vive du style : ce qui donne tout leur prix à ses livres, c'est le naturel. Les chefs-d'œuvre du genre « rosse » — la *Parisienne* de M. Becque, par exemple, — sont plus drus et plus forts ; mais ils sentent l'application, ils décèlent un parti pris de férocité. Le comique y est cherché, laborieux, tendu. A travers l'inconscience des acteurs, vous apercevez l'intention de celui qui les fait agir et parler avec cette continuité dans le cynisme. L'ironie, chez M. Capus, est d'une qualité plus subtile. Elle a le mérite de ne pas se montrer. M. Capus laisse à la nature toute la latitude de son jeu, toute l'aisance de ses démarches. Les personnages de M. Becque ne sentent pas leur immoralité, mais nous voyons que M. Becque la sent. M. Capus, lui, ne semble pas se douter que ses honnêtes gens soient des fripons. Pas un mot ne lui échappe qui trahisse l'auteur.

XI

Edouard Rod.

XI. — EDOUARD ROD

Complice du temps, M. Rod laisse le silence se
faire peu à peu sur toute la première partie de
son œuvre. Il y a là un souci d'unité intellectuelle et morale qui mérite apparemment notre
respect. Pourtant, si je m'abstiens de remonter
plus haut que la *Course à la Mort*, ce n'est pas
uniquement par scrupule. Certains ouvrages de
jeunesse que désavoue un écrivain, moins spécieux à vrai dire et moins honorables pour le talent
que ceux dont il se fait gloire, offrent parfois à la
critique d'utiles indications; manquant de
mesure et d'expérience, ils n'en dénotent que
mieux l'intime personnalité de leur auteur. Mais
les cinq ou six romans qui précédèrent la *Course
à la Mort* n'ont pas, même à cet égard, un bien
grand intérêt, et nous pouvons en toute sécurité
de conscience les laisser dans l'oubli auquel
M. Rod les condamne.

Tout ce qu'ils nous apprennent sur son compte,
c'est qu'il commença par être naturaliste à la
suite de M. Zola. Il le fut avec une ferveur enthousiaste et juvénile. Le naturalisme entrait alors
dans sa période héroïque. Comme toute la jeunesse littéraire du temps, M. Rod combattit le bon

14

combat. En 1879 il faisait paraître *A propos de l'Assommoir*, un panégyrique, cela va sans dire, et dont je ne veux retenir que la préoccupation de défendre M. Zola contre tout reproche d'immoralité. Puis vint une demi-douzaine de romans conformes au procédé de l'école. *Palmyre Veulard* ouvre la série. Ce nom même exhale déjà comme une odeur de naturalisme. Fille galante de bas étage, la nommée Palmyre Veulard, après avoir achevé un jeune tuberculeux, dont elle hérite, se fait épouser par une espèce de rastaquouère, qui la gruge et la rosse. Voilà tout le sujet. Et peut-être ne fallait-il pas davantage pour composer un chef-d'œuvre. Par malheur *Palmyre Veulard* n'en est pas un et ne se distingue guère de tant d'autres romans où les jeunes de l'époque croyaient peindre la vie. Dans ce livre, dans ceux qui suivirent, nous trouvons sans doute quelque talent, mais un talent opprimé par la « formule » naturaliste et visiblement fourvoyé. M. Rod ne deviendra lui-même qu'après s'être dégagé d'une esthétique et surtout d'une philosophie qui sont en intime désaccord avec sa nature.

Il a noté dans la préface des *Trois cœurs* les causes extérieures qui le déterminèrent. Né à Genève, ville cosmopolite, il était non seulement plus familier qu'aucun autre avec le mouvement des idées européennes, mais plus sensible à leur contact. Aussi faut-il expliquer son évolution par des influences étrangères. Ce fut la musique allemande : Wagner lui révéla tout un monde d'aspirations mystérieuses et de confuses réminiscences auxquelles le naturalisme restait fermé. Ce fut la peinture des préraphaélites, qui, peu soucieuse de la perfection matérielle, s'attache, non pas à reproduire de belles formes, mais à rendre, par l'altération même de la beauté plastique, ce qu'il y a dans l'âme de plus vague et de plus lointain. Ce fut le pessimisme de Léopardi, de Schopenhauer surtout, « si habile à découvrir les dissonances entre l'homme et la nature, les contradictions du sentiment et de la pensée. » Ce fut la poésie anglaise, si différente de la nôtre, si peu « rationnelle » et si peu « classique », qui laisse aux choses leur imprécision vaporeuse, qui s'insinue dans le cœur sans passer par l'analyse du cerveau. Ce fut enfin le roman russe, opposant à notre naturalisme impassible et morne, qui s'absorbait en une statistique toute documentaire, les plus nobles élans de l'âme, douloureusement émue par la souffrance humaine.

M. Rod se laissa d'autant mieux gagner à ces influences qu'elles s'accordaient avec ses vrais instincts. Naturaliste, il ne l'avait été que par surprise, par entraînement, trop jeune encore pour se bien connaître, et sans savoir à quelle diminution de lui-même il s'obligeait. Son individualisme passionné, sa fervente curiosité des âmes, l'attrait irrésistible qu'exerçaient sur lui les mystères de la conscience, devaient nécessairement l'écarter d'une doctrine étroite et purement mécanique, qui enfermait l'art dans une servile reproduction de la réalité sensible et réduisait l'homme à ce qu'il a de commun avec l'animal.

Sorti du naturalisme, il en prend tout de suite
le contre-pied. Il érige en système la tendance
caractéristique de son esprit, qui s'est enfin
reconnu. A l'observation des « tempéraments » et
des « humeurs », il oppose l'étude de la vie morale.
La *Course à la Mort,* le *Sens de la Vie,* et même
les *Trois Cœurs,* sont des romans abstraits.
Abstraits par l'action, qui reste purement intellectuelle et sentimentale : les rares événements
qui s'y passent, on ne nous les raconte pas, on ne
nous les fait connaître qu'en marquant leur effet
sur l'âme des personnages. Abstraits par l'omis-
sion systématique des détails matériels : ni cadre
ni milieu; à peine, çà et là, quelques linéaments
très simples d'un paysage, indiqué plutôt que
décrit. Je me rappelle tel endroit de la *Course à la
Mort* [1] où il peint un orage qui se prépare,
qui va éclater, lorsqu'un coup de vent le dissipe.
Le morceau suffirait à montrer que M. Rod n'est
point incapable de rendre la nature. Mais prenez-y
garde : il faut transposer son tableau ; ce que l'auteur exprime, c'est une âme précocement flétrie,
dans laquelle avorte, chaque fois, l'orage de la
passion. Abstraits enfin par la manière dont les
personnages sont représentés. M. Rod ne les marque d'aucun trait extérieur et pittoresque; ils
sont, non pas des hommes en chair et en os, mais
de pures âmes, des êtres moraux. Nous ne nous
souvenons même pas de leur nom, si l'on consent
à nous le dire, parce qu'il ne nous rappelle rien de
concret qui le fixe dans notre mémoire.

1. Page 105.

Fondant une école nouvelle, ou, du moins, créant un nouveau mot, qui caractérise fort bien bien sa seconde manière, M. Rod opposait l' « intuitivisme » au naturalisme. Dans la préface des *Trois Cœurs*, le troisième et dernier livre de cette période, il a défini sa méthode au moment de s'en dégager. L'intuitivisme affranchit le roman des descriptions, qui tiennent beaucoup de place et n'expliquent rien, des « récits rétrospectifs », qui, lorsqu'ils signifient quelque chose, ont l'inconvénient de trop marquer les contours, enfin des traits particuliers qui, nécessairement accidentels et transitoires, ne précisent la vérité qu'en la restreignant, en lui enlevant toute valeur générale. On voit aisément l'écueil d'une pareille doctrine. Le « psychologisme » est déjà par lui-même bien assez porté vers l'abstraction. M. Rod y introduisait encore une forte dose de symbolisme. Bannir les faits précis et les détails caractéristiques, c'était refuser à ses peintures tout élément de vie. En écrivant la *Course à la Mort*, l'auteur se demandait si son livre rentrait dans le genre romanesque; en écrivant les *Trois Cœurs*, il se plaint que le moule du roman soit trop arrêté. De quelque nom qu'on les appelle, ces analyses abstraites ne manquent point d'intérêt, mais l'intérêt qu'elles peuvent avoir diffère sans nul doute de celui qu'on a l'habitude de demander à un roman.

Ce qui nous y intéresse le plus, ce sont les préoccupations morales dont M. Rod y témoigne. Ne le prenons pas en effet pour un pur intellectuel, uniquement curieux d'anatomie psychologique, encore moins pour un dilettante que ravit le jeu des idées, qui s'enchante de leur capricieux miroitement sans aucun souci de leur valeur intrinsèque ni de leur portée dans la conduite de la vie. Il voudrait, à certains moments, libérer sa conscience, en extirper la notion du bien et du mal, qui empoisonne tout plaisir. Il s'indigne qu'on l'ait façonné « sur un type d'irréprochable vertu », qu'on l'ait « bourré de principes », « entouré de défenses et de prescriptions. » Mais tous ses efforts pour se dégager ne font que resserrer la chaîne. « Je crois au péché, dit-il [1], je le sens qui me poursuit, qui me menace, qui me veut, et je le fuis, et je lui appartiens, et j'en connais les remords avant d'en avoir savouré les douceurs. » Malgré lui, M. Rod fait une différence entre le mal et le bien, et nous le plaindrons sans doute, car il n'y a rien au monde de plus gênant, mais c'est justement à l'inquiétude de sa conscience que ses livres empruntent tout ce qui en fait la saveur.

La *Course à la Mort*, que M. Rod écrivit après sa rupture définitive avec M. Zola, est une œuvre très éloquente, très personnelle d'accent, où nous sentons l'inquiétude de son âme. Elle respire un pessimisme d'autant plus dangereux, que, se faisant illusion sur soi, il prend des airs de généreuse pitié. Le héros du livre ne veut pas que nous le confondions avec les René, les Werther et les Lara, dont les plaintes ridicules n'expri-

1. *Course à la Mort,* page 55.

maient que leur propre souffrance, celle de leur
sensualité ou de leur orgueil. Pour lui, c'est du
mal universel que son âme gémit, ce sont les
sanglots de l'humanité qui gonflent sa poitrine.
Il le dit, il le croit sans doute. Mais quels actes
de dévouement lui inspire donc sa religion de la
souffrance humaine? Il se renferme en soi, il
s'abîme dans un stérile désespoir, ne reculant
devant le suicide que parce qu'il a peur de mourir.
Et même n'est-ce pas par un véritable suicide
que s'achève cette « course à la mort? » Au fond
de la retraite solitaire où il a cherché asile, le
malheureux se laisse peu à peu gagner par les douceurs de la vie végétative, il n'a plus le courage
de retenir une âme qui lui échappe, toute prête
à se perdre dans l'inconscience des choses. Son
pessimisme n'était que de l'égoïsme. Ce qu'il
appelle sa religion de la souffrance humaine était
un lâche apitoiement sur sa propre souffrance,
dont se projetait autour de lui l'ombre vaniteuse
et malsaine.

Comment fait-il pour se ressaisir? On ne nous
l'explique pas. Dans le *Sens de la Vie*, nous le
retrouvons marié. Il a, par un acte volontaire, lié
son existence à une autre. Jusque là il pouvait se
réfugier dans la pensée de la mort. Maintenant
cette consolation suprême lui est refusée. Il n'a plus
le droit de mourir, et, forcé de vivre, il cherche à
la vie une signification. Devant lui se pose le
grand problème. Mais comment espérerait-il de le
résoudre? Déjà, dans la *Course à la Mort*, un des
deux frères que M. Rod introduit vers la fin du

livre, ce méditatif occupé sans cesse à tourner et retourner ses idées, s'était usé l'esprit sur la même question. Le héros du *Sens de la Vie* est, à vrai dire, dans des conditions meilleures. Faisant trève aux stériles méditations, il essaie de vivre. Et même, on peut croire un moment que les réalités de l'existence, joies ou peines, travail, devoir, affections, guériront son inquiétude, et que, s'il ne parvient pas à savoir quel sens métaphysique a en soi la vie humaine, il en accomplira du moins les fonctions naturelles et résoudra le problème sans y penser. Mais le malheureux est incapable de toute candeur. Habile à se tourmenter, il gâte son bonheur comme par plaisir. Trop généreux sans doute, mais aussi trop ambitieux et trop orgueilleux pour que les obligations de la vie ordinaire lui suffisent, il s'en crée de chimériques, et ne peut les remplir. Enfin, las de lui-même et dégoûté des autres, il demande à la religion cette incuriosité de la conscience que le héros du précédent livre avait demandée à je ne sais quelle vie animale. Mais, dans l'église de Saint-Sulpice, où il se réfugie, les cierges, l'encens, la voix mystique des orgues, tous les décors et tous les prestiges du culte ne font qu'exalter pour un instant son imagination et troubler sa sensualité maladive...

Au surplus, la question, telle qu'il la posait, ou bien se résolvait d'elle-même, ou bien était dépourvue de signification. Elle se résolvait d'elle-même s'il admettait de prime abord que la vie a un sens, reconnaissant par là une intelligence supé-

rieure, une sagesse divine, ce qui devait l'affranchir de toute incertitude. Mais s'il ne croyait pas
à cette Providence, elle était dépourvue de signification, l'Univers, dont nous faisons partie,
n'ayant dès lors aucune raison d'être que dans sa
nécessité fatale. A vrai dire, la métaphysique ne
saurait y répondre. Pour la résoudre, il faut la
transporter dans le domaine de la réalité pratique.
Primo vivere. Or, nous n'avons pas besoin de philosopher longuement pour découvrir notre devoir
d'hommes, et, par conséquent, le sens de notre
vie, je veux dire ce qui en fait la valeur et la
dignité. Tandis que le misérable héros du livre
se consume en stériles spéculations qui finissent
par épuiser en lui toute vertu active, une pauvre
femme, l'ancienne institutrice dont M. Rod nous
raconte l'histoire, a résolu le problème pour son
compte en laissant aux pessimistes et aux dilettantes l'exemple d'une vie qu'a sanctifiée le
dévouement. Si c'est sa croyance qui soutient
« Mademoiselle, » la foi ne se lie pas nécessairement aux dogmes de telle ou telle religion. En
dehors des convictions religieuses, il y a une foi
morale, et cette foi peut nous suffire, si nous avons
l'âme saine et la raison forte. Mais le héros de
M. Rod est un malade. Et pour tout dire, j'ai peur
qu'il ne se complaise dans sa maladie, que la santé
ne lui paraisse quelque chose de grossier et d'affreusement bourgeois.

Au *Sens de la Vie* succédèrent les *Trois Cœurs*.
Nul doute que ce livre pénible ne fasse suite aux
deux précédents. Sous le nom de Noral, nous

avons toujours le même personnage. Mais, ici, il
tente une nouvelle expérience. Incapable soit de
pratiquer d'humbles devoirs, soit de se dévouer à
l'humanité, il cherche le bonheur dans l'amour.
Noral aime, ou plutôt il veut aimer. Abandonnant
sa femme, la douce et noble Hélène, qui a perdu
pour lui l'attrait de l'inconnu, sa curiosité perverse l'entraîne vers une brillante étrangère,
dont le voilà dépris aussitôt qu'elle devient sa
maîtresse. Puis, tandis que Rose-Mary se noie de
désespoir, il *flirte* avec une jeune et charmante
veuve, Mme d'Hays, jusqu'à ce que la mort de sa
fille interrompe ce nouveau roman. Au fond, Noral
ne connaîtra jamais l'amour. Et le livre signifie
que l'amour véritable ne se concilie pas avec les
raffinements de l'intellectualisme, mais surtout,
comme nous en avertit l'épigraphe, que, si quelqu'un se cherche lui-même, il ne saurait aimer.
Aussi bien, l'intellectualisme est, chez Noral,
une forme de son égoïsme.

Les *Trois Cœurs* ne forment sans doute qu'un
épisode dans l'œuvre de M. Rod. C'est aux deux
précédents volumes que se relient plutôt les *Idées
morales du Temps présent*. Nous avons vu le jeune
écrivain chercher en soi la solution du problème.
Sortant de lui-même, il va maintenant interroger
les maîtres de la pensée contemporaine. Qu'ont-ils
trouvé ? Que peuvent-ils lui apprendre ?

Aucun d'eux ne lui fait une réponse satisfai-
sante. Ceux qu'il appelle les négatifs ne peuvent
que troubler encore plus sa conscience : Renan,
dont le mysticisme fluide se perd en vagues rêve-

ries ; Schopenhauer dont le haineux pessimisme
a pour fond un orgueil jaloux et méprisant ; Zola,
dont le matérialisme cru supprime toute responsabilité morale ; Scherer enfin, continuant par
tradition, par habitude, de se soumettre à des
principes qui n'ont pour lui plus de sens, à un
« impératif catégorique » que ruine son analyse.
Mais les positifs eux-mêmes ne le rassurent pas.
Ni Alexandre Dumas, dont la philosophie se ramène à un grossier empirisme, ni M. Brunetière,
sa doctrine n'ayant d'autre fondement que la tradition, ni M. de Vogüé, auquel sa vivacité généreuse et son éloquence toujours prête ne laissent
pas assez le temps de réfléchir. En fin de compte,
M. Rod termine cette enquête sans avoir obtenu le
moindre éclaircissement, aussi incertain que
jamais, aussi perplexe, et découragé d'une recherche stérile.

Et, dès lors, il va regarder les hommes vivre.
Mais, s'il a renoncé à trouver le sens de la vie,
ses préoccupations de moraliste ne le quittent
pourtant pas, et ce qui l'intéresse, ce qui attire
son attention, ce sont des cas de conscience. Il ne
se contente pas de peindre, il ne peut se défendre de juger ; et, comme tout critérium lui
fait défaut, les livres de ce moraliste, qui ne sait
plus s'il doit croire à la morale, ont toujours quelque chose d'indécis, ou même d'ambigu, par quoi
se traduit le malaise de son âme.

Le premier roman de la nouvelle série est la
Sacrifiée. Pierre Morgex, médecin, a promis à un
camarade d'enfance, Marcel Audouin, de hâter sa

mort, si l'apoplexie dont il est menacé ne l'emporte pas du coup. Épris d'un amour aussi profond que respectueux pour la femme de son ami, Clotilde, il hésite, le moment venu, à tenir parole. Audouin mort, celle qu'il aime pourra être à lui. Et voilà justement la pensée qui lui fait éprouver des scrupules. Il finit cependant par accomplir sa promesse, en jurant de renoncer à Clotilde. Ce serment, il ne se sent pas le courage d'y rester fidèle. Mais, une fois marié avec la veuve d'Audouin, il a la conscience obsédée par d'intolérables remords. La seule expiation, c'est de quitter Clotilde. Il la quitte ; il se consacre tout entier à la pratique de son art, à la charité, et meurt victime d'un zèle imprudent.

Je ne veux examiner du roman que sa signification morale. M. Rod lui-même nous invite à oublier en le lisant les habituelles préoccupations de la littérature ; il a soin de nous avertir que ce Morgex, dont il nous transmet les mémoires, n'était point un écrivain, ne cherchait ni l'effet, ni la couleur... C'est trop de modestie sans doute. Nous n'en louerons pas moins le talent de l'auteur, notamment son adresse à grouper toutes les données du problème, la fermeté de son plan, et ce qu'il y a de net, de sobre et de vif dans la conduite du drame. « Les romanciers, dit quelque part Morgex lui-même, s'acharnent à compliquer la vie. En dehors des incidents matériels dont l'enchaînement plus ou moins fantaisiste constitue la trame de leurs récits, elle présente des situations hautement tragiques, dont tout le drame est intérieur, dont tous les fils sont dans la conscience, et qui pourtant nous remuent jusqu'à nos fibres les plus secrètes ». Pour peu que M. Rod le désire, appliquons ces paroles à son œuvre. Ce ne serait aussi que juste, si elle ne sentait la convention, si tout n'y était arrangé et concerté à souhait pour exercer un artificieux casuiste.

Il fallait que Morgex fût un honnête homme, sans quoi la question morale ne se posât même pas. Il fallait en conséquence que sa conduite s'expliquât par des motifs au moins spécieux, qu'il pût, dans le moment même, la légitimer. Et, en effet, les circonstances sont telles qu'un homme comme lui croit accomplir son devoir. Mais, dès qu'il a épousé Clotilde, la morale rationnelle, qui jusqu'alors le justifiait, ne suffit plus à rassurer sa conscience. Au-dessus de cette morale, et ce doit être là le sens du livre, il y en a une autre plus élevée, une morale d'origine supérieure, d'essence divine. Le moment arrive où Morgex ne peut plus garder pour soi un secret qui le tue, où il se sent pris d'un irrésistible besoin de confesser ce qu'il appelle énergiquement son crime. Peut-être celui qui l'écoutera lui rendra-t-il la paix, soit en justifiant l'acte qu'il a commis, soit plutôt en lui indiquant un moyen d'expiation. Il s'adresse d'abord à un magistrat : M. de Viry, comme juge d'instruction, l'enverrait en cour d'assises, mais, comme juré, il n'hésiterait pas à l'absoudre. Cette réponse ne satisfait pas Morgex : elle est le verdict de la morale humaine, nous dit-on, et c'est celui de la morale divine qui

pourra seul le réconcilier avec lui-même. Il va
trouver alors un certain abbé Borrant (qu'on nous
a présenté au début du livre comme un personnage assez médiocre, mais très solennel). « Mon
frère, lui dit l'abbé, vous êtes un grand coupable !... » Et quand ces paroles sont tombées
sur lui, au lieu de l'anéantir dans un désespoir
plus profond, il lui semble qu'elles le soulagent.
Le verdict de la morale humaine, qui l'acquittait,
n'avait point apaisé ses remords ; le verdict de
la morale divine, qui le condamne, rend le repos
à sa conscience. Il ne lui reste plus maintenant
que d'être son propre justicier.

Ainsi, d'après M. Rod, il y a une morale religieuse supérieure à la morale laïque. Quelle
qu'ait été l'intention de l'auteur, c'est la thèse
même que veut établir son livre. Mais quoi ? Peut-
on vraiment croire que la morale humaine, quelque étrangère qu'elle soit à toute croyance sur-
naturelle, autorise l'acte dont Morgex s'est rendu
coupable ? Morgex a-t-il commis cet acte dans la
pensée d'épouser Clodilde ? la question ne se
posera même pas. Ne l'a-t-il commis que pour
remplir une obligation professionnelle ? aucun
doute qu'il ne se fasse une fausse idée de ce
que lui commande, de ce que lui permet son devoir de médecin. Et, dès lors, quel besoin y a-t-il
de recourir à des illuminations mystiques ?
Mais d'ailleurs, si les remords de Morgex ne
pouvaient s'expliquer que par la foi chrétienne,
comment les éprouverait-il, lui qui reste incré-
dule ? Car, notons-le, cela est très caractéris-

tique, il ne se convertit point. L'état où on le
laisse, c'est je ne sais quelle piété sans religion.

Enfin Morgex déclare « avoir découvert cette
loi chrétienne, qu'en renonçant à soi-même, on
trouve plus de bien qu'en laissant se développer
son énergie ». Mais est-il sûr d'avoir renoncé
à lui-même? Quoi qu'il en pense, ce n'est pas
lui qu'il sacrifie, c'est Clotilde. « L'innocente,
a-t-il dit à l'abbé Borrant, expiera avec moi,
pour moi, un crime qu'elle ignore !... Elle souf-
frira pour le mal que j'ai fait, plus que moi
peut-être ! » Et sans doute le prêtre est dans
son rôle lorsqu'il déclare, au nom du dogme,
que tous les hommes sont solidaires de la
même faute, qu'il n'y a donc pas d'innocents.
Mais comment Morgex, qui, loin de croire à la
révélation biblique, doute même qu'il y ait un
Dieu, comment et en vertu de quelle loi finit-il
par abandonner Clotilde, par la condamner à la
solitude et au désespoir? Il proclame l'existence
d'une force supérieure à ses passions comme à
sa logique. Est-ce, dit-il, l'âme immortelle et
divine qui demeure en communion avec son
hypothétique créateur? Est-ce un résidu de
préjugés sucés avec le lait? Il n'en sait rien
lui-même. Ce qu'il sait bien, c'est qu'en obéissant à cette force, il a retrouvé la paix intérieure; peu importe le reste. Mais sa femme?
Il n'en est plus question. Morgex a retrouvé la
paix, c'est tout ce qu'il lui faut. Que Clotilde
s'arrange. On se demande si la voix mystérieus

à laquelle il a obéi n'est pas tout simplement, sans aller la chercher si loin ni si haut, celle de l'égoïsme, d'un égoïsme qui s'ignore, j'y consens, mais qui, loin de se sacrifier, sacrifie les autres à soi-même. Ce que Morgex appelle renoncement, c'est de faire pour jamais le malheur de Clotilde afin d'être moins malheureux. Et voilà bien le titre du livre justifié ; mais que devient la thèse ?

Comme la *Sacrifiée*, la *Vie privée de Michel Teissier* débat un cas de conscience. Fortement conçu et d'une exécution serrée, le livre, dont les personnages, très vrais peut-être, le sont d'une vérité plus abstraite que réellement vivante, a cette rectitude un peu austère qui sent le parti pris, et, quelque habileté que l'auteur y montre dans l'anatomie des âmes, semble moins l'œuvre d'un psychologue que d'un logicien.

On se rappelle le sujet. Michel Teissier, chef d'un grand parti qui a pour but la reconstitution morale de la France, s'amourache follement d'une jeune fille, Blanche, dont il est le tuteur. Sa femme, Suzanne, le surprend ; il lui promet de ne plus revoir celle qu'il aime. Mais, ne pouvant vivre ainsi, il divorce, il abandonne la politique, part avec Blanche et va abriter son bonheur dans un coin de la Bretagne. Son bonheur ? non. Il n'y a pas de vrai bonheur pour lui. Si coupable qu'il ait été, Michel a le cœur haut, et c'est pour cela qu'il ne sera jamais heureux, même entre les bras de Blanche.

Certes, le héros de M. Rod mérite quelque sympathie. Mais nous en voulons à cette âme généreuse de frustrer notre admiration, et la pitié que nous ressentons pour lui blesserait, j'en ai peur, son orgueil. On l'a mis dans une situation telle que, s'il n'est pas tout à fait héroïque, il sera presque ridicule. Or, il ne peut être héroïque. Il ne le serait qu'en dominant son cœur, et, dès le début, il se reconnaît impuissant. « Ne m'indique pas de remède, répond-il à son ami Mondet, ce n'est pas la peine, il n'y en a point, et, si j'en savais un bon, je le repousserais ». On nous dit bien qu'il lutte ; mais il lutte contre ses désirs, non contre la passion, et, s'il les surmonte, ce n'est pas seulement par générosité native, c'est aussi et surtout parce qu'il aime trop Blanche pour en faire sa maîtresse. Or, ne pouvant être héroïque en triomphant de son amour, il nous paraît un tant soit peu — comment dirai-je ? — un tant soit peu « serin », c'est le mot de Mondet, par sa faiblesse d'âme et par ce qu'il y a de puéril dans son roman. La situation de Michel, son caractère, les ambitions et les occupations d'une vie extérieure comme la sienne, devraient, sinon le mettre à l'abri d'une passion qui d'ailleurs est criminelle, au moins le rendre capable d'y résister. M. Rod nous le déclare lui-même ; seulement, il semble ne prendre plaisir à insister sur le grand rôle de l'homme public, qu'afin de nous mieux montrer la force irrésistible d'un amour auquel le grand orateur, le grand homme d'État, sacrifie sa gloire et son œuvre.

15

Mais, comme il n'a pas assez rendu ce qu'un tel
amour suppose d'ardeur et de ferveur, je crains
que le contraste ne fasse tort à son héros, qui a
tout l'air d'un adolescent très sentimental.

L'idée morale qui a présidé à la conception du
roman, M. Rod nous l'explique dans sa préface,
et il y revient, çà et là, dans le livre même. « Ce
sont presque toujours les meilleurs qui font les
chutes les plus profondes et par qui arrivent les
pires scandales. ». Le livre est, dans le fond,
affreusement pessimiste, car il nous montre les
âmes nobles victimes de leur noblesse, et, quelque morale qu'on prétende tirer de *Michel Teissier*, cette leçon s'en dégage, que de telles âmes
causent et leur propre malheur et le malheur
des autres. Michel et Blanche ont voulu « faire
l'ange » : mais comme il leur eût été plus
facile de « faire la bête », et comme tout le
monde s'en fût mieux trouvé, à commencer par
eux-mêmes! M. Rod n'a certes pas tort de punir
Michel; il a tort, je crois, de nous faire entendre,
ou même de nous dire que Michel expie sa
noblesse d'âme. Assurément Michel n'est pas
vil, et voilà pourquoi il souffre; mais, s'il mérite de souffrir, c'est parce qu'il a été coupable,
et cette idée, qui est bien au fond l'idée de
M. Rod, celle dont il va s'inspirer dans le pro-
chain livre, j'aurais voulu qu'aucune subtilité
ne risquât de l'obscurcir.

La *Seconde Vie de Michel Teissier* n'apporte
aucun élément nouveau à la thèse morale :
M. Rod nous y montre le coupable puni. On sait

d'ailleurs que les deux volumes ne devaient primitivement en faire qu'un. Et cela sans doute eût mieux valu pour la clarté du sens.

Après quelques mois d'un bonheur violent et avide, Michel, chassé de sa retraite par un irrépressible besoin de mouvement et d'activité, mène avec Blanche une existence inquiète qui ne se fixe nulle part. Cependant leurs remords se sont affaiblis, et, en même temps, l'ardeur première de leur passion. Suzanne étant venue à mourir, Michel prend avec lui ses deux filles, et, rentré définitivement à Paris, n'attend plus qu'une occasion pour reparaître en scène. Mais, comme il a souffert par le fait des institutions et des croyances qu'il soutenait jadis, ses idées ne sont plus les mêmes, il juge des hommes et des choses tout autrement, et, s'il remonte à la tribune, ce sera comme l'adversaire de ses anciens alliés. Un seul obstacle s'opposerait à ses desseins : l'une de ses filles, Annie, aime le jeune Amé de Saint-Brun, fils d'un député conservateur très rigoriste et qui ne consentira jamais au mariage, si Michel ajoute encore à sa faute passée le scandale d'une volte-face politique. Mais il ne veut voir dans cet amour qu'une idylle enfantine. Et cependant Annie souffre, dépérit de chagrin. Michel, qui s'est irrévocablement engagé dans sa voie nouvelle, prépare en province les futures élections lorsqu'une dépêche le rappelle ; il arrive juste à temps pour embrasser sa fille une dernière fois.

En ne considérant le livre que comme roman,

j'y louerais la simplicité nette et juste de la forme, la délicatesse de l'analyse, et, dans quelques scènes, une émotion sincère, à la fois contenue et pénétrante. Ce qui me paraît critiquable, c'est, non pas même la morale qui en ressort, mais l'application qu'en fait M. Rod.

Si M. Rod châtie justement Michel, l'expiation devrait se lier au crime. Or, quelle est la punition de Michel, cette punition que l'auteur nous annonçait déjà dans le premier volume ? Le sentiment de sa déchéance, comme il nous était dit ? Pas le moins du monde, puisque la « seconde vie » ne commence, au contraire, que lorsque ses remords se sont endormis ; et, dans tout le livre, M. Rod, qui nous avait promis de « le laisser aux prises avec sa conscience », en fait une sorte d'inconscient. Le châtiment de Michel, c'est sans doute la mort de sa fille. Mais alors nous avons à nous demander si vraiment cette mort d'Annie nous est présentée à juste titre comme la conséquence de la faute qu'il a commise. Laissons de côté ce que la jeune fille doit se reprocher à elle-même pour avoir entretenu en secret un amour qui ne paraissait pas au début tellement mortel. Michel est le coupable, soit ; mais voyons bien que, si Annie n'épouse pas Amé, ce n'est point par ce que son père a commis le crime du premier volume, c'est parce que, dans le second, il conforme sa conduite à ses nouvelles idées : l'auteur nous laisse très clairement entendre que M. de Saint-Brun consentirait au mariage de son fils avec Annie, si le père d'Annie faisait régulariser sa situation par l'Église et s'il ne se retournait pas contre son ancien parti. Le châtiment de Teissier, c'est-à-dire la mort d'Annie, ne se lie donc point à son crime. Entre le premier et le second volume, il y a solution de continuité. « Ma nouvelle vie, dit Michel, ne renoue pas avec celle que j'ai rompue », et il a tout à fait raison.

Dans les deux volumes qui ont pour héros Michel Teissier, on sent, à bien des incertitudes, que l'auteur est partagé entre son respect instinctif pour la morale et son admiration pour ce que Mondet lui-même, le brave Mondet, appelle un bel amour. Cependant leur signification primordiale ne fait pas doute : M. Rod y montre qu'on ne saurait être heureux en violant la loi du devoir. Mais voici maintenant un autre ouvrage, les *Roches blanches*, où il va montrer qu'on ne l'est pas davantage en obéissant à sa conscience.

Le nouveau pasteur de Bielle, Henri Trembloz, âme enthousiaste et candide, s'éprend d'une vive sympathie pour Mme Massod, une charmante femme dont la grâce bienveillante, la délicatesse, la distinction morale font contraste avec les mesquineries et les vulgarités qui l'entourent ; et sa sympathie, peu à peu, se change en amour. De son côté, Mme Massod a été tout d'abord attirée vers ce jeune homme à la fois doux et grave, dont l'éloquence fervente lui remuait le cœur. Ce qui devait arriver arrive. Dans un moment de surprise, Trembloz avoue son secret à Mme Massod, qui lui fait promettre de ne plus la revoir. Il n'a pas le courage de tenir parole. Les deux amants continuent à s'aimer, à se le dire, toujours plus tendres, mais avec la ferme résolution de ne pas faillir. Enfin, M. Massod, averti par une lettre anonyme, éloigne discrètement sa femme, et l'auteur termine son livre comme si elle ne devait jamais revenir.

On trouve des pages charmantes dans les *Roches blanches*. Le début en est, je crois bien, la meilleure partie : l'arrivée de Trembloz, son installation dans le presbytère, les méfiances de ses paroissiens, le triomphe que lui vaut son premier sermon. Il y a surtout dans la peinture de Bielle un accent de vérité bien vivante que nous ne connaissions pas encore à M. Rod. Les personnages qu'il met en scène ont leur physionomie caractéristique. Il sait les décrire, les faire parler, il résume en eux les mœurs locales avec une fidélité significative. Je n'ignore pas que la plupart de ces figures, le docteur, le pharmacien, le notaire de petite ville, sont assez faciles à tracer. Que de fois nous les avons déjà vues ! Au besoin, elles se feraient « de chic ». Mais, précisément, on reconnaît ici l'observation directe ; ce que M. Rod nous montre, il l'a vu, il le prend sur le vif de la réalité ; et cela, nous le sentons à la justesse expressive des traits, des attitudes, des propos, où ne se mêle aucune touche de caricature.

Le livre, dans la suite, renferme encore de forts jolis chapitres, tous ceux par exemple où M. Rod nous peint l'amour naissant de Trembloz, et, en particulier, la scène où le jeune

pasteur laisse échapper l'aveu de ses sentiments.
Par malheur, dès qu'on arrive au sujet même,
M. Rod semble faiblir. Le sujet devait être,
puisque M. Rod nous peint une honnête femme,
la lutte qui se livre dans la conscience de
Mme Massod entre le « devoir » et la « passion »,
lutte bien vieille mais toujours nouvelle, — et surtout, puisqu'il choisissait comme héros un pasteur, ce qu'une telle lutte, dans la conscience
de Trembloz, empruntait de particulièrement
caractéristique, quelle que pût en être l'issue,
à la piété sincère du jeune homme, ou même
aux exigences de sa profession. On l'indique sans
doute ; on ne fait que l'indiquer. L'élément romanesque se substitue presque partout à l'élément psychologique. Nous attendions une étude
sérieuse, et c'est une idylle qu'on nous donne.

Le livre a pourtant une signification. Nous la
trouvons dans la légende des *Roches blanches*.
La voici, telle qu'on la raconte à Trembloz :

« Il s'agit de deux êtres qui n'avaient pu s'aimer dans le siècle, où la vie les séparait. Ils
voulurent se réfugier en Dieu... L'homme entra
dans un couvent de trappistes, la femme prit
le voile... Comment se revirent-ils, l'histoire ne
le dit pas. Mais elle raconte qu'ils se rencon-
trèrent presque toutes les nuits dans une clai-
rière... A chaque rencontre, ils sentaient grandir l'amour qu'ils réprimaient... Le soir où,
pour la première fois, leurs lèvres s'unirent,
ils convinrent de ne plus se revoir... Mais,
quand ils voulurent se séparer, voici que leurs

membres s'engourdirent : le sol propice où leur
amour avait grandi les retenait..... Dans leur
effort contre l'amour, l'humanité était morte en
eux. Leurs âmes avaient vaincu, mais elles
s'étaient éteintes ; ils n'étaient plus que deux
pierres, insensibles à jamais, les roches blanches..... »

Voulez-vous savoir quelles réflexions cette légende suggère à Trembloz ? Si les deux amants
avaient écouté leur passion, peut-être eussent-
ils été damnés ; ce qui est certain, c'est qu'ils
n'eussent pas été changés en pierres. Et lequel
vaut mieux ? En vain, Trembloz se dit qu'il a
bien fait de faire son devoir. Dans ses colloques
avec lui-même, il conclut « en pressentant ce
qu'est le sort des hommes qui ont trop d'âme
pour ignorer l'amour, trop de vertu pour s'y
livrer dans l'insouciance et dans la joie : qu'ils
résistent ou qu'ils tombent, la douleur les attend ;
il faut que la lumière qui brille en eux les dévore ou s'éteigne, et, s'ils ne sont pas les coupables victimes de leur cœur, c'est que leur
cœur n'a qu'à se pétrifier ». Ainsi s'achève le
roman. On pourrait proposer cette suite : Trembloz s'ouvrant de nouveau à l'amour, non plus
à l'amour d'une femme, mais à celui du genre
humain, et, puisque l'humanité prochaine, c'est
pour lui sa paroisse, obtenant ce merveilleux
triomphe de faire porter des fruits de justice et
de charité au cœur du chapelier Rabourin ou du
pharmacien Pidoux. En voici une autre qui pa-
raîtra sans doute plus vraisemblable et que je

trouve d'ailleurs plus conforme à la conclusion de l'auteur : quelques semaines après, quelques mois, si le mari est un homme très prudent, Mme Massod rentre à Bielle, et, comme elle aura fait sans doute des réflexions analogues à celles du pasteur, Trembloz s'arrangera facilement avec elle pour que leur cœur ne se pétrifie pas. Ils ne seront pas tout à fait heureux — voyez le cas de Michel Teissier — mais ils auront d'agréables moments. Trembloz, au surplus, prêchera des sermons plus vibrants que jamais. Il ne pourra pas, hélas ! se dire qu'il a fait son devoir. Mais cela le consolait si peu !

Avec *Dernier refuge*, M. Rod nous donne le troisième épisode de sa trilogie passionnelle. Henri Trembloz, triomphant de sa passion, ne s'en trouvait pas mieux que Michel Teissier y succombant. Ce qui faisait obstacle à leur bonheur, à celui de Teissier comme à celui de Trembloz, c'était la morale, la morale représentée soit dans l'individu, par sa conscience, soit dans la société, par les lois et les institutions. Pour être heureux, il ne faudrait donc que s'affranchir de cette morale incommode. Telle est l'idée qui fait le fond de *Dernier refuge*. Ici encore, il s'agit d'un amour coupable : devenu moins timide et plus décisif que dans ses précédents livres, M. Rod l'exalte, le magnifie, le met au-dessus de tout.

Martial Duguay, un inventeur déjà illustre, aime Mme Berthemy, la femme d'un banquier qui le commandite. Mais le monde les sépare.

C'est à peine si, de loin en loin, ils peuvent se donner un rendez-vous, toujours inquiet et furtif ; et, dans les salons où Martial rencontre Geneviève, son amour ne fait que souffrir et s'exaspérer. Nous passerons rapidement sur les deux premières « parties » du livre, qui sont une simple exposition, parfois un peu longue et même traînante. Quant à la troisième, elle suffirait par elle-même au succès du roman.

Geneviève a quitté Paris ; elle passe la saison avec son mari à Etretat. Martial, après lui avoir écrit plusieurs lettres qui sont restées sans réponse, apprend enfin qu'elle est dangereusement malade. Il part sur le champ, le cœur plein d'angoisse. Berthemy, qu'il rencontre, le rassure : Geneviève est, depuis la veille, hors de danger. Mais la présence de Martial à Etretat, ses traits décomposés, l'air d'égarement avec lequel il l'interroge, ont éveillé la défiance du mari. D'autres indices donnent bientôt corps à ses soupçons. Quoique Berthemy ne soit ni un jaloux, ni un passionné, quoiqu'il tienne Geneviève incapable de manquer à la fidélité conjugale, pourtant il souffre dans son amour propre ; le sentiment de tendresse qui unit déjà sa femme et Martial, leur sympathie manifeste, si innocente qu'elle puisse encore être, n'en menace pas moins la solidité de sa vie, la correction de son intérieur, l'estime dont l'entoure le monde. Ce personnage de Berthemy me paraît une des meilleures figures qu'ait jamais tracées l'auteur : tout en lui, les paroles comme les actes, l'allure, le geste, le

ton, est d'une mesure parfaite, d'une justesse
irréprochable. Et surtout dans la scène culmi-
nante du roman à laquelle nous arrivons. Quand
Martial, après le rétablissement de Geneviève, se
présente à la villa, c'est Berthemy qui veut le
recevoir. On se rappelle sans doute cette scène.
Elle est fort belle. Non pas seulement par ce
qu'elle a en soi de pathétique, par la sobriété
vigoureuse avec laquelle M. Rod la traite ; mais
elle résume nettement, d'une façon hardie et
saisissante, l'idée qui préside à la conception du
livre tout entier. Ici le mari, là l'amant. D'un
côté, la société, la loi, la morale ; de l'autre, les
droits de la passion.

C'est la passion qui l'emporte. Geneviève a
laissé partir Martial. Mais, torturée par la pensée de ce qu'il souffre et s'accusant de l'avoir
trahi, elle quitte tout pour le rejoindre ; elle
tombe dans ses bras au moment même où il va
se tuer. Si le monde les condamne, ils auront
du moins la joie suprême de mourir ensemble.
Les deux amants partent en Italie, trouvent, sur
le golfe de Spezzia, un de ces coins du monde
faits pour le bonheur ; et là, dans la mort même,
ils achèvent leur amour, et, pour ainsi dire, le
subliment à jamais.

L'amour de Martial et de Geneviève, c'est *le
grand amour*. M. Rod, rendons-lui du moins cette
justice, n'entend pas ici parler d'une de ces liaisons
plus ou moins vulgaires comme il s'en forme
couramment entre des êtres insignifiants et cor-
rompus. L'amour qu'il glorifie dans son livre est

cet amour infiniment rare qui remplit un cœur,
l'amour unique, l'amour absolu, éternel, qui réduit
l'être entier à une seule pensée, à un seul désir;
et, dans *Dernier refuge*, il a su, bien mieux
que dans *Michel Teissier* ou *les Roches blanches*,
en rendre la ferveur.

Un tel amour brise toute entrave et se met en
rébellion ouverte contre la loi morale. Mais
n'est-ce pas justement par là qu'il prouve sa supériorité sur l'amour accommodant et pratique qui
se concilie avec la prudence mondaine, et qui, à
l'adultère, ajoute l'hypocrisie ? Oui, l'on peut
faire à M. Rod cette concession. Seulement il ne
s'en contente pas.

Déjà, dans l'une des deux nouvelles intitulées
le *Silence*, il nous avait montré l'amant qui tuait
le mari de sa maîtresse avec une parfaite tranquillité. « Quand on aime, déclare M. de Sourbel-
les, tout ce qui n'est pas l'amour s'efface...
N'était-il pas révoltant que cette femme fût rivée
pour la vie à un homme qu'elle n'aimait pas, et
que je ne pusse l'avoir qu'en cachette, honteuse-
ment, moi qui l'adorais ?... » Voilà, certes, une
théorie commode. Au fond, c'est bien celle de
Dernier refuge. Martial, à vrai dire, ne tue pas
Berthemy, mais parce que Berthemy ne veut pas
se battre. Il n'a d'ailleurs aucun remords de lui
prendre sa femme. Bien plus, il se figure exercer un véritable droit quand il la met en demeure de quitter pour lui son mari et son enfant.
Comme dans le *Silence*, M. Rod fait de la passion
quelque chose de supérieur à toute règle ; il nous

la montre plus forte non seulement que les conventions du monde, mais que les principes de la morale, et purifiant tout ce qu'elle consume.

Cette conception de l'amour, pas n'est besoin, je pense, de la discuter en elle-même. Elle fleurissait dans notre littérature il y a soixante ans, et le romantisme en tira de très beaux effets. Martial est le héros romantique, un peu dépaysé en ce siècle moins effervescent. Voyez, dès les premières pages, de quelle façon M. Rod nous le peint, avec ses traits irréguliers et tourmentés, l'éclat de ses yeux bruns, le pli de sa lèvre dédaigneuse, l'air de mystère et de fatalité répandu sur toute sa personne. Mais Martial n'a pas seulement la figure d'un Bénédict ou d'un Antony, il en a encore l'éréthisme sentimental et l'éloquence volontiers dithyrambique. Cet ingénieur de trente-six ans est sujet à des retours d'adolescence. On nous le montre quittant ses austères travaux pour aller tout au bout de Paris dans l'unique espérance d'apercevoir de loin la bien-aimée de son cœur au moment où elle descend de voiture...

Honni soit qui se raillerait ! Ces enfantillages mêmes dénotent une fraîcheur d'âme, une ingénuité dont je me reprocherais de sourire. Mais d'ailleurs je ne dis pas que Martial soit indigne de notre sympathie. Bien plus, je suis tout prêt à reconnaître qu'il n'y a en lui rien de vulgaire. Et, quand il souffre, je ne demande pas mieux que de le plaindre. Seulement, cela, paraît-il, ne suffit pas. J'ai pour Martial une pitié sincère : on veut que je l'admire. C'est ici qu'il m'est impossible de suivre M. Rod. Ma commisération, oui ; quant à mon admiration, je la réserverai, ne lui en déplaise, pour une âme plus forte. « Au-dessus de l'amour, dit excellemment Berthemy, il y a toujours la volonté, qui nous gouverne et qui le domine ». Martial, protestez-vous, n'a pas assez de volonté pour dominer la passion. Ne nous le figurez donc pas comme un héros. La force même de cette passion qui l'entraîne ne fait qu'accuser sa faiblesse.

Mais le suicide par lequel *Dernier refuge* se termine, donnera-t-il au livre une sorte de moralité ? Remarquez que ce suicide, M. Rod, bien loin de le présenter comme un châtiment, en fait au contraire l'apothéose de l'amour. On nous y prépare, on nous l'annonce dès le début, et, déjà, par le titre même. En écoutant un morceau de *Tristan et Yseult*, Martial, aux premières pages du livre, s'abîme dans la vision de l'amour triomphant, plus fort que la vie, qui dédaigne les obstacles, les abat, les oublie, pour chercher dans la mort son unique et véritable asile. « J'ai toujours été persuadé, dit-il plus loin à Geneviève, que la mort est très douce. Depuis que je vous aime, je ne conçois pas à notre roman d'autre fin que celle-là ». Et, cette fin, comment se la représente-t-il ? « Il rêvait d'une belle mort poétique à deux, après une période d'ivresse trop ardente pour durer, d'un suicide très doux dans un décor de choix, d'une entrée à la fois voluptueuse et paisible dans le règne de l'éternel au mystère embelli de promesses vagues ». Voilà le rêve qui se réalise à la fin du livre. La mort de Geneviève et de Martial est pour leur amour un couronnement.

A vrai dire, on s'étonne qu'ils veuillent mourir. On ne voit pas bien du moins pourquoi ils font cette concession suprême à une morale dont l'auteur a prétendu les affranchir. Qui les empêche, puisqu'ils s'aiment assez pour être tout à eux-mêmes, de rester dans ce coin perdu où ils ont trouvé un asile, où nul indiscret ne peut gêner leur bonheur. Mais, si Geneviève ne supporte pas, comme elle dit, la pensée d'abandonner son fils, l'abandonne-t-elle moins en mourant ? Et puis, il eût alors fallu nous montrer en elle la mère, et non pas seulement l'amante. Aussi bien, nous ne sentons nulle part que Geneviève aime assez Martial lui-même pour accepter si bénévolement la mort. Ce qui est vrai, c'est, d'abord, que l'amour de Geneviève et de Martial, cet amour éternel, ne tarderait pas, comme celui de Teissier et de Blanche, à se refroidir ; et c'est ensuite, c'est surtout que M. Rod tenait absolument au suicide final, l'ayant, sinon rendu vraisemblable, du moins lié à sa théorie de l'amour, que la mort consacre en le prolongeant jusqu'à l'infini.

Dans *Dernier refuge*, M. Rod s'exalte jusqu'à diviniser la passion. Il y tendait depuis longtemps. Depuis longtemps il voulait se persuader à lui-même que ce que nous appelons la morale n'est, au regard de l'amour, qu'un code de règlements factices et de conventions arbitraires.

Cette morale, à laquelle il en veut de contrarier le développement de nos instincts, elle était toujours, dans ses livres, représentée par des personnages antipathiques, par des hypocrites ou des niais. Rappelez-vous seulement les deux bourgeois qui condamnent Michel Teissier du haut de leur honnêteté prudhommesque, et, dans les *Roches blanches*, M. Massod, solennel imbécile, sur les lèvres duquel les mots de devoir et de vertu prennent je ne sais quel air de cuistrerie à la fois béate et chagrine. Ici, le mari de Geneviève n'a d'autre souci que celui de la tenue et du respect humain. C'est aux amants coupables que M. Rod réserve toute noblesse, toute hauteur d'âme, et il ne leur oppose que des types de correction étroite ou pharisaïque.

M. Rod a fait, en ces derniers temps, preuve de qualités nouvelles. Certaines parties des *Roches blanches* nous ont montré l'auteur apte à tracer des figures précises, à rendre un fidèle et caractéristique tableau de la réalité sensible; dans *Dernier refuge*, il peint la passion, celle de Martial sinon de Geneviève, avec une vivacité d'accent que nous ne lui connaissions pas encore. Ce que je regrette, ce qui donne à ses livres je ne sais quoi d'équivoque, c'est qu'il semble prendre à tâche d'embrouiller les plus simples notions de la conscience par une casuistique subtile et captieuse. On peut lui accorder sans doute que le « bien » et le « mal » n'ont pas toujours une couleur parfaitement tranchée, que le bien se mêle souvent de mal et le mal de

bien. Mais sommes-nous aussi embarrassés qu'il
se plaît à le dire et qu'il s'évertue à le croire ?
Y a-t-il en vérité tant d'endroits où nous ne puissions reconnaître notre devoir ? En tout cas, la
passion a beau s'emporter et se révolter, elle ne
saurait être une vertu. Quelque sens qu'on attribue à l'univers et à la vie, rien ne fera ni que
Teissier doive abandonner Suzanne, ce dont
M. Rod lui-même ne peut s'empêcher de le punir,
ni que Martial, ce dont M. Rod l'admire, ait raison d'enlever sa femme à Berthemy, fût-ce pour
mourir avec elle.

Depuis cet article, M. Rod a publié un nouveau livre, *Là-haut*, dont voici une brève analyse :

Sorte d'intermède ou premier volume d'une
série nouvelle, *Là-haut* est jusqu'à présent un
livre à part dans l'œuvre de M. Rod ; mais s'il
fallait le rattacher aux romans qui l'ont précédé,
nous dirions qu'après avoir peint dans *Michel
Teissier*, les *Roches Blanches*, *Dernier refuge*, les
agitations du cœur et les troubles de la conscience, l'auteur, incapable de concilier le
bonheur avec le devoir, lassé peut-être des violences dévoratrices et stériles de la passion,
éprouva le besoin de retremper son courage et de
raffermir sa vertu. A ce qu'il y a de factice et de
malsain, soit dans l'exaltation du sentiment, soit
même dans les arguties délicates d'une morale
que la casuistique a bientôt fait de pervertir, il

oppose le tableau des mœurs primitives, qui, étrangères aux raffinements et aux artifices de la civilisation mondaine, conservent encore, sur les hauteurs des Alpes, leur tranquille et forte simplicité. M. Rod n'a pas seulement voulu célébrer les grandioses aspects de la Suisse. Entre la montagne et le montagnard, il est une harmonie intime.

La Suisse dans l'histoire aura le dernier mot,
Puisqu'elle est deux fois grande, étant pauvre, et là-haut,
Puisqu'elle a sa montagne et qu'elle a sa cabane...
Gloire au chaste pays que le Léman arrose !
A l'ombre de Melchthal, à l'ombre du mont Rose,
La Suisse trait sa vache et vit paisiblement, etc.

Le titre du livre, c'est bien sans doute un cri de l'alpiniste qui monte de cime en cime, toujours plus haut, comme s'il y avait pour lui je ne sais quelle forme particulière de vertige qui l'attirât invinciblement aux faîtes, mais c'est aussi une sorte de *sursum corda*, par lequel M. Rod s'élève au-dessus des misérables ambitions, des mesquines querelles, des arides et cruelles amours, au-dessus des inquiétudes et des doutes, pour aspirer, là-haut, un air plus pur et plus frais, pour retrouver, dans un petit coin du monde qu'abritent les Alpes, la santé de l'âme, la paix de l'esprit, la quiétude sereine du cœur.

Ce que M. Rod veut peindre, ce sont les mœurs nationales et populaires de la Suisse. Seulement, il s'est cru obligé d'ajouter à l'intérêt de peintures qui n'avaient en elles-mêmes rien de « romanesque » celui d'une intrigue amoureuse, com-

binée non sans adresse avec le sujet, mais qu'il
eût fallu, me semble-t-il, y unir plus intimement.
Julien Sterny, un oisif qui menait avec ennui ce
qu'on appelle la vie parisienne, a vu tuer sous
ses yeux par un mari jaloux la femme dont il
était l'amant. Obsédé du souvenir toujours présent de cette tragique aventure, il s'est réfugié à
Vallanches. Là, dans le même hôtel, se trouve
une jeune fille, Madeleine Vallée, qui lui inspire
tout de suite une irrésistible sympathie. Julien a
eu beaucoup de maîtresses, mais auxquelles il
ne demanda jamais que le plaisir. Une vie nouvelle brille maintenant à ses yeux. Il aime, il est
aimé ; cet amour le transfigure, il y trouve l'oubli du passé, il y découvre la paix et la joie.
Dans son cœur, précocement flétri par le scepticisme et le libertinage, fleurit comme un renou-
veau des pures tendresses et des salubres vertus.

On sent tout de suite ce qui fait, je crois, le
plus grave défaut du livre. Julien guéri par l'a-
mour, voilà sans doute un fort beau thème : est-il
bien celui que nous avait promis M. Rod ? Il fallait
que Julien dût sa guérison à la Suisse et non à
Madeleine. Encore, si Madeleine était une humble fille de Vallanches, elle symboliserait cette
Suisse primitive. Non, Madeleine est une civili-
sée, une citadine, venue par hasard en villégia-
ture dans ce coin du Valais, et sa gravité recueillie, sa simplicité d'âme, sa ferveur silencieuse,
n'empêchent pas qu'elle n'ait, après tout, rien
d'alpestre. Croirons-nous que l'atmosphère des
hauteurs, que la vue des sites grandioses, que le

contact des mœurs rustiques, ont prédisposé
Julien à une renaissance, l'ont rendu capable
d'aimer ? Mais c'est dès le premier soir de son
arrivée que Julien se sent attiré vers Madeleine,
et quelques jours suffisent pour que sa sympathie
devienne de l'amour. Il n'y a pas à dire, l'influence
de Madeleine et celle de la Suisse sont ici bien
distinctes, et tout ce que peut s'attribuer l'une,
l'autre le perd au grand détriment du sujet.

Et puis, l'amour de Julien pour Mlle Vallée a
plus d'une fois l'inconvénient de faire tort soit à
la description des scènes pittoresques, soit aux
tableaux de la vie nationale, qui sont tout justement ce sujet. Quand la caravane des touristes a
gravi les pentes de Solnoir, devant eux se découvre un merveilleux spectacle : mais nous ne le
voyons guère qu'à travers l'imagination dolente
de Julien qui, tout absorbé en lui-même, se demande quel effet ses dernières paroles ont produit sur Madeleine. Plus loin, la fête des vignerons. L'auteur nous l'annonce dans une page
éloquente. Ce n'est là, pensons-nous, qu'un préambule ; nous allons assister à cette fête, on va nous
la mettre sous les yeux, et nos cœurs vibreront à
l'unisson. Point du tout. Et même, quelques mots
suffisent pour dire l'impression qu'en éprouve
Julien. Au premier entr'acte, il reconnaît de loin
Mlle Vallée, et dès lors, pendant que les tableaux
se succèdent sur la scène, on nous le montre cherchant à travers la foule mouvante le chapeau bleu
de la jeune fille...

Autre critique. Le sujet même de M. Rod, si

nous avons bien compris son livre, devait l'obli-
ger à choisir un de ces villages obscurs — n'y
en a-t-il donc plus en Suisse ? — où les mœurs
des montagnards se maintiennent encore dans
leur intégrité, où la cure morale de Julien n'eût
été distraite ni par les insipides propos de table
d'hôte, ni par les querelles bruyantes de paysans
que l'appât du lucre commence à pervertir. Mais,
comme si le véritable sujet de *Là-haut* ne lui
fournissait pas assez de matière, — sur ce sujet,
M. Rod en greffe un autre tout différent. Le Vallanches qu'il nous peint est déjà une station assez
fréquentée pour que deux hôtels y prospèrent.
Nous trouvons là une collection assortie de touristes. Le *Chamois*, où Julien descend, ressemble
à un caravansérail. Outre les gens du pays, un
révérend Anglais avec ses cinq filles, une Écos-
saise, un couple allemand de jeunes mariés, un
Arménien ; toutes les nationalités y ont quelque
échantillon. Julien cherchait la paix et le silence,
il venait se retremper aux mœurs rustiques, et le
voilà parmi de petits bourgeois vulgaires, ba-
vards, indiscrets, qui ont transporté là-haut leurs
préjugés mesquins, leurs travers, leurs ridicules, si bien que, le premier soir, en faisant des
yeux le tour de la table, il songe à part soi : « En
voilà, une ménagerie ! » Quant aux montagnards,
la plupart ont perdu le goût de leur vie héréditaire. Ils sont las des durs labeurs, de la pauvreté frugale. Ils spéculent déjà sur la vente de
leurs champs, ils votent un chemin de fer. En
opposant la moderne Suisse à la vieille, l'auteur

voulait sans doute que la peinture des temps
anciens eût plus de relief ; il nous peint, à vrai
dire, non pas les anciennes mœurs, mais leur
trop rapide contamination. Le père Clévôz lui-
même, qui incarne la Suisse d'autrefois, aide son
fils à bâtir un hôtel monumental. M. Rod s'excuse
d'avoir « flatté » les montagnards. J'aurais voulu
qu'il les flattât davantage, qu'il nous emmenât,
avec Julien, dans un coin ignoré des Alpes où ni
les architectes ni les ingénieurs n'eussent encore
fait leur apparition.

Du moins, il trouvait ainsi de quoi varier ses
figures. Il y a dans *Là-haut* une foule de personnages, touristes ou paysans. Ce sont, pour la
plupart, des esquisses un peu minces, un peu
sèches, mais tracées avec précision. Entre les
premiers, mentionnons en particulier Volland, l'alpiniste, ne fût-ce que pour signaler le dramatique
épisode de sa mort. Ce morceau est sans doute
admirable ; par malheur, il ne tient pas à l'action,
et le personnage, du reste, joue dans le roman
un rôle adventice et d'emprunt.

Parmi les paysans, il y a surtout le père Clévôz, surnommé « Vieille Suisse », parce qu'il
est le dernier du village qui ait pris part aux guer-
res civiles de jadis. Le voici : « tout raide, debout,
campé sur ses fortes jambes, il fume sa pipe, les
bras croisés, au milieu d'un groupe ; il porte en
collier sa barbe blanche, dure et drue, qui dégage
son menton carré, proéminent, terriblement volontaire, et sa tête semble sculptée dans une
racine d'arbre par un artiste naïf et puissant ».

Clévòz a jusqu'ici tenu pour les mœurs des an-
cêtres. Il finit par « entrer dans le mouvement, »
et, son fils Gaspard ayant vendu les champs
patrimoniaux, des champs formés bribe à bribe
par le rude labeur de tant de générations, lui-
même — fallait-il lui donner un menton si terriblement volontaire ? — démolit de ses propres
mains le vieux chalet que va remplacer un hôtel.
Mais, lorsque les murs nouveaux sortent du sol,
on le voit, la mine renfrognée, une inquiétude au
fond des yeux, rôder comme une âme en peine
autour des échafaudages; puis, l'hôtel une fois
bâti, quand, malgré ses résistances, Gaspard, qui
veut faire grand, s'est mis imprudemment à la
merci d'intraitables créanciers, il reste là, sur un
banc, des heures entières, sans que son visage
fermé trahisse ses appréhensions, à retourner sans
cesse, à ruminer silencieusement les mêmes
comptes. Cependant le *Florent* s'ouvre, et ses
belles chambres restent vides; à peine s'il y
vient par hasard quelque touriste de passage.
C'est (un peu bien vite) la ruine. Voici l'hôtel
en vente; les dettes payées, il reste quelques
centaines de francs. Gaspard doit, pour vivre,
louer ses bras. Quant au vieux, dans ce « rac-
card » misérable, le seul abri que les créanciers
lui aient laissé, il attend, miné par le chagrin et
la maladie, courbé, ratatiné, réduit à rien, mar-
monnant de loin en loin des mots sans suite,
que la mort vienne enfin achever son œuvre,
emporter ce dernier survivant d'un autre âge.

C'est sur les derniers moments du père Clé-

vôz que l'auteur termine son livre, 'et la scène
est d'un puissant effet. Avec « Vieille Suisse »
s'en va tout un monde ; avec lui disparaît un
passé qui vécut longtemps et dont le déclin se
précipite. Ce passé, ce vieux monde, l'auteur en
a exprimé avec une tendresse pieuse non seulement la beauté pittoresque et poétique, mais
aussi la bienfaisante vertu. Il se dégage de *Là-
haut* une saine et vivifiante impression. Tandis
que *Dernier refuge* glorifiait le suicide, *Là-haut*
ouvre, pour les âmes blessées, pour les coura-
ges aveulis, un autre refuge que la mort : Julien ne meurt qu'à la vie artificielle et futile, et,
dès lors, il commence de vivre. Félicitons M. Rod
d'avoir une fois cherché son sujet, même s'il
n'y reste pas assez fidèle, dans la peinture des
sites et des mœurs suisses. Un amour tout filial
pour les Alpes, « patrie de ses rêves, de ses
plus pures pensées, de ses joies les meilleures »,
lui a dicté de belles et nobles pages, et, si son
livre manque peut-être d'unité, ces pages-là, du
moins, sont celles qui en traduisent directement
la première inspiration.

XII

La " Littérature Dialoguée "

XII. — LA « LITTÉRATURE DIALOGUÉE ».

Un genre nouveau? Pas absolument. Mais renouvelé de temps très anciens, ce qui revient presque
au même. Bien avant que Mme J. Marni composât
des *Dialogues des Courtisanes*, Lucien de Samosate,
écrivain grec du IIᵉ siècle de notre ère, en avait
publié sous le même titre qui ne manquaient pas
de saveur. Théocrite et son contemporain Héron-
das, celui dont sept mimes viennent d'être décou-
verts sur un papyrus d'Egypte, firent paraître,
voilà deux mille ans et plus, de petites scènes
qui sont tout à fait dans le tour moderne. Depuis Lucien jusqu'à notre époque, cette forme
de littérature avait été peu cultivée. Quand les
promoteurs de la Renaissance classique restau-
rèrent chez nous les genres de l'antiquité gréco-
romaine, celui-là demeura dans l'oubli. Nos
grands écrivains du XVIIᵉ siècle le négligèrent.
Corneille se fût senti mal à l'aise en un cadre
aussi étroit, Pascal mourut sans avoir même
pu achever le grand ouvrage dont nous n'avons,
sous le nom de *Pensées*, que des fragments, et
Molière, qui était directeur de troupe, avait tout
intérêt à n'écrire que des pièces jouables. Il
nous reste de Boileau un dialogue sur les héros
de romans; mais je crois bien que ni l'*Echo de*

Paris ni le *Gaulois* n'en voudraient : nos « dialoguistes » nous ont habitués à plus de piquant. Dans ce siècle-ci, le genre n'a vraiment eu sa vogue que depuis quelques années. Si l'on en faisait l'historique, on signalerait tout d'abord Gustave Droz, qui en fut vraiment l'inaugurateur. Droz ne se lit plus guère. J'ose à peine louer ses fantaisies. Le goût a bien changé. Ce que nos pères trouvaient délicat, nous le trouvons fade. Il nous faut quelque chose de plus vif, de plus croustillant. Après Droz, rappelons M. Ludovic Halévy, qui fit la *Famille Cardinal* avant de faire l'*Abbé Constantin*. Mais c'est de nos jours seulement que la littérature dialoguée a pris, si j'ose ainsi dire, tout son essor. Il n'y a guère de journal qui, chaque semaine, ne nous en serve quelques échantillons. Le *Temps* lui-même... Oui, nous vîmes dans un numéro de cette estimable feuille telle saynète, ma foi ! très émoustillante, voisiner avec une *Variété* du grave M. Mézières. Et les Revues ne sont pas en reste. Ici même [1] M. Michel Provins écrit parfois de ces dialogues incisifs et fringants qui le classèrent tout de suite parmi les maîtres du genre. Ce genre a dès maintenant droit de cité dans notre république des lettres. Il ne lui manque plus que d'être consacré par une élection académique. Après tout, si Gyp n'est pas de l'Académie française, le seul motif de cette exclusion, c'est, j'imagine, qu'elle appartient au même sexe que Mlle Jeanne Chauvin.

1. Cet article a paru dans la *Revue des Revues*.

La littérature dialoguée (faute d'un autre nom
pour la définir plus exactement) se distingue du
genre romanesque — conte, récit, nouvelle — soit
au point de vue du fond, parce qu'elle ne comporte pas une « fable » suivie, soit au point de
vue de la forme, parce qu'elle n'admet que le
dialogue. Par ce dernier caractère, elle se rap-
proche du théâtre. Et, à vrai dire, le répertoire
de nos auteurs comiques nous offre certaines
pièces, l'*Ésope à la ville* de Boursault ou les
Fâcheux de Molière lui-même, qui ont bien quelque rapport avec les recueils des dialoguistes.
On les nomme des comédies à tiroirs. Mais, malgré la liberté de leur structure, il y a, dans
l'ensemble même de ces pièces, une « composition » ; et, dans chacun des épisodes qui s'y succèdent, il y a aussi un commencement, un milieu,
une fin. Ce sont là des exigences auxquelles ne
peut se soustraire une pièce de théâtre. Le « mo-
nologue » même, qui fleurissait naguère, avec
quelle grâce, vous le savez, doit, comme genre
dramatique, observer les conventions ; il est justi-
ciable de M. Sarcey. Quant à la littérature dialoguée, elle a ses aises. Aucune règle ne la gêne.
Chaque saynète, prise à part, n'est qu'une conversation ; et, quand nos dialoguistes en réunissent
plusieurs sous le même titre, nous pouvons aussi
bien commencer le volume par la dernière. Il n'y
a de l'une à l'autre rien de continu ni même de
progressif.

Si ces recueils manquent de suite, ils ne sont
pourtant pas dépourvus de toute unité. Mais leur

unité a quelque chose de lâche et de dissolu. Elle n'est jamais celle d'un roman, encore moins celle d'une comédie. Voyez, par exemple, *Eux et elle*, le dernier livre de Gyp. « Elle », c'est la marquise de Palombe, née Lydie Chalvet, veuve en premières noces de M. Cuissot, « riche industriel », qui lui a laissé sa fortune. Les dix morceaux dont se compose le volume nous la montrent successivement avec celui qu'elle a épousé, avec celui qui l'aime, avec celui à qui ça chanterait, avec celui à qui ça ne chante pas, avec celui qu'elle ménage, etc., etc. Dans cette série de scènes, les personnages secondaires changent de l'une à l'autre, mais le personnage principal reste le même. Aristote je crois, enseigne quelque part que l'unité de héros ne saurait faire l'unité d'une pièce. Et, en ce qui regarde les pièces de théâtre, il a sans doute raison. Permettons au genre des dialoguistes une unité moins stricte. Mme de Palombe est toujours en scène : il n'en faut pas davantage pour que le livre forme une espèce de tout. C'est elle qu'aime Jacques Tremble, elle que « rase » M. de Brisque, elle que Sangeyne change des autres, elle qu'entretient l'affreux prince de Corda-Potencia, naguère baron de Wildes-Swein. Une pièce de théâtre ne doit pas avoir plusieurs actions. Mais, ici, de quoi nous plaindrions-nous ? Il n'y en a pas une seule.

D'ordinaire l'unité, plus libre encore, ne tient qu'à la peinture d'un même « milieu ». Tels sont les *Transatlantiques* de M. Abel Hermant, *Comment elles se donnent* et *Comment elles nous lâchent* de Mme J. Marni, les *Dégénérés* de M. Michel Provins, et presque tous les recueils de Gyp et de M. Lavedan. En général ces ouvrages ont pour héros les « cercleux », les gens de « la haute », et pour héroïnes les mondaines ou les demi-mondaines. Par là se lient entre elles les scènes détachées dont ils se composent. Mais, souvent, chaque recueil se rapporte à un objet spécial. C'est « leur cœur », « leurs âmes », « leur beau physique » ; c'est tantôt « autour du mariage », tantôt « autour du divorce » ; ou bien encore c'est « les séducteurs », « les marionnettes », « les enfants qu'elles ont », « le vieux marcheur », « les jeunes ». Si le principal personnage y change de scène en scène, tous les personnages que l'auteur fait défiler sous nos yeux sont du moins les variétés d'une même famille, et cela suffit pour donner au livre une sorte d'unité, marquée par le titre. N'est-ce pas ainsi que procèdent souvent les auteurs comiques ? Dans *Nos bons villageois*, dans *Nos intimes*, dans les *Vieux garçons*, M. Sardou, par exemple, distribue, si l'on peut dire, un « caractère » entre trois ou quatre acteurs chargés d'en montrer chacun tel ou tel aspect. Notons cette différence que la comédie exige « une action » où soient engagés tous les rôles et qui se poursuive d'un acte à l'autre jusqu'au dénouement. Les ouvrages de nos dialoguistes ne se jouent pas. Ils ne sont même pas faits pour une lecture suivie. Aussi devons-nous, sur ce point, avoir autant d'indulgence pour Gyp ou pour M. Lavedan que pour l'auteur des *Caractères* ou celui des *Lettres persanes*

Il y a encore une intrigue dans le livre de Montesquieu. Du reste, le véritable intérêt n'en est pas là. Cette intrigue toute postiche ne fait qu'ajouter un assaisonnement de galanterie, ou, pour mieux dire, de libertinage. Quant aux *Caractères*, ils se composent de chapitres détachés et qui, chacun pris à part, ont tout aussi peu d'unité que nos recueils de dialogues. Plus je médite, et plus je me figure que La Bruyère est le véritable ancêtre des dialoguistes de notre temps.

On ne sait au juste dans quelle catégorie d'auteurs les classer. N'hésitons pas. Ce sont des moralistes. En un certain sens presque tous les écrivains de notre littérature, d'une littérature qui a pour objet essentiel l'étude de l'homme sociable, peuvent être qualifiés de ce nom : un Pascal, qui, pour prouver le christianisme, ou, plus précisément, le jansénisme, montre les contradictions de la nature humaine, sa grandeur et surtout sa misère ; un Racine, qui fait de la tragédie l'analyse des passions ; un Molière et un La Fontaine, qui peignent les ridicules, les travers, les vices de leur époque ; un Bourdaloue, qui, pour rendre plus directe l'application de ses sermons, y introduit de véritables « caractères » empruntés à la société du temps. Mais on nomme spécialement moralistes ceux qui ne se sont enfermés dans les limites d'aucun genre bien défini, qui, n'étant ni des auteurs dramatiques, ni des fabulistes, ni des sermonnaires, ont donné à leurs observations la forme de maximes, comme La Rochefoucauld, de lettres, comme Montesquieu,

ou, comme La Bruyère, de portraits. Ce sont eux
que continuent les dialoguistes modernes. Il n'y
a que le cadre qui diffère. Encore serait-il facile
de retrouver chez nos moralistes classiques des
scènes plus ou moins analogues à celles qui font
aujourd'hui les délices du public. Tel caractère
de La Bruyère pourrait aisément se tourner en
dialogue ; tel autre, celui d'*Irène* par exemple, en
est déjà un.

En général, les moralistes traitent assez mal
l'humanité. Si la Rochefoucauld nie toute vertu,
La Bruyère ne lui cède guère en pessimisme, et
la seule raison pour laquelle il nous paraît se
faire de l'homme une idée moins défavorable,
c'est qu'il n'a pas de philosophie, disons mieux,
pas de système, c'est qu'il décrit surtout la figure
extérieure des passions humaines, c'est que sa
manière vive et pittoresque égaie le fond tout
misanthropique de ses tableaux. Les maîtres de
notre littérature dialoguée ne se montrent pas
plus indulgents pour leurs contemporains. Gyp,
M. Maurice Donnay, M. Michel Provins, M. Lavedan, sont tous des pessimistes. Chacun, d'ailleurs,
à sa manière. Gyp l'est sans fiel : une ironie légère lui suffit ; et si parfois nous y sentons je ne
sais quel arrière-goût de mépris, ce mépris, exempt
d'âcreté, se concilie fort bien avec la grâce cava-
lière de ses esquisses. M. Donnay a la verve exhi-
larante et féroce. Son *Éducation d'un prince* est
comme le bréviaire d'un nihilisme non moins
joyeux que cynique. Il s'y amuse, en ricanant, à
« blaguer » je ne dis pas la vie humaine, mais

17

une humanité toute spéciale, dont les personnages typiques sont « le noceur » et le « rastaquouère ». M. Provins nous a lui-même renseignés sur sa philosophie dans les « pages d'étude » que je trouve au début des *Dégénérés*. Son titre, déjà, est par lui-même assez significatif. Ceux que l'auteur nomme ainsi, ce sont à peu près les mêmes qui figurent sous d'autres noms dans les dialogues de M. Donnay. Mais l'appellation de *Dégénérés !* indique chez lui des visées morales dont M. Donnay ne s'embarrasse guère. Notez le point d'exclamation ; ce point-là trahit manifestement une noble colère. M. Provins ne veut pas seulement montrer le mal, il se préoccupe aussi d'y chercher un remède. Et s'il ne nous révèle rien de tout à fait nouveau en déclarant que le remède se résume en trois termes : la volonté, le devoir, l'idéal, — on n'en doit pas moins lui savoir gré de prendre au sérieux son métier de satirique. Quant à M. Lavedan, il n'a jamais éprouvé comme M. Provins, le besoin de nous faire des confidences et de nous esquisser une philosophie morale ou sociale. Aussi bien le tour particulier de ses dialogues, leur amertume même et leur violence de plus en plus exaspérée, dénotent, non pas un observateur sceptique, mais un véritable moraliste, qui, trop discret sans doute et trop avisé pour se permettre d'éloquentes tirades, est aussi trop blessé par le spectacle des mœurs qu'il décrit, sinon pour contenir son indignation, tout au moins pour nous la dérober.

Quoi qu'il en soit, chacun selon son humeur

et son tour d'esprit particulier, les dialoguistes,
tantôt avec un malicieux badinage, tantôt avec
une fantaisie bouffonne, tantôt avec une âpreté
crue, nous donnent de la vie mondaine, si brillante
en apparence, si fleurissante de délicatesses
exquises, l'image la mieux faite pour nous en
inspirer le dégoût. Ce « monde », à les en croire,
— et comment ceux qui n'en sont pas le con-
naîtraient-ils autrement que par eux ? — cette
société de *high life* serait pourrie jusqu'aux
moelles.

La « rosserie » a fait son temps sur la scène.
Vous vous rappelez de quelle façon M. Brieux
corrigeait, il y a un mois à peine, l'une de ses
premières pièces. Dans l'ancienne version de
Blanchette, Elise, que nous avions vue, à la fin
du second acte, se sauver de la maison paternelle,
revenait, au troisième, pour tirer son père de la
ruine. Entre temps elle avait fait la fête. Quand
il la voyait reparaître en luxueux équipage, le
brave homme commençait par la maudire ; mais,
lorsqu'elle lui offrait de l'argent, il se résignait
tout de même à prendre ces billets de banque
qui avaient payé le déshonneur de sa fille. Dans
la nouvelle version, tout le troisième acte a été
refait ; un nouveau dénouement laisse le spec-
tateur sous une impression qui n'a plus rien de
pénible. Elise rentre au logis, « pauvre et pure » :
elle obtient son pardon, renonce aux ambitions
qui l'ont si cruellement déçue, et, finalement,
épouse un brave garçon du voisinage qui lui don-
nera sans doute beaucoup d'enfants. Cette modifi-

cation de *Blanchette* est bien caractéristique.
Mais, si la rosserie semble avoir passé de mode
sur le théâtre, nous la retrouvons dans les dialogues, revêtue parfois de gracieux dehors, et,
plus souvent, étalée avec une brutalité voulue.
Ne disons pas trop de mal de la rosserie. Le mot
est affreux, j'en conviens. La chose a du bon.
Pour ma part, je préfère la rosserie au berqui-
nisme. Le nouveau dénouement de *Blanchette*
vaut-il mieux que l'ancien? On peut en douter.
Cette rosserie n'est pas toujours un procédé
d'école. Il y en a beaucoup chez Molière. Il y en
a chez Augier, dont les pièces les plus fortes sont,
comme les *Lionnes pauvres*, comme *Maître Guérin*
(je ne parle pas du noble, du magnanime commandant), celles où il a fait le moins de conces-
sions au goût des spectateurs pour les personnages « sympathiques » et les dénouements
« heureux », où il s'est défendu de cet optimisme
bourgeois qui, trop souvent, affadit son théâtre.

Le monde que nous montrent les dialoguistes
ne ressemble guère à celui que nous représen-
taient, il y a quelques années encore, des romanciers comme Octave Feuillet. Faut-il penser que
Feuillet mit quelque complaisance dans ses peintures, prêta aux héros, aux héroïnes de ses aristocratiques romans des grâces imaginaires et des
élégances fictives? Même dans les romans les plus
réalistes qu'il ait écrits, on sent quelque chose
d'un tant soit peu troubadouresque. Nous pouvons
aussi croire que le milieu s'est modifié, que les
mondains ont changé de mœurs et de sentiments

comme de costume et de langage. Toujours est-il
que le duc de Coutras n'a rien de commun avec
Maxime Odiot de Champcey d'Hauterive ou même
avec M. de Camors, et qu'il y a un véritable abîme
entre le grand-père de Sibylle, ce digne M. de Fé-
rias, et un vieux « marcheur » tel que Saint-
Hubertin.

Ce qui semble caractériser surtout les gens du
monde en notre temps, si nous en jugeons par la
peinture qu'en font les Gyp, les Lavedan, les Donnay, c'est leur veulerie, leur platitude, leur inanité
absolue. Le néant intellectuel de ces personnages
a quelque chose d'effrayant. — Nous sommes chez
d'Allarège. « Briouze, Montois et d'Allarège lui-
même, tous trois très jeunes, très riches, fument,
vers les cinq heures du soir. Le jour baisse, et ils
se comprennent en silence. De temps à autre, ils
laissent tomber alternativement un monosyllabe,
qui est comme l'affirmation de leur absence de
pensée.

BRIOUZE. — Oui... (*Bouffée*).
MONTOIS. — Oui...
(*Et un trou noir. Bouffées. Spirales. Les voitures roulent.
Paris fait son bruit*).
MONTOIS. — Ah ! là, là !
D'ALLARÈGE. — N'est-ce pas ?
BRIOUZE. — A qui le dis-tu ?
(*Fumée bleue par le nez. Cendre qui tombe du londrès. Et
le temps passe*).

Les « viveurs » que nous peignent les dialoguistes vivent aussi peu par le cœur que par le
cerveau. Ils sont incapables de toute passion ; ou

si, par hasard, ils en ont une, c'est celle des che-
vaux, des chiens, des bateaux qui vont sur l'eau.
Lorsque les trois cerdeux de ci-dessus finissent
par engager la conversation, voici le tour qu'elle
prend :

D'ALLARÈGE (à *Montois*). — Et, en dehors de ça ?

MONTOIS. — Pas grand'chose.

D'ALLARÈGE. — Tes canards ?

MONTOIS. — Ça va.

D'ALLARÈGE. — Bono.

MONTOIS. — Quand je dis ça va, ça va sans aller.

D'ALLARÈGE. — Tes « deux ans » ?

MONTOIS. — Oh ! ils se tiennent, mes « deux ans ». Seulement, j'ai eu un tabac de chien avec Sacrée-Mignonne.

D'ALLARÈGE. — Qu'est-ce qu'elle t'a fait ?

MONTOIS. — Tu sais qu'elle était toute gosse ? Elle se
met à perdre sa mère, mon vieux. Elle me fait cette sale
blague ! Parfaitement ! A fallu que je l'élève au lait de
vache ! Des biberons ! des bonnes paroles ! Ah ! elle m'en a
donné, du miel ! etc., etc.

Montois ne pense qu'à ses « canards », d'Allarège qu'à ses petits navires. Briouze, lui, se plaint
en les écoutant, de ne pas avoir une foi, un idéal.
« Je vous envie, dit-il aux deux autres. Vous êtes des
passionnés au moins, des cérébraux... Tandis que
moi !... Rien... Autant dire une huître... un caillou.
Pas gai. » Les prétendus fêtards traînent dans tous
les « lieux de plaisir » un morne avachissement.
Vous croyez qu'ils jouissent de la vie ? Écoutez
plutôt La Fanette et Lusanges, somnolant à moitié
dans le salon de Mme de Filoselle :

LA FANETTE. — Dites donc, est-ce que vous vous amusez
ici ?

DE LUSANGES. — Moi ?... pas du tout ?

LA FANETTE. — Si nous fuyions ?

DE LUSANGES. — Pour aller où ?

LA FANETTE. — Au cercle...

DE LUSANGES. — Au cercle... soit ! Vous jouez ?

LA FANETTE. — Plus jamais... C'est une émotion éteinte.

DE LUSANGES. — Comme moi. Alors, inutile, le cercle !... Voulez-vous le théâtre ?

LA FANETTE. — M'est égal... ça ou autre chose... puisque nous sommes condamnés à nous amuser.

DE LUSANGES. — Si vous préférez une heure chez Liane ?

LA FANETTE. — Liane !... ou Émilienne... ou Cléo !... En voilà encore des émotions éteintes !

DE LUSANGES. — Oh ! combien !... Alors pas la peine de changer !

LA FANETTE. — Restons, allez : le temps ne durera pas plus ici qu'ailleurs... Nous aurons le déplacement en moins.

Au bal de l'Opéra, ces messieurs s'ennuient si magistralement qu'un « faux-nez » prend la peine de monter dans leur loge pour leur dire : « Je vous ai aperçus d'en bas, vous m'avez paru sinistres... Vous avez l'air de filles de joie ». Leurs plus vifs divertissements, lorsque le sang les tourmente, consistent à faire des bulles de savon comme le petit de Tremble, ou à verser, comme Joyeuse, du champagne dans un piano.

Il est beaucoup d'autres variétés du type ; mais nous avons là la plus fréquente, et, en tout cas, la plus moderne. Ces mondains si secs, si nuls, si ennuyeux et si ennuyés, ce sont les jeunes. On peut du moins supposer que les vieux ont fait la noce. C'est ce que semblent indiquer leurs rhumatismes et leurs maux d'estomac. « Pour le côté frivole, dit le marquis d'Avaux (58 ans), ça va tou-

jours ! Mais pour les femmes, la table, tout ce qu'il
y a de sérieux dans la vie, eh bien, pour toutes
ces affaires-là, je suis claqué... à tous les tendons. »
Saint-Hubertin (50 ans) sent, certains jours, au
creux de la poitrine, « une pince, non, plutôt un
fer rouge, un gros fer rouge. » D'Argentaye
(48 ans) se plaint de sa dorsale, cette coquine de
dorsale ! A la nuque, des élancements, comme si
on lui entrait des aiguilles ; au sommet du crâne,
une impression bizarre et cotonneuse, et, dans les
jarrets, des abandons. Peu drôle, sans doute. Mais
enfin, ils se rendent cette justice d'avoir « vécu »,
d'avoir usé leur vie. Quant aux jeunes, ils sont,
dès vingt-cinq ans, blasés, vannés, vidés. « Lorsqu'on viendra m'avertir que *c'est servi*, dit le marquis d'Avaux, je partirai sans tristesse, parce que
je trouve que nous vivons tout de même à une
trop sale époque... Une époque de mufles ! » Par
ce mot désobligeant, il désigne les jeunes. Les
jeunes sont plus vieux que lui. Dans le pitoyable
état où l'ont mis les fêtes de sa jeunesse, « il y a
encore des soirs d'été... où... les étoiles... les jupes
des femmes sur le sable... lui mettent une espèce
de chaleur à l'âme. » Eux, ils n'ont pas d'âme, ils
n'ont même pas des sens. Ce qu'ils ont, c'est « un
peu de tenue », c'est, le matin, je veux dire vers
deux heures de l'après-midi, quand ils viennent
de se lever, un complet de flanelle rose, et, quand
ils sortent, un haut-de-forme luisant comme un
sabre, selon la belle expression de Bourget, un gilet
chic, une cravate qui leur fait honneur. Le soin de
leur toilette absorbe toute leur intelligence. Quand

le baron d'Emblée a successivement reçu son tailleur, son bottier, son chapelier, voici encore le cra-
vatier qu'annonce Jérôme. « Dites-lui que je n'ai
pas le temps qu'il me cravate aujourd'hui... que je
suis malade. Tant pis ! au petit bonheur. Pour une
fois, je ferai mon nœud moi-même... C'est éreintant,
ma parole, on n'a pas une minute pour penser!... »
A quoi penserait bien ce jeune affaibli, si « la dame
des Bouffes » ne venait pas interrompre son mono-
logue? Mettons ici un trait avec plusieurs points
(—...), comme les dialoguistes quand leurs personnages ne profèrent aucun son. Les d'Emblée et
les Coutras font de leur esprit l'emploi le moins
pénible. Tout effort les met sur le flanc. Ils n'ont
pas même le courage d'achever une phrase. Leur
langage est mou comme leur cervelle. Cette espèce
de « sabir » mondain où grouillent confusément
le jargon des cafés-concerts et l'argot des écuries
se débite en d'énigmatiques déchiquetures. Au
point de vue grammatical, il n'y a là qu'un usage
immodéré de l'ellipse ; au point de vue physiolo-
gique, il y a la marque d'une précoce déliques-
cence.

Les dialogues font une excellente contre-partie
à certains romans mondains. Si nous sommes tant
soit peu affectés de snobisme, ils nous auront bientôt guéris. On les a plus d'une fois taxés d'immoralité. Voilà une accusation bien injuste ! Ils nous
montrent le vice, mais ils ne nous le rendent pas
aimable. En voyant comment vivent les gens du
monde, nous sommes, quelle que soit la médiocrité où le sort nous a fait naître, peu tentés d'en-

vier leurs joies. Nous regardons passer ces beaux
messieurs, non-seulement à pied, mais même à
cheval, sans mépriser notre condition. Nous com-
mençons de croire que, pour être heureux, il ne
suffit pas d'avoir un tailleur à Londres. Or, si tous
les plaisirs ne sont aux yeux du sage que vanité
des vanités, c'est déjà une demi-sagesse de penser qu'il y a des plaisirs supérieurs à celui de pa-
rader dans l'allée des Bouleaux. Les romanciers
mondains sont presque tous des aristocrates. Ne
trouvez-vous pas aux recueils des dialoguistes une
saveur démocratique ? Il faudrait les répandre
parmi les classes qu'on appelle déshéritées. Je
demande que M. Rambaud en fasse faire par l'Im-
primerie nationale des éditions populaires à fort
peu le mille. Gyp se nomme de son vrai nom la
comtesse de Martel, mais ce n'est pas pour rien
qu'elle descend d'un Mirabeau.

A la représentation de la vie mondaine s'adapte
parfaitement le genre. Ne lui reprochez pas d'être
superficiel : les personnages qu'il met en scène
décourageraient le plus furieux psychologue. Ils
ont si peu de replis ! Toute leur psychologie consiste dans le nœud de leur cravate et dans la
nuance de leur gilet. Ne vous plaignez pas non
plus qu'il manque d'action : l'inactivité est justement la caractéristique essentielle de ce « monde »
pour lequel il n'y a ni devoirs, ni labeurs, ni ambitions, ni volupté même, et qui se laisse vivre
en tuant le temps.

Je sais bien ce que, s'ils ne dédaignaient une
telle littérature, les graves critiques pourraient

en dire. La vogue même du dialogue ne ferait
peut-être que les rendre plus sévères. Ils l'expli-
queraient d'ailleurs par toutes sortes de raisons peu
honorables pour le genre.

D'abord, au point de vue du public. Le public
lit de moins en moins. Il ne lit guère qu'entre
deux stations de chemin de fer, au bain, au lit,
à bicyclette. Il est incapable de soutenir son attention au-delà d'un petit quart d'heure. Un volume
de trois ou quatre cents pages à commencer par le
commencement, à continuer par le milieu et à
terminer par la fin, — ne pensez pas lui infliger
ce pensum. Il y a des ouvrages qu'on ne peut se
dispenser de connaître. On en lit un compte-rendu,
fait par un journaliste qui, bien souvent, ne s'est
pas donné la peine de les couper. (Notez que les
livres coupés perdent la moitié de leur valeur). S'il
s'agit d'un roman de grande marque, on le feuil-
lettera peut-être, à la hâte, en pestant contre la
prolixité de l'écrivain, en se plaignant des « longueurs ». Ce qu'il faut à ce public pressé, ce
sont des livres fragmentaires, qui ne demandent
aucune contention, qui puissent être quittés
dès qu'on a mieux à faire, et repris dans les
moments perdus.

Ensuite, au point de vue des auteurs. Très
lucratif, le genre. Ces fantaisies paraissent dans
un journal, qui les paie leur prix, et générale-
ment davantage. Lorsque le dialoguiste en a ainsi
pondu une dizaine, il les réunit en volume : ci,
pour les bons faiseurs, quinze ou vingt éditions.
Aussi facile d'ailleurs que lucratif. Cela ne de-

mande ni invention, puisque le dialogue n'a
vraiment pas de « sujet », ni composition, puisque les personnages y parlent à bâtons rompus,
ni style, puisque le langage de « la haute », est,
paraît-il, un affreux charabia. On fait une scène
dans sa matinée, sans se lever de bien bonne
heure. Il n'y faut qu'un peu d'esprit et de bagout.
Encore pas trop ; pas plus, en tout cas, que n'en
ont les mondains.

Je veux faire l'apologie de ce genre amusant
et sans prétention. Je veux dire en quoi il est
supérieur soit au théâtre, soit au roman.

Dans un roman, il y a vraiment trop de descriptions et de commentaires. Ce n'est plus aux
personnages que nous avons affaire, c'est à l'auteur. Sous prétexte de roman, il vous sert toutes
les tartines du commissaire-priseur et du psychologue.

Vous me direz que les descriptions de Balzac
sont très caractéristiques : d'accord ; que celles
de Flaubert sont très artistiques : à la bonne
heure. Mais avouez aussi que ça traîne joliment.
Et les analyses d'états d'âme ? Y a-t-il rien de
plus fastidieux ? Paul Bourget me fait aimer Gyp.
« Ohé ! les psychologues ! » comme elle dit ; ou
« N'en faut plus ! » comme disent ses héros.
Voyons, de bonne foi, qu'est-ce qu'on lit dans un
roman ? Je parie que vous sautez tout ce qui n'est
pas dialogué. Eh bien alors !

Quant au théâtre, là surtout triomphe l'art,
c'est-à-dire la convention, ou encore le métier.
Une pièce de théâtre, les conditions du genre

l'exigent, doit se soumettre à des règles spéciales dans le développement du sujet et la mise en scène des personnages. Mieux elle est agencée, plus elle altère la nature : par idéalisation, en exagérant toutes les données ; par abstraction, en éliminant d'une part les faits qui ne rentrent pas dans un cadre fixé d'avance et de l'autre les traits qui ne concourent pas à exprimer des caractères typiques.

La « composition », voilà le tout d'une œuvre de théâtre. Lorsque Racine avait combiné le plan de ses tragédies, il les regardait comme faites. Mais qu'est-ce que la composition ? Ne consiste-t-elle pas à mutiler la nature ? Il y a entre la nature et l'art un antagonisme manifeste. En matière philosophique, tout système n'établit une vérité qu'en méconnaissant les autres. Du reste, elle est déjà faussée par sa violence et par sa raideur, car, hors des brutales mathématiques, ce qui est vrai, c'est ce qui est relatif, mobile, nuancé, ce qui fait une juste part aux vérités contraires. Pareillement, en matière littéraire, l'art s'assujettit la nature en lui faisant violence, et l'on pourrait dire que l'agencement d'une pièce de théâtre est quelque chose de purement factice comme celui d'un système de philosophie. Votre logique même témoigne de l'arbitraire. J'y sens la volonté de l'auteur, son parti pris. Il y a dans la nature plus de liberté ; il y a aussi plus d'accidents, de détails, plus de choses accessoires, ou, peut-être, insignifiantes en apparence, il y a des préparations plus lentes, des développements plus étendus, des rapports plus subtils, des combinaisons plus secrètes, des intrigues compliquées de plus de fils. Rien n'y commence, rien n'y finit. Elle est une immense « action » dans laquelle tout se tient et se continue. Et c'est de quoi justement les dialoguistes semblent avoir tenu compte. La forme même de leur genre écarte les artifices. Vous croyez qu'ils ont choisi ce genre par incapacité d'ordonner une vaste composition ? Détrompez-vous. Certains d'entre eux, M. Donnay, par exemple, et M. Lavedan, ont fait aussi des pièces de théâtre. Elles n'ont pas beaucoup plus de cohésion que leurs dialogues. Elles ne sont guère — rappelez-vous *Amants* et *Viveurs* — que des « dialogues » juxtaposés.

Si, de l'action, nous passons aux personnages, je pourrais répéter d'abord, en des termes analogues, ce qui vient d'être dit pour le développement du sujet. Mais il y a autre chose. L'identité permanente des caractères est, vous le savez, une conception illusoire. Ne l'attribuons même pas aux classiques. Horace et Boileau, il est vrai, recommandent que les personnages dramatiques demeurent semblables à eux-mêmes depuis l'exposition jusqu'au dénouement : *Servetur ad imum*, etc. Mais songeons aussi que la tragédie ne dure pas plus de vingt-quatre heures. Si l'on compte sept heures de sommeil (d'après l'École de Montpellier, je crois), il n'en reste plus que dix-sept de veille, ce qui est bien court, en effet, pour comporter la transformation d'un personnage. En tout cas, les caractères étant éminemment va-

riables, ainsi que nous l'apprend la plus moderne
psychologie, il s'ensuit que le dialogue a sur la
pièce de théâtre une incontestable supériorité.
L'auteur dramatique est obligé de soutenir,
comme on dit, ses caractères. Mais chaque personnage renfermant une foule de personnages
divers qui se succèdent les uns aux autres, rac-
corder celui d'aujourd'hui et celui d'hier, c'est
substituer à la nature un art imposteur. Il n'y a
de vrai que le personnage de l'instant. Or, qu'est-
ce qu'un dialogue, sinon une sorte d' « instan-
tané » ?

Aucune convention, la réalité toute pure. De
même que, dans la cité de leurs rêves, les socialistes ont un moyen bien simple de supprimer
le vol, et c'est en supprimant d'abord la propriété,
de même le dialogue, pour se débarrasser des conventions, n'avait qu'à abolir l'art. Il est, de tous
les genres, le plus conforme à la nature, le plus
en accord avec l'évolution littéraire de notre temps ;
et peut-être ceux qui, à quelque école qu'ils appartiennent, naturalistes, romantiques ou classiques,
rappellent, depuis trois cents ans, l'art à la vérité,
non seulement M. Zola dans ses « Campagnes »,
mais Victor Hugo dans sa préface de *Cromwell*, et,
plus haut encore, Nicolas, dans son *Art poétique*,
n'ont-ils, sans le savoir, travaillé qu'à son avène-
ment.

XIII

Anatole France

A propos de son *Histoire contemporaine.*

XIII. — ANATOLE FRANCE

A propos de son « Histoire contemporaine »

I

Jusqu'à ces dernières années, M. Anatole France avait paru médiocrement curieux du spectacle des choses présentes. On eût dit qu'il passait sa vie au milieu des livres. Comme Sylvestre Bonnard, il cherchait dans les bibliothèques ce que les érudits n'y trouvent pas : la poésie discrète et mélancolique des figures lointaines. Il demandait aux anciens temps le sujet de ses contes, persuadé que les plus belles histoires sont aussi les plus vieilles. La réalité contemporaine lui semblait ingrate et vulgaire. Il se disait que Daphnis et Chloé ressembleraient aux jeunes polissons et aux petites filles vicieuses de nos villes, si le Grec subtil qui retraça leurs jeux n'avait donné pour cadre à son idylle un bois aimé des Nymphes.

Ce n'est pas que M. France se désintéressât de son temps. Il retrouvait aux âges antiques les désirs, les troubles, les rêves de l'âge présent. Dans les *Noces corinthiennes*, Hippias et Daphné symbolisaient l'âme de notre génération, à la fois natu-

raliste et mystique ; *Thaïs* et *Balthasar* s'inspi-
raient d'un christianisme tout moderne, de ce
christianisme érudit et sentimental, sceptique et
pieux, naïf et raffiné, qui est la religion d'un siècle
finissant. Aussi bien, quelque détour qu'il prit,
M. A. France ne faisait guère que se peindre lui-
même ; les personnages auxquels il prêtait la vie
avaient d'abord vécu dans son intelligence et dans
son cœur, où se reflètent toutes les idées, toutes
les émotions qui sollicitent notre cœur et notre
intelligence.

L'abbé Coignard est déjà bien près de nous. La
captieuse ironie du bon théologien s'amuse à tourner en dérision notre morale privée et publique.
Dans la *Rôtisserie de la reine Pédauque*, son thème
favori est d'opposer à la vertu, d'où procède un
orgueil satanique, la sainteté chrétienne, qu'entretient en nous le sentiment renouvelé sans cesse de
notre abjection, et qui dès lors a pour matière tous
les vices de la chair et de l'esprit, modelés en figure
de pénitence. Dans les *Opinions de M. Jérôme Coignard*, sa dialectique, véritable moquerie de la
raison et de la sagesse humaines, s'attache directement à toutes les questions qui intéressent
l'ordre social, et nous reporte chaque fois, par des
allusions transparentes, vers les hommes ou les
choses de notre temps. Le *Panama*, Jules Ferry,
M. Henri Rochefort, le Conseil municipal de Paris,
les élections de l'Académie française, la Ligue
contre la licence des rues, il n'est pas un sujet
d' « actualité » sur lequel l'abbé Coignard n'exerce
cette dialectique et insidieuse benoîte.

II

Là même, M. France racontait les aventures de son esprit. S'il se transportait avec Jérôme Coignard au temps de Jacques le fataliste et de Candide, l'ironie en avait sans doute, par ce biais, une grâce de plus; mais il écartait ainsi les images sensibles que revêt sous nos yeux la vie contemporaine, pour appliquer son analyse au jeu des idées. Sans parler des histoires fantasques, *Jocaste*, par exemple, et le *Chat maigre*, qui remontent à ses débuts, le *Lys rouge* fut le premier livre dans lequel M. Anatole France peignit la réalité présente. C'était aussi son premier roman, le seul de tous ses ouvrages qui puisse justement porter ce titre. Nous n'avions plus là un recueil de contes et de légendes, comme *Balthasar* et l'*Étui de nacre*, ni des impressions et souvenirs d'enfance, comme le *Livre de mon ami*, ni, comme dans le *Crime de Sylvestre Bonnard*, une légère anecdote servant de prétexte à tracer la débonnaire et malicieuse figure de quelque vieil érudit, ni enfin, comme dans la *Rôtisserie de la reine Pédauque*, un enchevêtrement d'aventures bizarres, disposées avec art pour suggérer à un nouveau Pangloss, à un Pangloss qui aurait connu Renan, les moralités où se complaît son artificieux génie. Bien des lectrices, que charmait l'art délicat de M. France, s'étaient plaintes qu'il les dépaysât, peut-être aussi qu'il répandît sur tout une ironie décevante. A leur prière, il fit le *Lys rouge*. C'est un roman moderne. C'est aussi le roman d'une passion tragique. M. France y représente l'amour comme un ascétisme profane, aussi rude que l'ascétisme religieux. Pour l'héroïne du *Lys rouge*, l'amour n'est pas la parure brillante et frivole d'une mondaine, il est vraiment un cilice dont les pointes entrent dans sa chair.

On se rappelle le sujet du livre. Femme d'un député correct et froid, qui ne fut jamais à ses yeux que l'époux légal, Thérèse Martin-Bellème a pris un amant, Robert Le Ménil. Celui-ci lui rend l'existence assez tolérable. Thérèse vit sans joie aiguë et sans tristesse, ayant pour Le Ménil un goût paisible, heureuse en somme, et se disant, si parfois lui reviennent au cœur des rêves de jeunesse, que les extases et les ravissements de la passion ont été inventés par des romanciers qui ne connaissaient pas le monde. Quand le sculpteur Jacques Dechartre lui révèle le véritable amour, elle sent l'inanité de ce qui avait été jusque-là sa vie, elle sent aussi de quels sacrifices, de quels désespoirs cet amour fait payer ses ivresses. « C'est la première fois qu'on m'aime et que j'aime vraiment, dit-elle à Jacques qui la voit pleurer. J'ai peur! » Jacques ne tarde pas à soupçonner le passé de Thérèse ; et, quand une indiscrétion l'a mis au courant, sa jalousie s'exaspère au point que, même ayant la jeune femme entre ses bras, il la voit toujours entre les bras de l'autre. En vain Thérèse proteste que Le Ménil n'a jamais compté dans sa vie : il ne la croit pas, il ne peut la croire. « Alors, c'est fini! » murmure-t-elle. C'est fini, et le livre n'a pas d'autre dénouement. Enveloppé par sa maîtresse de baisers et de sanglots, Jacques, un instant, oublie tout, la prend, la presse sur sa poitrine avec une morne frénésie. Mais, brusquement, il s'arrache d'elle : l'image du premier amant vient de lui apparaître et glace jusqu'à son désir. « Pourquoi vous ai-je connue? » dit-il. — « Moi, répond-elle dans ses larmes, je ne regrette pas de vous avoir connu... J'en meurs et je ne regrette pas. J'ai aimé. »

Quelques éloges que dussent mériter à M. A. France la délicatesse, et même, à certains endroits, la vigueur et le pathétique avec lesquels il traitait, pour la première fois, un sujet proprement « romanesque », ce qu'il y avait de plus remarquable dans le *Lys rouge* était peut-être ce qui ne faisait pas partie intégrante du roman. On y trouve à chaque pas des hors-d'œuvre, des scènes adventices, des conversations où l'auteur suit sa pente naturelle, qui est de moraliser. Nous nous intéressons moins, si j'ose le dire, à la suite du récit, sans cesse interrompu, qu'aux diversions dont il s'égaye chemin faisant. C'est dans ces épisodes que M. France se montre vraiment supérieur; mais nous serions tentés de les reprocher au romancier, si l'humoriste ne nous tenait sous le charme.

Certains personnages traduisent, chacun à sa manière, le « moi » complexe de l'écrivain. Deux surtout, Paul Vence et Choulette. Homme de lettres, auteur de beaux essais sur les arts et sur les mœurs, Paul Vence est le seul homme « tout à fait intelligent » que reçoive Thérèse. M. France lui

a prêté sa philosophie ironique et désabusée. Il y
a de ce subtil analyste un petit morceau sur Napoléon pour lequel on donnerait sans trop de regret
tout ce qui fait le « roman ». Quant au poète Choulette, bohème à la fois candide et vicieux, moitié
saint, moitié satyre, qui rachète par la ferveur
d'une foi naïve les péchés où le font choir trop
souvent sa sensualité violente et son inconscience
tout enfantine, nous reconnaissons en lui un type
de prédilection que M. France varie d'aspect, de
figure et de costume, mais qui se retrouve dans
presque tous ses ouvrages. Choulette nous fait
songer par certains traits à M. Sylvestre Bonnard,
soit dit sans offenser une aussi digne mémoire ; il
a la bonhomie narquoise du vieux membre de
l'Institut et sa grâce de langage ample et flottante.
Mais il nous rappelle surtout l'excellent abbé de
la *Rôtisserie*. Dans la bouche de ce doux anarchiste,
l'auteur a mis ses propos les plus subversifs, qui
prennent ainsi un air d'innocence. Héros ou fan-
toches de l'adultère, Thérèse et Dechartre sont
les personnages actifs, les personnages vraiment
romanesques du livre ; Choulette, qui n'a guère
d'autre rôle dans l'action que de l'interrompre par
ses boutades, n'en reste pas moins la figure la plus
originale et la plus expressive du *Lys rouge*.

III

Aussi bien le *Lys rouge* est l'œuvre, non pas
d'un romancier, mais d'un poète, d'un virtuose et
d'un philosophe. Il y a des qualités du romancier
qui font défaut à M. France. J'avouerai que, par

là, M. France me paraît fort au dessous des maîtres du genre, je veux dire de nos plus habiles
faiseurs. Qu'est-ce donc qui lui manque? L'invention, d'abord; ce moraliste trouve dans la vie
moyenne une assez riche matière à son esprit
méditatif. Les figures les plus ordinaires, les événements les plus simples lui suffisent. Si parfois
il imagine complaisamment des histoires baroques
ou même saugrenues, ce n'est qu'un caprice humo-
ristique; à la rigueur, il n'a besoin, pour écrire
un chef-d'œuvre, ni d'autres aventures que celles
de son âme, ni d'autres personnages que les diverses formes de son « moi. » Ensuite, la logique :
M. France trouve cette logique inélégante et sèche;
il ne se refuse aucun détour, aucun retour qui le
tente; il laisse à son allure une liberté facile et
souple; il n'a pas l'air d'exécuter une tâche, de
viser un but, mais d'écrire par fantaisie, sans autre
objet que son plaisir. Enfin, ce qui lui manque,
c'est je ne sais quelle ferveur et quelle candeur.
Il ne croit pas à ses propres inventions. Il assiste
au spectacle que lui-même se donne avec une
curiosité détachée et nonchalante. Capable de
bienveillance, voire de sympathie, sa sympathie
n'est, le plus souvent, que la forme la plus adoucie de son dédain. Il se tient au-dessus des passions comme au-dessus des préjugés. Les hommes
ne sont à ses yeux que des marionnettes. Il les
regarde se démener. Leurs gestes lui paraissent
fort gauches et leurs agitations fort vaines. Tout
ce qu'il leur accorde, c'est un sourire de condes-
cendante pitié.

Aucun titre officiel et bien défini ne convient à M. France. Il n'a jamais ambitionné celui de critique ; je ne pense pas qu'il tienne davantage à celui de romancier. « Qu'on ne dise de lui ni : Il est mathématicien, ni prédicateur, ni éloquent ; mais : Il est honnête homme. » L'auteur du *Lys rouge* est un « honnête homme » qui ne veut pas d'enseigne. Cet honnête homme a montré qu'il était capable d'écrire un roman, un roman moderne et mondain, ni plus ni moins que M. Paul Bourget ou M. Marcel Prévost. Mais gardons-nous de lui mettre l'enseigne de romancier. Un honnête homme ne se pique de rien. Il ne se spécialise pas, il n'exerce point de métier. Être universel, voilà sa marque. Le romancier fabrique des romans, le critique a pour profession de juger et de classer ; mais l'honnête homme laisse aller son esprit à l'aventure et ne le fixe dans aucun genre. Ce sont les pédants qui vous disent : « Monsieur, je fais des livres. » Il n'en fait point ; ses livres se font d'eux-mêmes sans qu'il s'y évertue, sans qu'il y prenne garde.

IV

Dans les deux derniers volumes de M. France, nous retrouvons, dégagé de tout cadre particulier, l'honnête homme qui ne veut rien avoir d'un auteur et pour lequel ce n'est pas un métier que d'écrire un livre. À vrai dire, ni l'un ni l'autre, l'*Orme du Mail* surtout, ne paraissent avoir de sujet précis. Cet orme qui donne au premier son titre, abrite tout simplement de son ombre un banc de la promenade sur lequel va s'asseoir M. Bergeret, maître de conférences à la Faculté des lettres, pour répandre en savoureux propos sa philosophie aimable et perverse. Si l'*Orme du Mail* avait un sujet, ce serait la compétition de M. Lantaigne, supérieur du grand séminaire, et de M. Guitrel, professeur d'éloquence sacrée, tous deux candidats au siège épiscopal de Tourcoing. Du reste, elle n'y tient que peu de place, et, quand le livre finit, nous ne sommes guère plus avancés qu'au début. Il est vrai que la rivalité des deux prêtres se poursuit dans le *Mannequin d'osier*. Mais on se borne à nous la rappeler de loin en loin ; sur l'action de l'*Orme*, laissée en suspens, se greffe une autre action, qui est la mésaventure conjugale du maître de conférences. M. Bergeret, quand il constate *de visu* que Mme Bergeret le trompe avec son meilleur élève, M. Roux, de Bordeaux, a d'abord envie de la tuer ; il jette du moins par la fenêtre, en un de ces mouvements de colère que le plus sage des hommes ne réprime pas toujours, le mannequin sur lequel elle taillait ses robes, ce mannequin d'osier qui, relégué dans le cabinet de l'universitaire, offusque depuis vingt ans ses regards, figurant les tracas du ménage, les aigres récriminations de l'épouse, les vulgarités d'une existence étroite et mesquine. Peu à peu, le digne homme se rassérène. Quatre-vingt-dix minutes, montre en main, après la trahison, il en est à se reprocher qu'un événement si peu singulier ait pu troubler la tranquillité de son

âme; et même, entrevoyant la délivrance, il se
promet de mettre à profit ce que de moins philosophes appelleraient leur infortune pour se
débarrasser de Mme Bergeret en lui rendant
intenable la maison où trônait hier encore son
épaisse majesté. Dès lors, M. Bergeret, avec la
plus admirable constance, s'applique à tenir sa
femme pour étrangère et non avenue, la réduit
à un pur néant, fait semblant de ne pas voir, de
ne pas entendre cette créature injurieuse et
commune; et Mme Bergeret, qui souffre de ne plus
être la maîtresse du logis, de ne plus compter
pour une personne, même pour une chose, qui
sent le vide se faire en elle, finit, après quelques
tentatives de réconciliation, auxquelles il se contente d'opposer un silence inexpugnable, par se
retirer chez sa mère, laissant la paix et l'espoir
d'une nouvelle vie au subtil maître de conférences, qui la regarde partir avec un sourire
d'intime satisfaction.

Dans le *Mannequin d'osier*, il y a du moins une
« fable ». Mais elle ne se développe qu'à travers
une foule de digressions. Ce sont, à tout propos,
entretiens, moralités ingénieuses, disputes. Nous
retrouvons là l'orme du Mail; nous y retrouvons
encore la boutique du libraire Paillot, qui donne
toujours à M. Bergeret et à ses interlocuteurs la
même hospitalité docte, polie, académique. Aussi
ce livre n'est-il pas plus que l'autre un juste
roman. La meilleure partie en passerait fort bien
dans le *Jardin d'Epicure* ou dans les *Opinions de
M. Jérôme Coignard*.

V

Pourtant, M. Anatole France n'est pas seulement un moraliste, mais un peintre. Il emprunte ici son cadre et ses personnages au milieu contemporain, à la vie provinciale. Ce n'est plus la Grèce ou l'Italie, ce ne sont plus les brillants décors du « monde » parisien; c'est une petite ville laide et vulgaire. Dans le tableau que nous en fait M. France, il y a un mélange exquis du réalisme le plus expressif et de l'art le plus délicat. Qu'on relise, par exemple, cette description d'une boucherie. « Elle était grillée comme une cage de lions. Au fond, contre la planche à débiter la viande, le boucher, sous des quartiers de mouton pendus à des crocs, sommeillait. Il avait commencé de travailler au petit jour et la fatigue amollissait ses membres vigoureux. Les bras nus et croisés, son fusil encore pendant à son côté, les jambes écartées sous le tablier blanc, taché de sang rose, il balançait lentement la tête. Sa face rouge étincelait et les veines de son cou se gonflaient sous le col rabattu de sa chemise. Il respirait la force tranquille. Le boucher Lafolie sommeillait. Près de lui sommeillait son fils, grand et fort comme lui, et les joues ardentes. Le garçon de boucherie dormait la tête dans ses mains sur le marbre de l'étal, ses cheveux répandus parmi les viandes découpées. Dans une cage de verre, à l'entrée de la boutique, se tenait droite, les yeux lourds, gagnée aussi par le sommeil, Mme Lafolie, grasse, la poitrine énorme, la

chair tout imbibée du sang des animaux. Cette
famille avait un air de force brutale et souveraine,
un aspect de royauté barbare ». Comparez à ce
tableau ceux de nos modernes réalistes. Il n'est
pas d'un rendu moins intense, comme ils disent,
mais dans la justesse précise et crue des détails,
il conserve une élégance toute classique. Jusqu'en
décrivant une boutique de boucher, l'auteur, je
ne crains pas de le dire, se révèle le familier des
Muses et des Grâces.

Les figures que M. France met en scène sont
d'une réalité bien vivante. Pas une qu'il n'ait
marquée de traits caractéristiques, ne fit-elle que
passer sous nos yeux. Dans l'*Orme du Mail*, l'abbé
de Lalonde, ce « petit vieillard agile à la face de
brique usée, tout émiettée, dans laquelle s'en-
châssent, comme deux joyaux, deux yeux bleus
d'enfant » ; l'ancien premier président Cassagnol,
soit quand il fait sa promenade quotidienne,
« droit et ferme à quatre-vingt six ans, portant
haut une tête desséchée et blanche », soit quand
il va s'asseoir chez Paillot, « l'échine plus raide
que le dossier de son siège, sa canne à pomme
d'argent tremblant sous sa main entre ses cuisses
creuses » ; la générale Cartier de Chalmot « éta-
lant dans sa robe de chambre grise l'ample majesté
des maternités anciennes », avec « son éclatante
face à moustaches sur laquelle reluit l'orgueil de
la matrone, et ses larges mouvements qui expriment à la fois l'agilité d'une ménagère rompue
au travail et l'aisance d'une femme accoutumée
aux hommages officiels ». Dans le *Mannequin*

d'osier, cette admirable figure du chemineau que
M. Bergeret, vaguant par les champs, rencontre
au bord de la route, adossé contre le revers d'un
talus, — sorte de sauvage qui se distingue à
peine des choses environnantes et dont le visage,
la barbe et les haillons ont la teinte de la pierre
et des feuilles mortes. Non moins admirable, la
servante de Mme Bergeret. Voyez-la, tout au
début, lorsqu'elle entre dans le cabinet de travail
où le maître de conférences explique à M. Roux
le néant de la gloire et la vanité des pompes mili-
taires : « Une fille parut, roussotte, louchon, sans
front, et dont la robuste laideur, trempée de jeunesse et de force, reluisait. Ses joues rondes et
ses bras nus avaient l'éclat du vermillon triomphal. Elle se campa devant M. Bergeret, et, bran-
dissant la pelle au charbon, cria : « Je m'en vas! »
Nous la retrouvons plus loin, quand, à une nouvelle menace qu'elle a faite de quitter la maison,
M. Bergeret, qui a son idée, lui donne congé
d'une voix tranquille. « La jeune Euphémie ne
répondit que par un cri bestial et touchant. Elle
resta durant une minute sans mouvement. Puis
elle regagna stupide, désolée et douloureuse, sa
cuisine, revit les casseroles bossuées, comme des
armures aux batailles, entre ses mains vaillantes;
la chaise dont le siège était dépaillé sans inconvénient, car la pauvre fille ne s'y asseyait guère;
la fontaine, dont l'eau, maintes fois, s'échappant
la nuit, par le robinet laissé grand ouvert, inon-
dait la maison; l'évier au tuyau perpétuellement
engorgé; la table entaillée par le hachoir, le

tuyau de fonte tout mâché par la flamme.... Et,
parmi ces monuments de sa dure vie, elle pleura. »
Je voudrais citer encore la scène des adieux, qui
est un chef-d'œuvre de vérité sentie. M. France a
toujours excellé à peindre les simples, les incons-
cients. Dans cette scène, dans celle du chemineau,
il n'y a point d'ironie. Là, du moins, on sent une
sincère émotion.

VI

Quant aux principaux personnages, ils sont
mieux qu'esquissés. M. France donne à chacun
sa physionomie propre comme son caractère, et
nous avons là une véritable galerie de portraits,
un peu secs, peut-être, en tout cas d'un dessin net
et vigoureux. Mais, si ces personnages nous intéressent pour eux-mêmes, nul doute que l'auteur
ne leur prête une valeur typique. Par là s'explique
le sous-titre d' « histoire contemporaine ».

Voici le préfet Worms-Clavelin. Témoignant à
chaque ministère un zèle assez habilement me-
suré pour ne pas indisposer le ministère futur, il
sait aussi, dans son département, ménager tous
les partis, garder la confiance des radicaux en se
conciliant les ralliés, qu'il favorise sous main, et
l'Église elle-même, qui sait gré à ce juif d'avoir fait
baptiser sa fille. La bonne humeur de M. Worms-
Clavelin sauve ses manières incongrues et l'imper-
tinente jovialité de ses propos. Comme, au temps
d'une jeunesse besogneuse, il a souvent bu des
bocks en compagnie de chimistes politiciens, il se
croit positiviste et fait volontiers profession de

l'être. Ce positivisme de brasserie ne lui sert, d'ailleurs, qu'à parer d'un bel aspect scientifique ses intrigues et ses expédients. Les affaires de corruption sans cesse étouffées et toujours renaissantes ont imprimé dans son âme un profond sentiment d'indulgence. Heureux et souriant, il gouverne les hommes avec une facilité supérieure aux scrupules.

Voici l'abbé Guitrel, à qui ses façons obséquieuses et discrètes ont valu tout de suite les bonnes grâces de Mme Worms-Clavelin. Noémi est, il le sait, capable de faire un évêque. Aussi râfle-t-il, pour enrichir le salon de la préfecture, tous les objets d'art qui se trouvent dans les églises de campagne, à la garde de fabriciens ignorants. M. Worms-Clavelin ne l'apprécie pas moins que sa femme. Il donne au circoncis la joie orgueilleuse de le protéger. Il écoute sans sourciller ses apophtegmes de franc-maçon. Il se laisse prendre pour un prêtre libéral, pour un ami du régime. Une fois la mitre en tête et la crosse en main, le moment sera venu de résister, comme prince de l'Eglise, au gouvernement républicain, et d'anathématiser les lois scélérates.

Voici le général Cartier de Chalmot, rigide et candide, homme de devoir, excellent calligraphe. Ce n'est pas lui qui flatterait les puissants du jour. Monarchiste intransigeant, catholique irréconciliable, il vit dans une retraite silencieuse et digne. Depuis que l'âge le détourne de monter à cheval, il a mis sa division en fiches. Chacune de ces fiches lui représente un homme, officier, sous-

officier ou soldat ; et, tous les matins, il passe
quelques heures à les manier, contentant, par la
perfection de manœuvres en chambre, l'instinct
de régularité qui fait de lui un de nos plus estimés
divisionnaires.

Voici, enfin, M. le sénateur Laprat-Teulet.
Depuis vingt-cinq ans, il est le chef de l'oppor-
tunisme dans le département. La République l'a
comblé de tous les honneurs qu'elle accorde à ses
plus méritants citoyens. Personne n'ignore ce
qu'il a touché dans le *Panama* ou ailleurs. Mais,
dès les premiers souffles de la tempête, ce sage a
librement renoncé aux grandes affaires. Son ardeur
s'est apaisée. Maintenant les ralliés eux-mêmes
révèrent en lui une âme vraiment conservatrice.
Il est devenu le champion courageux de notre système fiscal. Pour défendre le capitalisme contre
les ennemis de la société, son éloquence a des
notes émues. L'âge et les travaux parlementaires
ne l'ont pas courbé. Sa longue barbe blanche lui
donne un air de sérénité majestueuse et d'auguste
douceur.

VII

Certes, M. Worms-Clavelin, l'abbé Guitrel, le
général Cartier de Chalmot, le sénateur Laprat-
Teulet, sont plus que des individus ; ils sont des
types. N'attribuons pourtant pas à M. France une
intention qui, je crois bien, le ferait sourire. Certains veulent voir dans son « histoire contemporaine » la satire de la troisième république.
Soyons sûrs que les personnages de l'*Orme* et du

Mannequin, tout en appartenant à notre milieu, ont une signification beaucoup plus générale. Ces deux livres ne sont pas l'œuvre d'un satirique, mais d'un philosophe. L'auteur donne le costume de son temps à la sottise et à la méchanceté humaines, qui sont éternelles. Il y a toujours eu, sous d'autres noms, des préfets aussi libres de préjugés que M. Worms-Clavelin, des prêtres aussi intrigants que M. Guitrel, des généraux aussi ingénus que M. Cartier de Chalmot, des politiciens aussi tarés que M. Laprat-Teulet. Ne faisons pas de M. Anatole France un « réac ». Pas plus que son héros, il n'est homme à se rogner l'esprit pour entrer dans un compartiment politicien politique. « Je ne me soucie pas de vos disputes, dit M. Bergeret, en secouant la tête, parce que j'en sens l'inanité. »

Aussi, quelque intérêt que puisse avoir, dans l'*Orme* et dans le *Mannequin*, la peinture des diverses classes de notre société, figurées chacune par un exemplaire plus ou moins représentatif, il faut en demander le sens le plus profond à la philosophie de M. France, à ce pessimisme aimable et clément dont M. Bergeret se fait ici l'interprète.

VIII

M. Bergeret n'apparaît dans l'*Orme du Mail* que vers la centième page. Mais dès son apparition, nous sentons qu'il est le principal personnage, nous reconnaissons en lui le type cher entre tous à l'auteur. De Sylvestre Bonnard, il a la mansué-tude, l'aménité de langage, et, parfois, la déli-

cieuse pédanterie. Il a beaucoup plus de Choulette, et surtout de l'abbé Jérôme. A vrai dire,
M. Coignard était un homme religieux, tandis
que M. Bergeret n'est qu'un abominable voltai-
rien. Mais, solidement retranché dans son ortho-
doxie jalouse, il ne s'en trouvait que plus à l'aise
pour dénoncer la vanité des opinions humaines,
et sa foi, supérieure à toute discipline, n'était pas
moins subversive que l'incrédulité raffinée de
M. Bergeret. Dès qu'il en avait le loisir, M. Coignard allait s'asseoir dans la boutique du libraire
Blaizot : quand M. Bergeret, dans celle du libraire
Paillot, devise sur la politique ou sur la morale,
nous croirions plus d'une fois entendre le maître
de Tournebroche.

Timide et gauche devant les personnes, M. Bergeret prend sa revanche dans le domaine des idées.
Son scepticisme n'épargne rien. La salle humide
et malsaine où il enseigne les beautés de la littérature latine frémit encore de ses hérésies philo-
logiques. L'État l'a chargé d'expliquer l'*Énéide*:
il scandalise l'auditoire par une critique dissol-
vante. Ne l'a-t-on pas entendu déclarer avec son
assurance placide que la gloire de Virgile repose
sur deux contresens, un non-sens et un coq-à-
l'âne? Mais il est plus dangereux encore sous
l'orme du mail ou chez Paillot. Là, M. Bergeret
prend un malin plaisir à ruiner tous les fonde-
ments de l'ordre social. Ce n'est pas seulement le
régime actuel dont il dévoile les vices. Il ne fait
pas le procès de nos lois, de nos institutions et de
nos mœurs en les comparant avec un idéal de jus-

tice et de vertu. Sa sophistique retorse mine toute
morale. Il se délecte visiblement à ravaler l'humanité. M. le recteur Leterrier et M. le doyen Tor-
quet ont tort sans doute de ne pas apprécier comme
il le mérite son délicat et profond génie, mais je
ne suis pas étonné qu'ils aient relégué son cours
dans une sorte de caveau.

Quand M. Bergeret a surpris Mme Bergeret aux
bras de M. Roux, il se fortifie, après quelques
minutes de trouble, dans sa conviction que nous
sommes des singes habillés, que nous appliquons
gravement des idées d'honneur et de moralité à
des endroits où elles sont ridicules, et enfin que
ledit M. Roux et ladite Mme Bergeret sont aussi
indignes de louange et de blâme qu'un couple de
gorilles. Par là s'explique toute sa philosophie, je
ne veux pas dire la philosophie pratique du mari
trompé, mais le « nihilisme » transcendant du
spéculatif. M. Bergeret incline à croire que la vie,
sur notre planète, est un produit morbide, une
sorte de lèpre, quelque chose enfin de dégoûtant.
Cette idée lui sourit. Il imagine volontiers le globe
terrestre sous l'aspect d'une petite boule, qui,
tournant gauchement autour d'un soleil déjà pâle,
nous porte comme une vermine sur sa surface
moisie. Il se complaît à voir dans l'homme un être
incurablement mauvais, une bête lubrique et féroce.

IX

J'ignore si M. France partage toutes les opinions
de M. Bergeret. Il faut sans doute faire une part à
la fantaisie. Mais il est assurément du même avis

sur le fond des choses. Sa sagesse s'inspira souvent
d'un mépris paisible pour l'humanité.

A ceux qui l'accuseraient d'être lui-même un
maître de cynisme, je sais ce qu'il pourrait répondre. Le mépris, dirait-il, est le sentiment le plus
humain que mes frères puissent m'inspirer. Ils
préféreraient être haïs, mais ils ne le méritent
pas. Ce mépris que je leur témoigne n'a rien
d'amer ou de chagrin : une âme élégante ne connaît pas la haine. Que l'homme s'apprécie justement. Le plus grand service qu'on puisse lui
rendre, c'est de le rappeler à son ignominie naturelle, afin qu'il y proportionne l'idée de son
bonheur. Toutes nos misères ont pour cause
l'orgueil. Nous nous croyons forts pour le mal et
pour le bien. Là est la source des maux qui affligent
le monde. La charité du vrai philosophe lui fait
un devoir de mépriser ses semblables, de les
humilier dans leur science, dans leur vertu, dans
leurs institutions, de rabaisser toutes les idées
par lesquelles ils érigent leur gloire et leurs honneurs au détriment de leur repos, en leur montrant que l'imbécillité humaine n'a rien imaginé
ni construit qui vaille la peine d'être défendu ou
qui mérite d'être attaqué. Ainsi, connaissant le
vide de tout savoir, le néant de tout effort, la
vanité de toute œuvre, ils mèneraient doucement
leur vie éphémère, et, s'ils ne sont que des gorilles, ils pourraient être au moins des gorilles
heureux.

Mais quelle folie de croire qu'on les guérira !
Ils tourneront éternellement dans le cercle des

mêmes erreurs et des mêmes misères, pour n'avoir pas su se mépriser. Le sage les considère de haut avec un dédain indulgent. Dépris de leurs chimères, il est étranger à leurs passions. Il garde une âme tranquille et souriante. Toujours aisé, toujours libre, toujours supérieur, il n'est sujet ni à la colère, qui grimace, ni à l'étonnement, qui baye, ni à l'indignation, qui s'exclame, ni à l'enthousiasme, qui se traduit par une rhétorique ampoulée et grossière. Il ne prend rien à cœur. Il ne fait aucune différence entre ce qu'on appelle l'erreur et ce que l'on décore du nom de vérité. Tout n'est à ses yeux qu'apparence, illusion, duperie de la raison ou des sens. Tout ne lui sert qu'à l'amusement de son esprit. Il promène par le monde une ironie délicate, sans se soucier des anathèmes que fulminent les tartufes ou des pavés que lancent les cuistres.

X

Nulle part je n'ai mieux goûté que dans l'*Orme* et le *Mannequin* l'exquis talent de M. Anatole France. Dirai-je que sa sagesse était naguère moins sèche? L'ironie lui rendait la vie aimable, mais la pitié la lui rendait sacrée. « C'est par la pitié, disait-il, qu'on demeure vraiment homme ». La terre, grain de sable dans le désert infini des mondes, lui semblait plus grande que tout le reste de l'univers, si elle était le seul lieu où l'on souffrît. Il montrait les faiblesses et les erreurs humaines, mais se consolait du mal en se disant que le mal est indispensable au bien. Il prêchait

la résignation, mais faisait de l'espérance la vertu
d'une âme noble. Il admirait la sérénité des philosophes, mais trouvait l'inquiétude plus généreuse.
Il aimait à dire que si les vérités découvertes par
l'intelligence demeurent stériles, le cœur est
capable de féconder ses rêves. Il retrouvait par le
sentiment les vertus que dissout l'analyse.

Même ne possédant pas, comme M. le recteur
Leterrier, les certitudes officielles, j'oserai, s'il y
a là quelque courage, avouer que M. Bergeret me
semble, à moi aussi, un homme des plus dangereux. L'humanité compte toujours assez de violents,
assez de sectaires, et des livres tels que l'*Orme*
et le *Mannequin* me semblent les plus propres du
monde à guérir du fanatisme. Mais, si nous nous
laissions séduire à la dialectique artificieuse que
M. France enveloppe des grâces inimitables de sa
diction, ces livres auraient pour effet d'éteindre
en notre cœur toute vertu active. Nous montrer
notre misère et notre faiblesse, rien de plus salutaire. Rien de plus pernicieux quand on ne nous
montre pas aussitôt ce qui fait notre valeur et notre
dignité. « Que l'homme se haïsse », disait Pascal ;
mais il ajoutait : « Que l'homme s'aime ». Après
avoir étalé le néant de toute chose humaine, l'abbé
Coignard déclare que, s'il n'était pas persuadé des
saintes vérités de l'Église, il lui faudrait ou se
jeter dans la Seine, ou demander à Catherine la
dentellière « cette espèce d'oubli des maux de ce
monde qu'on trouve dans ses bras ». Plaignons
M. Bergeret. Il n'a pas de religion, et Mme de
Gromance, quand il fait mine de lui sourire, le

réduit, d'un regard hautain, à se traiter soi-même
de mufle...

Mais sans doute il n'y a dans tout cela qu'un
jeu d'esprit. Ne le prenez pas trop au sérieux. Ne
faites pas votre grosse voix pour dénoncer ce qu'un
jeu aussi charmant peut avoir de sacrilège et de
proprement diabolique. Ne donnez pas à M. France
le plaisir de scandaliser votre innocence et d'affliger
votre lourde vertu. L'abbé Coignard, après avoir
fondé sa philosophie sur le mépris, finissait par
exalter l'amour. « Pour servir les hommes, disait ce
saint personnage, il faut rejeter toute raison et s'é-
lever sur les ailes de l'enthousiasme ». Qui sait si
M. France n'a pas voulu nous montrer dans son
Bergeret un homme qui raisonne et qui ne vit
pas? Dès lors, il n'y a plus à l'accabler sous des
citations de Pascal. Le procédé, je l'avoue, semblerait fort oblique. Mais M. France est tout ce
qu'il y a de plus malin, et son ironie, après tout,
peut bien avoir de ces raffinements.

XIV

L' « Histoire de la Littérature française »

par M. G. LANSON

XIV. — L' « HISTOIRE DE LA LITTÉRATURE FRANÇAISE »,

par M. G. Lanson.

La *Littérature française* que vient de publier M. Lanson ne s'adresse pas seulement aux étudiants et aux écoliers, mais à quiconque lit. Vous serez peut-être effrayés à l'aspect d'un si gros volume et si rempli, qui n'a pas moins de onze cents pages et dont chaque page en vaut presque deux. Mais l'histoire, et notamment l'histoire littéraire, ne saurait être intéressante si elle se réduit à juxtaposer des documents et des formules. Comment inspirer le goût de la « littérature » en ne montrant pas avec quelque détail ce qui en fait la vie, ce qui lui donne sa signification morale et sa valeur éducative? D'ailleurs, sur les onze cents pages du volume, il y en a deux cent cinquante pour la période contemporaine. Je devais le dire parce que c'est la première fois qu'un ouvrage de ce genre fait au XIXᵉ siècle sa juste place. M. Lanson ne se croit point obligé, dès qu'il aborde notre époque, à rétrécir les proportions de son plan, à se contenter, comme ses devanciers, d'insignifiantes notices. Son dernier chapitre s'intitule : « la Littérature qui se fait »; et, dépassant les

promesses de ce titre, l'auteur veut bien terminer
par quelques pronostics sur la littérature qui va
se faire. Jusqu'à nos jours, et même un peu au
delà.

En lisant ce long ouvrage, on verra qu'il perdrait à être plus court. Après avoir félicité
M. Lanson de ce qu'il y fait entrer, félicitons-le
non moins de ce qu'il en exclut. Vous ne trouverez
dans son *Histoire* rien que d'utile et d'intéressant.
Sachant bien qu'un fait est nul par lui-même et
n'a de valeur que s'il a une signification, M. Lanson s'est refusé jusqu'aux détails biographiques,
quand ces détails, si même ils eussent prêté à son
livre une forme plus vivante, ne devaient pas con-
courir à l'explication des œuvres. Il consacrera
bien deux ou trois pages à la biographie de
Molière, car l'œuvre d'un auteur comique en
général et celle de Molière en particulier s'explique
dans une large mesure par sa vie, par ses expé-
riences personnelles et ses relations avec la société
contemporaine ; mais il commencera son chapitre
sur Corneille en disant que Corneille n'a pas de
biographie, et, après nous avoir tracé un très
court portrait de l'homme, il s'appliquera aussitôt
à caractériser le poète, sa conception du théâtre
et son idéal de l'héroïsme.

Tout en le louant d'élaguer les détails de pure curiosité ou d'érudition vaine, je me demande pourtant s'il ne s'est pas assujetti à une méthode trop
austère, non seulement s'il n'aurait pas trouvé
dans la biographie des auteurs de quoi donner à
son ouvrage plus d'animation, de couleur, de

réalité pittoresque, mais surtout s'il en a tiré
assez de parti pour l'intelligence de leurs œuvres.
Peu importe que Corneille ait déménagé de Rouen
à Paris en 1662 ; il importe beaucoup plus de préciser les influences diverses qu'il a subies, de
montrer en lui le provincial, — même après son
déménagement, — le Normand, l'avocat, le bourgeois, de suivre le développement de son génie
depuis ses premiers essais, dont il n'est question
que quatre-vingts pages plus loin, au chapitre sur
Molière, de ne pas nous présenter enfin un Corneille par trop analogue à certains héros corné-
liens, un Corneille tout d'une pièce, qui semblerait
vivre complètement en dehors du temps, et, — si
l'on ne nous disait d'un mot qu'il commença par
tâtonner, — avoir été dès la naissance en possession de ce que M. Lanson appelle sa mécanique.
M. Lanson a le tort de fixer dès le début l'attitude
de son personnage, comme s'il ne pouvait le décrire,
qu'après l'avoir immobilisé.

Quant au plan général du livre, il mérite de
grands éloges. Comparez seulement cette *Histoire*
avec les « manuels » qui l'avaient précédée.
Sans être à l'abri de toute critique, elle témoigne
d'une habileté bien supérieure dans la disposition
des matières et la suite des chapitres. Trop de
sections, peut-être. Mais on excusera plus volontiers ce défaut chez M. Lanson que, chez tel ou
tel de ses devanciers, celui de loger à la même
enseigne des auteurs aussi éloignés l'un de l'autre,
dans tous les sens du mot, que, par exemple,
Rabelais et Montaigne, ou la Rochefoucauld et

La Bruyère. Presque tous les précis antérieurs ont un chapitre où Gresset et Destouches sont bien étonnés, je pense, de se rencontrer avec Beaumarchais. C'est « La Comédie après Molière ». D'accord. Mais Émile Augier? Ne vient-il pas lui aussi après Molière? Et M. Becque? Encore plus, donc! M. Lanson ne résout pas sans doute toutes les difficultés de composition que présentait un ouvrage comme le sien, mais il n'en esquive aucune. Pas le moindre trompe-l'œil; rien de factice.

Cela ne veut pas dire, bien entendu, qu'on soit d'accord avec lui sur tous les points. Les proportions ne m'ont pas toujours paru bien observées. C'est ainsi que, dans le chapitre sur la Critique au XIXe siècle, où Sainte-Beuve a deux pages, Taine en a six. Et je ne prétends pas qu'il fallût donner moins de place à Taine; ce dont je me plains, c'est qu'on en donne si peu à Sainte-Beuve. Taine nous en impose par les théorèmes impérieux sur lesquels il carre sa doctrine; mais ces règles qu'il systématise, il n'y en a pas une que Sainte-Beuve, avant lui, n'ait appliquée à l'étude des écrivains et des œuvres avec une adresse merveilleuse, sans en étaler aux yeux le pédantesque appareil, sans assujettir le tact de l'analyste à des formules mécaniques. Or, la méthode de Taine étant après tout celle de son devancier, l'esprit de finesse y semble mieux approprié que l'esprit de géométrie. M. Lanson assure que l'œuvre de Sainte-Beuve est d'une insignifiante portée scientifique « parce qu'il n'y a pas de science de l'individu ». Voilà une assertion bien tranchante, et je ne sais trop ce qu'en penseraient les savants, ces naturalistes, par exemple, auxquels l'auteur des *Lundis* aimait à se comparer. Faut-il rappeler à M. Lanson telle phrase de sa préface : « L'histoire littéraire, déclarait-il, a pour objet la description des individualités »? Il est permis de viser plus haut; mais M. Lanson, même en oubliant cette phrase, ne prétendra pas sans doute que nous puissions atteindre à des lois générales par je ne sais quelle intuition divinatoire. Si la critique doit un jour ou l'autre, très tard, devenir une science, elle y arrivera non par des constructions géométriques, mais en faisant — comme Sainte-Beuve — avec maintes précautions, maints scrupules, des monographies délicates, sagaces et patientes.

M'excuserai-je d'insister sur un détail? Ce détail avait bien quelque importance. Quant à la composition du livre dans son ensemble, il me fait plaisir de reconnaître que M. Lanson a su en général soit combiner très heureusement l'étude des époques et celle des individualités, soit grouper avec beaucoup de tact les œuvres de même genre, et que, s'il fallait parfois, sous peine de confusion, substituer l'ordre logique, où l'arbitraire s'introduit aisément, à l'ordre chronologique, qui est la trame même de l'histoire, sa scrupuleuse loyauté répudie tout artifice, tout expédient plus ou moins spécieux, comme la délicatesse de son esprit lui fait trouver presque toujours quelque tempérament équitable. Je

20

crains seulement qu'il n'ait pas marqué avec
assez de netteté les grandes divisions de son
ouvrage, qu'il ne se soit retranché avec trop de
rigueur certains développements « qu'un historien ou un philosophe ne croirait pas pouvoir
éviter ». Autre chose sans doute est une histoire
de la littérature, autre chose une histoire des
idées ou de la civilisation. Mais je regrette qu'il
n'ait pas insisté davantage sur ces « grands cou-
rants philosophiques », qui, comme il le dit lui-
même, « déterminent les changements sociaux »,
et, par suite, l'évolution littéraire; et j'en suis
quelque peu étonné, après cette déclaration de sa
préface que la « littérature est une vulgarisation
de la philosophie ».

Rien ne doit préparer à une juste appréciation,
débarrasser l'esprit des préjugés et des vues étroites, comme de suivre pas à pas l'entier développement d'une littérature. Les systèmes peuvent
bien cadrer avec telle ou telle époque, mais ils
rencontrent toujours dans la suite des choses un
ensemble de faits qui leur donne un démenti.
M. Lanson ne se met au service d'aucune doctrine.
L'unité de son ouvrage est historique, non systématique. Je ne veux pas dire qu'il s'abs-
tienne de juger; mais ses jugements ne lui sont
jamais dictés par l'esprit de parti. Il est assez
impartial pour défendre Calvin, lui, M. Lanson,
contre Bossuet. Quant au grand évêque, vous ne
vous attendiez pas, je suppose, qu'il le traitât de
rhéteur, ni même qu'il montrât ce que sa raison
vigoureuse avait de borné. Sachez-lui gré de l'effort

qu'il doit faire en ramenant son admiration, un peu bien dithyrambique jadis, à d'assez justes limites pour que nous puissions nous y associer presque sans réserve. Assurément Voltaire lui inspire peu d'enthousiasme. Mais il faudrait être M. Homais en personne pour ne pas vouloir qu'il signalât les petitesses de ce grand esprit, les vilains côtés de son caractère ou de son œuvre ; et l'on trouvera sans doute que, si l'étude qu'il nous en donne manque de sympathie, elle manifeste un méritoire scrupule d'équité.

A la fin de son ouvrage, M. Lanson, nous l'avons dit, jette un coup d'œil sur l'avenir ; et constatant — avec bonheur — le décès du naturalisme, il semble regretter qu'aucune doctrine nouvelle ne le remplace encore, que chacun aille de son côté, n'obéisse qu'à ses instincts et à ses dispositions particulières. Le naturalisme est-il aussi mort qu'on veut le dire? Il est mort dans sa forme scolastique. Ce qui en reste, ce qui n'est pas près de mourir, c'est ce qu'il renfermait en soi de sain, de robuste, d'intègre. Une école se constitue beaucoup moins par la vérité qu'elle affirme que par les limites dont elle la borne, et M. Zola, qui fut le théoricien attitré du naturalisme, a fait école par l'étroitesse même et la crudité de sa formule. Aujourd'hui, nous sommes dans les meilleures conditions pour que la littérature qui va naître — car enfin il naîtra bien quelque chose — soit sincère, largement humaine, affranchie de toute convention et de tout « poncif », qu'elle concilie en une juste mesure l'idéal et le réel.

Suffisante est cette vieille formule de l'art:
l'homme ajouté à la nature. Si le naturalisme sectaire est bien mort, c'est pour en avoir rétréci le
sens, pour n'avoir vu dans l'homme qu'un tempérament et pour avoir réduit la nature à ce qui s'y
trouve de plus vulgaire et de plus abject. Nous
n'avons besoin d'aucune formule nouvelle. Ni
système ni école. Il ne nous faut que de la conscience, de « l'âme » et du talent. Un peu de
génie ne messiérait pas. La nature est toujours
là; qui sera l'homme? *Exoriare aliquis*, c'est-à-
dire, en « bon français » :

> Qui de nous, qui de nous va devenir un dieu?

XV

Dogmatisme
et Impressionnisme

XV — DOGMATISME ET IMPRESSIONNISME

I

En analysant la critique impressionniste, nous voyons qu'elle dérive de trois tendances fondamentales, également contraires à l'esprit classique.

D'abord, ce qu'on peut appeler le modernisme. Au xviie siècle, le respect des anciens tourne en superstition. Pas un écrivain, parmi nos classiques, qui ne demande à l'antiquité ses maîtres et ses guides. Sans doute leurs œuvres sont originales. Mais ils semblent ne pas le savoir. Ils se croient les disciples fidèles des Grecs et des Romains. Ils se condamneraient eux-mêmes, s'ils avaient conscience de la liberté avec laquelle leur génie transforme les modèles. Quant à la critique, elle ne saurait être indépendante ; en chaque genre, des règles étroites lui dictent ses jugements, la préviennent contre toute nouveauté. C'est un article de foi que, pour égaler les anciens, il faut se mettre à leur école.

Ensuite, le « relativisme. » Boileau a beau dire :

Des siècles, des pays étudiez les mœurs :

pour lui, pour les écrivains classiques, il n'y a
qu'un seul idéal, qu'un seul type de la beauté,
qu'une seule forme de l'art. Le sens du relatif,
ou, si l'on préfère, le sens historique, leur est
complètement étranger. Les yeux fermés aux
différences du génie héréditaire, du temps, du
milieu, ils se représentent l'humanité comme un
tout qui n'a jamais et nulle part cessé d'être identique à soi. Ils sont incapables de *distinguer* ; ils
ne s'intéressent qu'à l' « universel », et, ce qui
ne s'y réduit pas, ils le tiennent soit pour insignifiant, soit pour absurde. A vrai dire, l'âme même
de l'antiquité leur échappe ; ils en méconnaissent
du moins tous les caractères particuliers, ceux
qui manifestent la race et l'époque. Homère leur
apparaît comme un artiste patient et réfléchi,
qui applique avec méthode les règles de l'épopée,
comme un écrivain délicat et scrupuleux, dont
le principal mérite consiste à dire les plus petites
choses avec noblesse. Tantôt ils se ramènent
aux anciens, tantôt ils ramènent les anciens à
eux. En croyant que les dieux sont « éclos du
cerveau des poètes », Boileau montre son inin-
telligence du génie antique ; en imposant l'usage
du merveilleux païen, il identifie son temps à
l'antiquité.

Enfin, ce qui fait le fond même de tout impressionnisme, si nous nous en rapportons à
l'étymologie du mot, ce qui est en opposition
directe avec la philosophie cartésienne, en tant
qu'elle subordonne, qu'elle sacrifie le Moi sensible à la raison. Chapelain et Boileau s'accor-

dent pour déclarer que l'art procède uniquement de cette raison impersonnelle et constante. La doctrine classique considère la sensibilité et l'imagination comme des puissances trompeuses. Elle ne reconnaît beau que ce qui est vrai d'une vérité non particulière et subjective, mais générale, absolue, et, par suite, rationnelle. Elle fait de la littérature, de la poésie elle-même, une représentation purement logique de la pensée, qui est le tout de l'homme, ou, pour mieux dire, qui est tout l'homme.

Le culte des anciens, le manque de sens historique, l'intellectualisme, nous expliquent le caractère de la critique au xvıı° siècle. Doctrinale, elle n'est autre chose qu'un exercice de la raison. Elle juge en vertu de principes immuables. Elle applique, dans chaque genre, les règles consacrées par des monuments qui en ont fixé le modèle, et laisse aussi peu de place au « sens propre » pour apprécier les œuvres que pour les produire.

II

Cependant, au xvıı° siècle lui-même, nous trouvons déjà maints indices d'un nouvel esprit. C'est du dogmatisme vers l'impressionnisme que, depuis Boileau jusqu'à nous, la critique littéraire a fait son évolution.

Contraire au relativisme et à l'individualisme « sentimental », la philosophie cartésienne ne l'est pas moins à la superstition de l'antiquité.

Sans doute le modernisme, chez un Bussy, chez
un Méré, a quelque chose de mondain : dans
l'admiration dévote des œuvres antiques, les
gens de leur air sont portés à ne voir que ce
qu'elle peut dénoter de candeur et de pédanterie.
Mais, chez eux-mêmes et chez les Fontenelle, les
Perrault, les Lamotte, il dérive surtout du car-
tésianisme. A l'autorité des anciens, Descartes a
substitué celle de la raison, et Pascal, qui est
sur ce point son disciple, revendique avec une vigoureuse éloquence la liberté de l'esprit humain.
Si, pour Pascal et Descartes, il ne s'agit que de
science, les « modernes », remarquons-le, sont
justement ceux dont le rationalisme, échappant
à l'influence de l'art ancien, se fait de la littérature une conception toute scientifique. Cette
théorie du progrès que leur a transmise le car-
tésianisme, ils l'appliquent donc aux lettres
comme aux sciences. L'esprit mondain et l'esprit
cartésien s'unissent en eux pour combattre la
superstition de l'antiquité. Perrault montre qu'il
y a dans le *Cyrus* dix fois plus d'invention que
dans l'Iliade ; Lamotte corrige Homère et le réduit de moitié ; aux yeux de Fontenelle, les
chefs-d'œuvre de la poésie antique ne sont qu'enfantillages.

La philosophie cartésienne, favorisant le modernisme, ne peut empêcher le relativisme de se
faire jour. Nous en trouvons la trace chez Saint-
Evremond, par exemple, dans les premiers temps
du grand règne, et, dans les derniers, chez Fénelon. Lui-même historien, un de ces historiens

qui « distinguent », Saint-Evremond reproche à
l'histoire classique de tout confondre. Critique
littéraire, il blâme dans les tragédies de Racine
le manque de couleur locale. Il remarque que
les hommes des autres siècles diffèrent des contemporains non seulement par les traits du visage, mais encore par « une diversité de raison ».
Moderniste d'ailleurs aussi bien que relativiste,
c'est de son relativisme que dérive son modernisme. « Tout a changé, dit-il, les dieux, la nature, les mœurs, le goût, les manières ; tant de
changements n'en produiront-ils pas dans nos ouvrages ? » Plus homme de goût que Perrault,
que Lamotte, il admire les « exemplaires »
grecs et romains ; mais, reconnaissant qu'Homère
et Sophocle ont fait des chefs-d'œuvre, il n'admet
pas que ces chefs-d'œuvre soient encore des modèles. Quant à Fénelon, son admiration pour les
Grecs, ceux d'Athènes et ceux de Rome, se concilie fort bien avec une intelligence délicate des
diversités historiques. Peut-être même l'expli-
querait-on par là : il saisit dans le génie hellé-
nique un caractère particulier, inimitable ; il se
rend compte que la civilisation de la Grèce primitive était plus propice à un genre de perfection où les modernes ne sauraient prétendre, à
certaines qualités de naturel, d'aisance, de fraîcheur, de grâce ingénue, que lui-même apprécie
par dessus toutes les autres. Ce qui est certain,
c'est qu'il a le sens de la relativité. Dans sa
Lettre à l'Académie, il veut qu'on peigne diver-
sement soit les différents peuples, soit un même

peuple aux différentes époques de son histoire ;
il recommande sous le nom de « costume » la
couleur des temps, il conseille de joindre à la
vérité matérielle celle des mœurs et des figures.
Chaque race en chaque âge a son génie propre,
voilà la notion qui s'introduit peu à peu dans
l'esprit français, que les philosophes du xviiie siècle vont bientôt répandre autour d'eux. Appliqué
à la critique littéraire, le relativisme finira nécessairement par admettre d'autres conceptions
de l'art que la conception classique, par justifier toutes les formes de l'idéal dans lesquelles
s'est manifesté le génie des diverses races et des
divers âges.

En même temps, la sensibilité cherche à s'affranchir du rationalisme cartésien. Tandis que
Descartes fondait sa philosophie sur l'évidence,
sur une évidence purement intellectuelle, Pascal
met le cœur au-dessus de l'entendement, y trouve
des raisons supérieures que la raison ne connaît
pas. Chez Fénelon, l'individualisme sentimental
s'allie au relativisme : si Louis XIV et Bossuet
le traitent d'esprit chimérique, c'est parce qu'il
ne veut pas sacrifier le sens propre au sens commun. Comme sa religion, sa poétique est toute
de sentiment. Il apprécie les œuvres en se réfé-
rant non pas aux règles, mais à ses impressions;
la critique, chez lui, émane du goût. On peut en
dire autant de La Bruyère. Lui-même se donne
pour un de ces écrivains qui écrivent par humeur, que le cœur fait parler. Ni ses maximes
ni ses jugements ne sont toujours en accord, et

peut-être n'a-t-il pas plus de doctrine comme
critique littéraire que de système comme moraliste. C'est que les systèmes et les doctrines
oppriment « l'humeur ». Il ne veut pas réduire
la diversité libre et fertile de la nature à l'unité
fallacieuse d'une discipline préconçue. Avoir bon
goût, sentir dans l'art un certain « point de perfection », là est pour lui le secret de la critique.
Si du xviie siècle nous passons au xviiie, voici
d'abord Vauvenargues, qui, réagissant contre
l'intellectualisme classique, ramène toute philosophie à l'intuition du cœur et toute esthétique
à la sympathie. Voici Diderot, génie impressionnable et primesautier, dont le positivisme même
est sentimental, dont le matérialisme respire je ne
sais quelle ferveur, et qui, s'il lui arrive de se
faire à l'occasion critique littéraire ou critique
d'art, apprécie livres et tableaux par ses émotions.
Voici enfin Jean-Jacques, précurseur du xixe siècle,
qui, dans l'individu, c'est-à-dire dans le Moi af-
fectif et passionnel, voit la mesure unique de
toute chose, qui assigne pour but à l'éducation
non point d'amender chaque naturel en le rap-
prochant autant que possible d'un type uniforme,
mais d'en favoriser, d'en seconder l'originalité
native, qui fait prévaloir le sentiment sur l'analyse, la conscience sur les règles des philosophes,
et le goût individuel sur les formules des théori-
ciens.

III

A mesure que nous avançons dans l'histoire de

notre temps, les tendances dont procède l'impressionnisme s'accusent de plus en plus. Après les
philosophes du xviiie siècle et surtout Rousseau,
après Mme de Staël et Chateaubriand, qui inaugurent une littérature nouvelle, le dogmatisme
ne paraît plus possible. Il comporte un ensemble
de vues, et, pour ainsi dire, un tempérament
moral qui répugnent à l'esprit de notre époque.
Du temps de Boileau, on était naturellement
dogmatique ; nous naissons impressionnistes.

Le dogmatisme n'a pourtant pas cessé d'avoir
ses représentants. Dans la première partie du
siècle, je ne vois guère que Nisard ; dans la seconde, c'est M. Brunetière.

Certes, la doctrine de M. Brunetière dénote sur
maints points l'influence des idées modernes.
Nous n'en retrouvons pas moins chez lui, et il le
faut bien, les principes fondamentaux du dogmatisme classique. « Ancien », s'il ne l'est point dans
le même sens que Boileau, le respect que Boileau
professait pour les écrivains de la Grèce et de
Rome, M. Brunetière le professe pour ceux de
notre xviie siècle, à l'exemple desquels il a toujours rappelé la littérature contemporaine. Ennemi du relativisme, il élargit la tradition, non
pas en l'accommodant aux diversités personnelles,
mais en la généralisant, en la débarrassant de
tout caractère exclusivement national ; il redoute
dans l'individualité ce qu'elle a d'anarchique, il
répète sans cesse que le Moi est haïssable, et ne
reconnaît en l'homme d'autre valeur que cette
« humanité » par laquelle chacun de nous se

confond avec tous les autres hommes. Enfin, c'est
peu de dire qu'il assujettit le sentiment à la raison. Tout plaisir lui paraît suspect, qui n'est pas
purement intellectuel. Juger contre son goût,
voilà, pour lui, le triomphe de la critique.

Entre M. Brunetière et les impressionnistes, la
querelle remonte à une dizaine d'années. L'un y
a porté sa vigueur d'affirmation, sa puissance de
dialectique, son exclusivisme impérieux et décisif ; les autres, leur délicatesse fuyante, leur si-
nueuse ironie, l'élégance et la grâce de leur
désinvolture. Elle dure encore, et, après une
courte trêve, M. Brunetière la ranimait tout récemment. Au devant d'un ouvrage inspiré de ses
idées [1], l'illustre critique mettait, en guise de
préface, une nouvelle apologie du dogmatisme. Il
y déclare, à vrai dire, que la déroute des impressionnistes est au moins commencée. Et sans
doute il a de bonnes raisons pour le croire, et de
meilleures encore pour le dire. Mais ceux qui,
estimant les deux formes de la critique également
légitimes, s'abstinrent de prendre parti dans cette
fameuse querelle, ne s'étaient point aperçus que
les impressionnistes eussent si manifestement le
dessous. De part et d'autre, quoi qu'il en pense,
les raisons subsistent ; et si, comme nous le ver-
rons tout à l'heure, on pourrait, sur le fond
même du débat, se mettre à peu près d'accord, il
y a entre les adversaires quelque chose de plus
irréductible que la dissidence de leurs principes.

1. Dans la préface d'un livre de M. Ricardou, *la Critique
littéraire*.

je veux dire celle de leur caractère et de leur tour
d'esprit. L'auteur de la *Vie littéraire* n'est point
venu à résipiscence, et celui des *Impressions de
théâtre* écrit dans la *Revue des Deux-Mondes*, mais
sans avoir modifié sa manière.

IV

En laissant de côté pour le moment tout ce qui
pourrait compliquer et embrouiller la question,
voici, je crois, de quelle façon l'on peut la poser.
Qui dit un critique dogmatique, fait par là même
entendre un critique jugeant avec autorité, dé-
cidant en vertu d'un critérium. Dès qu'une con-
testation s'élève sur le mérite de tel auteur ou
de tel ouvrage, le critique dogmatique doit être
en mesure de trancher le différend. Il lui faut
quelque chose comme cette montre dont parle
Pascal. « Ceux qui jugent d'un ouvrage par règle sont, à l'égard des autres, comme ceux qui
ont une montre à l'égard des autres. L'un dit : Il y
a deux heures ; l'autre dit : Il n'y a que trois quarts
d'heure. Je regarde ma montre, et je dis à l'un :
Vous vous ennuyez ; et à l'autre : Le temps ne
vous dure guère ; car il y a une heure et demie ;
et je me moque de ceux qui disent que le temps
me dure à moi et que j'en juge par fantaisie :
ils ne savent pas que je juge par ma montre [1].

---

1. Pascal se délecte à accuser, à exagérer la faiblesse et
l'inconstance de la raison. Ce n'est pas la raison, comme on le
prétend, qui tenait lieu de montre à Pascal. Toute sa théologie,
aussi bien que toute sa critique littéraire, ont pour principe
essentiel la prédominance du sentiment.

Si les dogmatistes trouvent leur critérium dans la raison, et si, d'autre part, cette raison est, comme ils le prétendent, la même chez tous les hommes, aucun désaccord ne semble possible. Je puis bien, moi, impressionniste, qui ne consulte que ma sensibilité, me trouver en désaccord avec un dogmatiste; mais, quand ce dogmatiste a tiré sa montre, force m'est de reconnaître mon erreur.

Aussi ceux qui font profession de dogmatisme voudraient-ils nier les variations de la critique. M. Brunetière commence par déclarer, avec sa décision coutumière, qu'il n'y a pas tant de divergences ni de si graves. Pour l'établir, ces trois articles lui suffisent: 1º Tels écrivains sont universellement considérés comme des écrivains qui *existent*, Racine et Voltaire par exemple, et tels autres comme n'existant pas, Campistron, si vous voulez, et M. de Jouy. 2º Entre les tragédies de Racine et celles de Voltaire, nous faisons tous une différence, nous préférons tous *Andromaque* à *Mérope* et *Bajazet* à *Zaïre*. 3º Ce sont les mêmes choses que les uns aiment dans les écrivains, que d'autres aiment le moins, que d'autres enfin critiquent, mais que chacun reconnaît.

Ne discutons pas les deux premières assertions. Le plus intraitable des impressionnistes n'a aucun intérêt à les nier. On remarquera seulement que les points sur lesquels il y a accord sont trop insignifiants pour donner au dogmatisme le moindre avantage, et, du reste, que la véritable question revient à savoir, non s'il y a accord sur

21

certains points, mais si, sur la plupart, dès qu'on ne se borne point à constater l'existence et la supériorité d'un Racine, il n'y a pas immédiatement désaccord ; ou plutôt, car les dogmatistes seront bien obligés d'en convenir, si, lorsqu'on se trouve en présence de deux sentiments contraires, le dogmatisme est en possession d'une règle qui lui permette de prononcer.

La troisième proposition de M. Brunetière fait sans doute une part à la critique objective, une part d'ailleurs très mince ; mais voyons aussi qu'elle met le dogmatisme en demeure de décider entre ceux qui *aiment* et ceux qui *critiquent* les *mêmes choses.* Pour que le dogmatisme pût se prévaloir du consentement universel, il faudrait que ce consentement portât sur des qualités ou sur des défauts appréciés comme tels. Mais si les uns critiquent ce qu'aiment les autres, peu importe que tous reconnaissent les mêmes choses. Ces choses paraissant aux uns bonnes, aux autres mauvaises, nous sommes ramenés à la question du début. Il y a division, entre juges de culture à peu près égale, sinon sur l'existence de Voltaire et de Racine, du moins, pour emprunter à M. Brunetière un nouvel exemple, sur la valeur comparative de la *Cousine Bette* et de *Valentine.* Vous, dogmatiste, je vous dénie le droit d'intervenir à ce titre dans le débat, si vous n'avez pas une montre.

V

Quelle est donc la montre du dogmatisme ?

Comment le critique dogmatiste imposera-t-il son critérium?

A deux juges d'avis contraire, M. Brunetière dira : Vous vous trompez également l'un et l'autre, jugeant par fantaisie. Ce que vous appelez jugement n'a aucune valeur, comme n'exprimant que votre sensibilité ; car la sensibilité est tout individuelle, et, chez le même individu, varie suivant l'humeur du moment. Moi, dogmatiste, je suis seul en état de juger, me déterminant non d'après mes sens, mais d'après ma raison. Il n'y a pas deux heures, il n'y a pas trois quarts d'heure ; il y a une heure et demie. Voilà ce que marque ma montre, ou plutôt ce que ma raison affirme. Or, ma raison n'est pas, comme votre sensibilité, quelque chose de personnel et de relatif ; ma raison représente la raison humaine, toujours la même chez tous, entière chez un chacun, dont elle revêt par suite l'universelle, l'indiscutable autorité.

Peut-on s'abstraire de son Moi sensible? C'est la première question. Et la seconde, qui en dépend, c'est si la raison ne varie pas elle-même d'individu à individu. Je suis d'accord avec M. Brunetière quand il s'agit de raison pure. Mais ne brouillons pas les choses. Il s'agit d'apprécier les œuvres d'art, et non pas de s'accorder sur une vérité scientifique. L'argumentation de M. Brunetière confond deux formes de la raison bien distinctes, l'une toute logique, l'autre, si je peux dire, toute morale. Oui sans doute, les vérités de la géométrie sont absolues. Et pour-

quoi? Parce qu'elles relèvent d'une sorte de raison qui, en effet, ne subit pas les influences de
la sensibilité, qui, par suite, demeure la même
chez tous les hommes. Mais ce n'est pas de géométrie, c'est d'art qu'il est ici question, et l'on
se demande vraiment de quel secours nous serait,
quand nous apprécions une œuvre littéraire,
cette raison universelle dont s'autorise le dogmatisme. Comment l'appliquera-t-on à la poésie
d'un Racine, ou même d'un Boileau? Et que res-
terait-il de Bossuet, si, pour nous mettre d'accord
sur la valeur de son éloquence, nous commen-
cions par la réduire à ce qui est exclusivement
logique, en supprimant ce qui émane de la sensibilité, ce qui traduit l'imagination? Le rationalisme de M. Brunetière, comme, il y a deux
siècles, celui de Lamotte et de Fontenelle, abou-
tirait à la négation même de l'art; ce n'est qu'en
méconnaissant l'art, je veux dire la part du Moi
imaginatif et sensible, soit dans l'exercice de la
critique, soit dans la production des œuvres, que
l'on donne pour fondement au dogmatisme la
constance et l'universalité d'une raison purement
mathématique.

Nous retrouvons partout chez M. Brunetière
cette confusion de l'art et de la science. Il se défend de croire que la critique puisse être vraiment scientifique. Mais qui ne voit la contradiction? Elle apparaît déjà quand il attribue à la
raison, considérée comme juge des œuvres littéraires, une valeur objective et absolue. Elle est
encore plus manifeste lorsque, transportant dans

la littérature la méthode de l'histoire naturelle,
ce qui n'a rien de nouveau, ce qu'avait fait tout
d'abord un impressionniste tel que Sainte-Beuve,
il se persuade que l'usage de cette méthode
donne à la critique la même certitude qu'à la
zoologie. D'après lui, la critique a pour objet de
juger, et, par suite, de classer. Rien de mieux.
Mais il prétend que les jugements et les classifications aient autant de valeur en matière de
critique qu'en matière d'histoire naturelle. C'est
là que se trahit de nouveau le vice fondamental
de sa doctrine. En histoire naturelle, il y a des
faits positifs, des caractères incontestables ; en
littérature, les caractères d'après lesquels on
voudrait constituer une hiérarchie sont tout justement l'objet même de la discussion. Le naturaliste me montre ceux qui font que le chat se
classe au-dessus de l'ornithorynque, et je ne
saurais le nier. Vous, critique doctrinaire, mon-
trez-moi donc ceux dont vous vous autorisez pour
mettre Balzac au-dessus de George Sand, ou — les
avis sont partagés — George Sand au-dessus de
Balzac. Pas un seul, je le crains, qui ne prêtât
à de longues, à d'interminables contestations.

Ce que M. Brunetière semble oublier, c'est qu'à
côté des vérités scientifiques, qui, en histoire
naturelle, se constatent, ou, en géométrie, se démontrent, il y a des vérités d'un autre ordre, qui
ne peuvent ni se démontrer ni se constater, qui
n'ont rien d'absolu, rien de fixe, qui relèvent du
sentiment et du goût. Si ces vérités relatives
font la matière de la critique, comment veut-il

donner pour fondement à son dogmatisme l'objectivité d'une raison tout abstraite qui n'a sur elles aucune prise?

VI

Le dogmatisme trouvera-t-il dans la tradition un critérium que la raison ne peut lui fournir? M. Brunetière, nous le savons, emprunte à la tradition ce qui fait la force et l'unité de sa doctrine. Mais cette doctrine imposante n'a, dès qu'on veut en tirer des règles, aucune valeur pratique.

Nous pourrions d'abord, ici comme plus haut, dénoncer les variations, les contradictions fréquentes de la critique littéraire. C'est un lieu commun que je crois inutile de développer encore une fois. Nous pourrions ensuite nous demander si, quant aux points sur lesquels on s'accorde, cet accord ne s'explique pas souvent par l'esprit de routine. Mais voici le vice essentiel d'un dogmatisme fondé sur la tradition: cette tradition sera forcément ou trop étroite pour ne pas se formuler en règles tyranniques, ou trop large pour encadrer fortement une discipline.

De quelle tradition vous réclamez-vous? Nisard, lui, se réclamait de la tradition nationale, ou plutôt de la tradition purement classique, et sa doctrine excluait non seulement ce qu'un esprit libre admire chez d'autres peuples, mais aussi ce que le génie français avait produit sous ses yeux de plus puissant et de plus beau. M. Brunetière, qui ramène tout à la raison et qui déclare que la raison est partout la même, devait nécessairement se réclamer de la tradition humaine. On ne peut accuser son dogmatisme d'étroitesse. Il faut même reconnaître l'autorité des principes sur lesquels ce dogmatisme s'établit, puisqu'ils ont pour eux la raison universelle du genre humain. Seulement, ce que la discipline de M. Brunetière gagne de la sorte en largeur et en solidité, elle le perd en précision, en vertu dogmatique. Plus vous élargissez le cadre de la tradition, plus il vous faut abandonner de maximes ; quand vous n'en voulez pas d'autres que celles où se reconnaît l'expression, non pas de tel ou tel génie particulier à une race, mais du génie humain, vos maximes sont tellement générales qu'elles n'ont plus aucune application. Et ainsi, la doctrine que vous en tirez se réduit à une idéologie stérile.

VII

Si la critique est sans règles, faut-il en gémir ? Ce qui, dans la critique, nous intéresse et nous charme, c'est justement ce qu'elle a de personnel, ce que chacun y met de sa sensibilité. Supposez des règles fixes : elle ne consiste plus qu'à les appliquer. Elle devient un manuel, une table de formules. Voici les auteurs définitivement jugés et casés : nous n'avons qu'à savoir une bonne fois leur classification, comme, en histoire naturelle, celle des animaux, à apprendre pour

combien de raisons chacun est inférieur à celui
qui le précède dans son groupe et supérieur à
celui qui le suit. Les livres nouveaux vont d'eux-
mêmes se ranger sous leur étiquette. Plus de
divergences, plus de contestations. L'ordre règne
à jamais dans la république des lettres.

C'est le triomphe du dogmatisme. Mais c'est
aussi la ruine de toute critique. Plus il y a de
règles, moins il est besoin de goût. Si la critique
était réellement une science, si elle se bornait à
constater ce que chacun doit voir, à démontrer
ce que chacun est obligé de reconnaître, elle
serait dispensée par là même de toutes les qualités qui ont fait jusqu'ici son attrait et sa valeur. Le tact, la délicatesse, la pénétration n'auraient plus à s'y exercer. Purement objective et
scientifique, elle substituerait aux fines analyses
des opérations toutes machinales, au talent la
technique, au goût un catéchisme.

Mais on peut se rassurer. Pour que la critique
fût une science, il faudrait que la littérature
elle-même cessât d'être un art. Nous n'en sommes pas encore là. Quelques progrès qu'ait faits
de nos jours la psychologie scientifique, je ne
puis croire que le temps vienne jamais où
Racine perde sa réputation de grand psychologue. Entre la science et l'art, aucune assimila-
tion n'est possible. Si l'art se distingue de la
science, c'est justement par ce que notre Moi y
introduit, Moi essentiellement variable, dont la
complexité échappe à toute formule et dont la
mobilité défie toute loi. La critique n'est pas

une science, elle est un art, elle est, à sa manière,
création et poésie. Ce qui en fait le mérite comme
le charme, ne le cherchons pas dans je ne sais
quelle objectivité d'ailleurs impossible, mais
dans la grâce de l'imagination, dans l'élégance
du goût, dans la ferveur du sentiment.

VIII

Est-ce à dire qu'elle n'aura pas d'autorité?
M. Brunetière refuse toute valeur à la critique
impressionniste sous prétexte qu'elle ne juge ni
ne classe. Tel est pour lui l'office même de la
critique, en dehors duquel il n'y a que badinage d'un amuseur plus ou moins ingénieux. A
la bonne heure; sur ce point, M. Brunetière peut
avoir raison. Mais où démontre-t-il que la critique impressionniste ne peut en effet ni classer
ni même juger? Voilà ce qu'il aurait dû tout
d'abord établir. Or, non seulement il ne l'établit
pas, mais encore les nécessités de sa polémique
le réduisent à soutenir tout le contraire ; en voulant convaincre ses adversaires d'inconséquence,
lui-même se charge de prouver qu'ils jugent et
qu'ils classent, et ainsi de réfuter sa propre thèse.
Comme les impressionnistes l'accusaient d'exprimer sous une forme objective des préférences
individuelles, M. Brunetière répondit en leur montrant ce que leur scepticisme et leur dilettantisme,
quelque détachement dont ils se piquent, recèle
de dogmatisme plus ou moins inconscient.
M. Anatole France et M. Jules Lemaître ont beau

s'en défendre ; jugeurs très résolus, ils rendent des arrêts, il donnent des rangs, ils distribuent des prix. « Quelle est cette affectation, déclare M. Brunetière, de prétendre ne pas juger, quand en effet on juge ? de nous donner pour des impressions des jugements que l'on entend bien dans le fond de son cœur qui soient pris pour tels ? et, quand on fait une chose, de prétendre qu'on en ferait une autre ? » L'argument est sans doute de bonne guerre. Mais, en reprochant aux impressionnistes de se contredire, pourquoi faut-il que M. Brunetière tombe lui-même dans la plus étrange contradiction ? Et si réellement les impressionnistes jugent et classent, comment a-t-il pu tout à l'heure leur dénier l'autorité que valent aux dogmatistes leurs jugements et leurs classifications ?

La différence entre dogmatistes et impressionnistes n'est, à vrai dire, que dans le ton. Ceux-ci affectent une assurance catégorique; ceux-là, se piquant de ne traduire que leur sensibilité, sont tenus d'être plus modestes. Non seulement ils abominent tout pédantisme, mais encore la bienséance leur fait une loi de ne pas imposer aux autres des impressions toutes personnelles. Autant vaudrait affirmer soi-même la supériorité de son goût. Du reste, ils ont dans leurs impressions une confiance égale à celle que les dogmatistes peuvent avoir dans leurs jugements. « Je suis sûr des impressions que j'éprouve, dit M. Jules Lemaître; en pouvez-vous dire autant des jugements que vous portez ? » On voit d'ailleurs le sophisme. Nous sommes sûrs de nos jugements au même titre que de nos impressions : nous sommes aussi peu sûrs de la vérité absolue des uns que de celle des autres.

Quelle autorité ont les impressionnistes? Celle qui s'attache à la qualité de leurs impressions. Si véritablement la critique, comme M. Brunetière aime à le dire, empêche la littérature d'être envahie par la médiocrité et dévorée par l'industrie, il n'a, ce me semble, aucune raison de refuser aux impressionnistes leur part dans cette tâche salutaire. Eux aussi, ils préviennent les erreurs de la foule, ou bien les corrigent; et l'on a vu plus d'une fois que, pour établir le vrai mérite des ouvrages, leur jugement, quoiqu'ils ne le rendent pas en forme, quoiqu'ils en écartent tout appareil, n'en a pas moins autant de crédit qu'il peut avoir de valeur. M. Brunetière lui-même, dans l'article où il fonde l'autorité de la critique sur un dogmatisme objectif, rappelle, sans y prendre garde, le cas de M. Georges Ohnet. Au temps où M. Ohnet écrivait ses romans pour la *Revue des Deux-Mondes*, n'est-ce pas M. Jules Lemaître, et, avec lui, M. Anatole France l'un et l'autre impressionnistes, l'un et l'autre subjectifs, qui ruinèrent dans le public la réputation de ce galant homme? Et ils n'eurent besoin pour cela d'invoquer ni la raison éternelle ni la tradition du genre humain.

IX

Au lieu d'opposer entre elles les deux criti-

ques, comme le fait M. Brunetière, je voudrais
plutôt les concilier, s'il se peut, en montrant ce
qui leur est commun.

D'abord, nous l'avons déjà vu, elles jugent
l'une aussi bien que l'autre, et peu importe,
après tout, que les jugements de l'impressionniste ne se se fixent pas en sentences, car ils
sont en réalité non moins décisifs.

En second lieu, c'est une erreur de penser que,
si le dogmatisme se donne comme objectif,
l'impressionniste oppose son Moi à celui de tous
les autres. M. Jules Lemaître et M. Anatole France
déclarent, le premier, que les critiques impressionnistes sont « les interprètes des sensibilités
pareilles à la leur », le second, que « chacun
reconnaît dans les aventures de leur esprit ses
propres aventures ». Faut-il insister sur ce point?
M. Brunetière, après l'avoir jusqu'ici nié, finit
maintenant par en convenir. Dans la préface
dont j'ai parlé plus haut, il assure que nos goûts,
nos impressions ne nous sont pas exclusivement
propres. Laissons-lui la parole. « Il n'y a pas,
dit-il, tant d'esprits singuliers ni si divers en ce
bas monde, et ce n'est pas nous, en nous, qui
aimons ou qui n'aimons pas les drames d'Alexandre Dumas ou les romans de M. Émile Zola,
c'est toute une famille d'esprits, toute une espèce
d'hommes... Nous ne pouvons juger qu'en groupe
et sentir surtout qu'en troupe ». Jusqu'ici
M. Brunetière condamnait l'impressionniste en
l'isolant dans son individualité, en opposant ce
que le jugement a de général à ce que le senti-

ment a de personnel. Il prétend aujourd'hui que, jugeant en groupe, nous sentons en troupe. Et certes, si les impressionnistes se piquaient d'impressions uniques en leur genre, il serait bon de rabattre leur vanité; mais, nous l'avons vu, M. France et M. Lemaître déclarent tout le contraire. Du reste, où M. Brunetière veut-il en venir? On peut bien effacer les différences d'un individu à un autre individu; les retrouvant aussitôt d'une « troupe », à une autre « troupe », on ne fait que reculer la question, qui se pose entre deux troupes au lieu de se poser entre deux individus. Ce que je remarque, c'est, du moins, qu'il y a là un terrain de conciliation. D'après les impressionnistes, nous ne pouvons jamais sortir de nous-mêmes; d'après les dogmatistes, « la vie ne s'emploie qu'à cela ». En admettant que nous fussions « enfermés dans notre Moi comme dans une prison perpétuelle » il resterait que chaque Moi représente une famille d'esprits. C'est un moyen terme entre le sens propre dont l'impressionniste se réclame et le sens commun sur lequel le dogmatiste établit sa discipline.

En troisième lieu, si la critique impressionniste ne peut avoir de valeur que par la qualité des impressions, il ne faut pas sans doute, pour juger de ce qu'elle vaut, la personnifier dans n'importe qui. Un Lemaître, un France, et, avant eux, un Sainte-Beuve, ont une culture littéraire qui les préserve contre les singularités ou les surprises du goût. M. Brunetière le fait observer, « parmi leurs préférences personnelles, ou qu'ils

prennent pour telles, il y a toute une part de dogmatisme qui n'est point d'eux ni à eux ». On ne
pourrait mieux dire. Ce qu'il craint, c'est que de
moins lettrés ne viennent, qui ne sauront rien,
et ne s'en constitueront pas moins, du droit de
leurs impressions, les juges des choses de l'esprit.
Mais quoi? S'il s'agit de les en empêcher, on ne
voit pas comment le dogmatisme y réussirait
mieux que l'impressionnisme; et, quant à ce
droit prétendu, où voit-on que l'impressionnisme le leur reconnaisse? Croire que nos jugements expriment notre sensibilité, ce n'est pas
dire que le premier venu puisse trancher du critique. Autre chose est de juger, autre chose d'être
un bon juge, et c'est surtout au critique impressionniste qu'il faut de l'art et du goût. Après cela,
retenons l'aveu de M. Brunetière. Oui certes, dans
l'impressionnisme de M. Lemaître, de M. France,
de Sainte-Beuve, il y a tout ce qu'y font entrer
de général et d'humain l'éducation et la discipline héréditaire, il y a un fonds commun que la
sensibilité propre de chacun peut diversifier,
mais non pas abolir.

Enfin, quel est cet antagonisme factice que
l'on suppose, dans l'appréciation des œuvres littéraires, entre le sentiment et la raison? Ma sensibilité, je le veux bien, prend à tel méchant
livre un plaisir que ma raison condamne; mais
ce plaisir n'est point le même qu'un beau livre
me procure. Il y a diverses sortes de plaisirs.
Nul besoin qu'on me démontre la supériorité du
Misanthrope sur un vaudeville de Labiche; elle

se fait sentir par la différence des plaisirs que
j'éprouve. C'est que le sentiment et la raison ne
sont pas deux facultés opposées, comme on veut
le dire, ni incommunicables l'une à l'autre. La
raison ne peut se cultiver sans que le sentiment
s'affine, et, de même, la sensibilité ne peut s'af-
finer sans que la raison ait acquis plus de délicatesse. A vrai dire, on ne juge point contre son
goût. Bon ou mauvais, c'est d'après son goût que
l'on juge, et le goût n'exprime pas seulement
la sensibilité, il exprime aussi la raison. Si la
raison et la sensibilité étaient nécessairement en
désaccord, ou si même elles avaient chacune son
existence propre et distincte, l'impressionnisme
et le dogmatisme pourraient demeurer inconciliables. Mais nous ne les séparons que par artifice ; elles communiquent, elles se mêlent, elles se
pénètrent, et, dans le jugement d'une œuvre littéraire, il est impossible de reconnaître ce qui
vient de l'une et ce qui appartient à l'autre.

Entre l'impressionniste et le dogmatiste, il y a
surtout, je le disais tout à l'heure, la différence
du tempérament, de l'humeur, du tour d'esprit.
Là sans doute aucune conciliation n'est possible.
M. Brunetière continuera toujours à dogmatiser,
et toute la dialectique de M. Brunetière n'empêchera pas M. Anatole France et M. Jules Lemaître de se jouer autour des œuvres. Mais on peut
croire, encore une fois, que les deux critiques
n'ont rien d'incompatible. Le conflit ne porte pas
sur le fond des choses, et si le dogmatisme, au
sens rigoureux du mot, nous apparaît comme

illusoire, on en retrouve dans l'impressionnisme,
sous une forme plus aisée et plus libre, tout ce
dont les dogmatistes eux-mêmes peuvent se réclamer justement pour établir la valeur et l'autorité de la critique.

DEUX MORALISTES DE LA FIN DU
XVIII° SIÈCLE.

Chamfort et Rivarol

DEUX MORALISTES DU XVIIIᵉ SIÈCLE

I

CHAMFORT

Le nom de Chamfort est célèbre : mais on ne connaît de lui guère plus, et c'est à peine s'il reste, pour entretenir sa mémoire, quelques boutades d'une cruelle misanthropie qui font la délectation des pessimistes. M. Maurice Pellisson, vient de publier sur cet « illustre inconnu » une étude à la fois solide et fine, que recommandent non seulement la justesse de l'analyse mais aussi l'élégance de l'exposition et la grâce aimable du style [1].

Nul doute que Chamfort n'y gagne beaucoup. Pourtant je crois bien que, s'il revenait au monde, ses remerciements seraient relevés d'une pointe d'amertume. Peut-être se plaindrait-il que M. Pellisson lui soit trop sympathique, ou, tout au moins, lui marque sa sympathie en l'édulcorant un tant soit peu. C'est la plus grave critique que je ferai, pour ma part, à un ouvrage si distingué.

Avant le Chamfort misanthrope et « rosse », il y en a eu un autre, que le second a fait com-

---

1. *Chamfort*, par Maurice Pellisson (Lecène et Oudin, éditeurs).

plètement oublier. Ce premier Chamfort dure
jusqu'aux environ de l'année 1780. Il débute par
la *Jeune Indienne*, un petit acte en vers dans
lequel on trouve de la facilité, de la gentillesse,
mais qui n'est qu'une bluette anodine et fadement innocente. Il continue par des épitres et
des odes assez faibles, par des éloges académiques
dans le goût du temps, par des contes et des
épigrammes qui sont simples jeux de société.
Très recherché dans les salons et dans le monde
des théâtres, il a la réputation d'un brillant
causeur. On cite ses « mots », la plupart imper-
tinents, quelques-uns raides. Mais rien n'annonce chez lui le pessimisme féroce qui fut
plus tard sa marque originale. Nous le distinguons à peine des beaux esprits contemporains,
moitié philosophes, moitié hommes de lettres,
hommes du monde avant tout et hommes de plaisir. Son œuvre capitale est la tragédie qu'il fit
représenter sur le Théâtre Français en 1777,
Mustapha et Zéangir, une tragédie qui ressemble à tant d'autres du même temps, et dans
laquelle, si l'on peut louer quelque chose, c'est
l'honnêteté des sentiments, la régularité de la
composition, la pureté du style. Voilà Chamfort
jusqu'aux approches de la quarantaine, voilà le
premier Chamfort, puisqu'il y en eut vraiment
deux.

Le second, c'est le Chamfort amer, cru, cynique, le seul d'ailleurs qui ait laissé quelque
trace. Dans un article peu bienveillant des *Lundis*,
Sainte-Beuve reproche à Chamfort d'avoir été

inactif et stérile dès avant quarante ans. Cela
veut dire sans doute que, la quarantaine une fois
passée, Chamfort n'écrivit pas une seule œuvre
de longue haleine. Il avait travaillé pendant
quinze ans, dit-on, à sa tragédie. Si le peu de
succès qu'obtint cette pièce ennuyeuse et correcte
le détourna pour toujours du théâtre, il n'y a
pas à le regretter : les quinze ans qu'il mit à la
composition de *Mustapha*, voilà quinze années
proprement stériles. La seconde période de sa
vie est la seule qui compte. Auteur jusque-là
médiocre et sans trempe, il va de 1780 à 1794,
recueillir ces *Maximes*, *Caractères* et *Anecdotes*
qui nous montrent en lui un observateur des
plus perspicaces, un écrivain fort et incisif;
bien plus, il s'éprendra de la vie active, et, parmi
tous les hommes de lettres ses contemporains,
ceux qui avaient à l'avénement de Louis XVI
une réputation déjà consacrée, il sera le seul,
avec Condorcet, qui mette sa plume et sa parole
au service de la Révolution.

Du premier Chamfort au second, le passage est
difficile à suivre. Faut-il croire à je ne sais quelle
mystérieuse blessure? « J'ai été, dit-il, empoi-
sonné avec de l'arsenic sucré. » M. Pellisson, qui
cite cet aveu, se demande à quoi il peut bien faire
allusion et n'est pas loin de croire à quelque
roman secret. N'essayons pas de deviner les
énigmes. Si le second Chamfort diffère tellement du premier, c'est sans doute que le premier
est un Chamfort de convention, un Chamfort tout
superficiel et factice, s'essayant comme les autres,

avec plus ou moins de bonheur, aux manières, au
ton, aux genres en vogue et ne mettant à peu près
rien de lui-même dans ce qu'il donne au public.
Ajoutons, bien entendu, l'expérience de la vie et
des hommes ; ajoutons, non pas une seule blessure,
mais tant de traverses et de déboires qui firent
horriblement souffrir cette âme ombrageuse et
susceptible. D'abord, la maladie : lui pour qui
le plaisir avait été, durant toute sa jeunesse, la
grande affaire, est obligé d'y renoncer. Ensuite,
les misères et les tracasseries de la vie littéraire,
surtout l'insuccès de sa tragédie, sur laquelle il
avait fondé toutes ses espérances. Enfin les humi-
liations que lui valut son infériorité sociale, et la
déconvenue d'une ambition qui s'était promis de
bonne heure quelque rôle illustre dans les grandes
affaires. L'accent cruel de ses satires décèle
manifestement un pessimisme bien personnel qui
doit s'expliquer par la colère, la haine, la soif de
vengeance. Mais si l'on veut pourtant y chercher
des motifs désintéressés, il faudra mettre en ligne
de compte le spectacle des choses publiques à une
époque où la chute de Turgot, ce ministre philosophe dont Chamfort, nous en avons le témoignage,
salua l'avénement avec tant de joie, montrait que
toutes les réformes depuis longtemps attendues
étaient inconciliables avec le gouvernement tra-
ditionnel de la France.

Ce qui est certain, c'est que Chamfort, vers
1780, « retire sa vie en lui-même. » Il commence aussi à noter chaque jour ses observations. On peut croire que son dessein était

de composer un ouvrage suivi, quelque chose comme un tableau philosophique de la société contemporaine. Peut-être avait-il l'esprit trop sec et l'haleine trop courte pour mener cet ouvrage à bonne fin. Du moins, le recueil qu'il a laissé le classe parmi nos humoristes les plus pénétrants.

Je dis humoriste plutôt que moraliste. Non pas seulement parce qu'il semble s'être fort peu inquiété de corriger ses semblables. La raison ne serait point suffisante, et nous accordons le titre de moraliste à des écrivains dont ce fut là sans doute le moindre souci. La Bruyère lui-même, qui prétend qu' « on ne doit écrire que pour l'instruction », combien de maximes ne relevons-nous pas dans son livre où se trahit, non le désir de corriger les hommes, mais la préoccupation de griefs tout personnels contre une société dans laquelle son âme délicate et fière eut tant à souffrir. Quant à La Rochefoucauld, si sa misanthropie est moins âpre, moins corrosive que celle de Chamfort, elle est assurément bien plus profonde et bien plus raffinée. Ce qui fait que Chamfort n'a pas sa place marquée entre les moralistes, c'est qu'il y a chez lui, je ne dirai même pas trop de parti pris, car il n'y en a pas moins, après tout, chez La Rochefoucauld, mais trop d'irritation, d'âcreté bilieuse, un égotisme maladif. Il faut, pour mériter le nom de moraliste, une observation plus libre et plus désintéressée. Ce ne sont pas des maximes que nous a laissées Chamfort, ce sont plutôt des

boutades, des traits aigus et brillants qui dénotent moins de sagacité que d'esprit. Quelques-
uns sont fins; la plupart, outre l'acuité du tour,
doivent leur succès à la violence du jugement.
On peut se donner des airs d'homme fort en
affectant un mépris cynique; mais, pour être un
vrai moraliste, il ne suffit pas d'exceller aux
mots méchants.

La complaisance de M. Pellisson pour Chamfort est toute naturelle. Je reconnaîtrai avec lui
qu'il y avait dans ce terrible satirique un fond de
tendresse, « des sentiments puisés aux sources
les plus vives et les plus pures de la sensibilité ».
Mais prenons garde pourtant de ne pas trop l'adoucir. Il y perdrait ce qui fait tout juste l'originalité de sa physionomie. M. Pellisson ne veut pas
qu'on le taxe de misanthropie et de pessimisme.
« Chamfort, dit-il, fut mélancolique, au sens
étymologique du mot; misanthrope, non pas, il
ne le pouvait pas être, et pessimiste, moins encore ». Entendons-nous bien. Si Chamfort n'est
vraiment ni un pessimiste, ni un misanthrope,
c'est qu'il n'eut pas l'esprit philosophique ; c'est
justement, et nous voici d'accord, que sa vue de
l'homme et du monde manque d'élévation, de
largeur, d'équité. Mélancolique, au sens étymologique du mot, signifie atrabilaire. Un humoriste, comme nous disions plus haut, et qui a
l'humeur noire.

Lui-même, au surplus, nous a tracé son portrait :

M.... jouit excessivement des ridicules qu'il peut saisir et apercevoir dans le monde. Il paraît même charmé lorsqu'il voit quelque injustice absurde, des places données à contre-sens, des contradictions ridicules dans la conduite de ceux qui gouvernent, des scandales de toute espèce que la société offre trop souvent. D'abord j'ai cru qu'il était méchant, mais en le fréquentant davantage, j'ai démêlé à quel principe appartient cette étrange manière de voir : c'est un sentiment honnête, une indignation vertueuse qui l'a rendu longtemps malheureux et à laquelle il a substitué une habitude de plaisanterie qui, voulant n'être que gaie, mais devenant quelquefois amère et *sarcastique*, dénonce la source dont elle part.

Faut-il dénier à Chamfort toute autorité comme observateur? Certes, il fait œuvre de polémiste plutôt que de philosophe. Mais la passion, qui souvent lui fausse la vue, aiguise aussi son regard. Et puis, si elle nuit à l'observateur, elle sert encore plus le peintre ; Chamfort lui doit le relief et la vigueur de ses traits. Ne lui demandons pas d'ailleurs un tableau exact, complet, impartial, de la société contemporaine. Historien, il l'est aussi peu que moraliste. Savez-vous quel titre il voulait mettre à son ouvrage ? PRODUITS DE LA CIVILISATION PERFECTIONNÉE. Titre ironique et chagrin, qui s'accorde parfaitement avec le caractère, avec l'accent de ce pamphlet. Mais qui dit un pamphlétaire ne dit pas nécessairement un abominable homme. Il y a dans Chamfort autre chose que ce fond de méchanceté envieuse par où Sainte-Beuve l'explique tout entier. C'est ce que montre fort bien la juste et délicate analyse de M. Pellisson. Ame tourmentée et vindicative, mais énergique, indépendante, et dont la native générosité, de bonne heure aigrie, se reconnaît jusque dans les plus amers sarcasmes, voilà, si nous négligeons quelques touches trop bienveillantes, le Chamfort dont M. Pellisson nous trace le portrait. Après l'article de Sainte-Beuve, c'est presque une réhabilitation.

II

RIVAROL.

Comme Chamfort, Rivarol n'est guère plus pour le grand public qu'un nom illustre. Sa réputation même a quelque chose de douteux, sinon de suspect. Que connaissons-nous de lui? Deux ou trois épigrammes, peut-être une page brillante, lue au hasard de la rencontre. Du reste, en recueillant nos souvenirs, il nous semble bien que le nommé Rivarol a vécu à la fin du XVIIIᵉ siècle, qu'il était fils d'un aubergiste, et, partant, très aristocrate, qu'il composa un discours sur l'universalité de la langue française, où se trouve probablement la phrase célèbre : « Cette langue est la seule qui ait une probité attachée à son génie. » Et nous nous excusons, après tout, de n'en pas savoir davantage. « Ce doit être sa faute », disons-nous modestement. Il se pourrait bien d'ailleurs que nous ayons un peu raison.

Si Rivarol, désormais, ne nous devient pas mieux connu, ce ne sera point la faute de M. Le Breton, son dernier biographe [1]. La thèse que vient de publier M. Le Breton, déjà connu par une jolie étude sur le Roman au XVIIᵉ siècle, témoigne d'un labeur très méritoire. Brochures, rapports, correspondances, pamphlets, journaux,

1. *Rivarol, sa vie, ses idées, son talent,* par André Le Breton (Hachette, éditeur).

mémoires, almanachs, actes notariés, il n'a rien
négligé de ce qui pouvait soit lui fournir quelque document, soit éclaircir ses appréciations; et,
assez heureux pour découvrir des manuscrits de
Rivarol encore inconnus, il a mérité ce bonheur
en les mettant à profit avec beaucoup d'intelligence et de goût. Quelques erreurs de détail, qui
seront aisément rectifiées, et, malgré d'indispen-
sables réserves, une admiration trop bénévole
parfois, une sympathie trop complaisante, n'empêchent pas son travail d'être en somme aussi
exact que complet.

Complet, il le peut bien avec ses quatre cents
pages. C'est faire bonne mesure à Rivarol. —
« Voilà un ouvrage de poids, me suis-je dit tout
d'abord à l'aspect de cet imposant volume. Pourvu
que Rivarol n'en soit pas écrasé! » Eh bien, non,
pas écrasé du tout, l'aimable, le sémillant Rivarol.
M. Le Breton réserve pour les notes et les appen-
dices tout ce que son érudition pourrait avoir en
pareille matière d'ingrat ou de mal approprié;
dans le texte, il nous donne un livre alerte, délicat,
pimpant même à l'occasion, si bien que la Sor-
bonne lui a reproché, je crois, certaine légèreté de
ton et d'allure.

Le plus grand charme de son volume, c'est que
Rivarol y revit. Autant du moins que peut revivre
cet incomparable causeur. Le peintre et le poète
— ô Maria Felicia — laissent après eux d'immor-
tels héritiers. Mais pas le causeur. Le causeur
aussi peu, vraiment, que le chanteur. Quelques
« mots » épinglés çà et là dans un carnet ne peu-

vent nous donner aucune idée de ce que fut la
conversation vivante de Rivarol, cette conversation rapide et sûre, ferme et souple, gracieuse et
stricte, dont la société du temps fit ses délices. Il
faudrait entendre « le monstre lui-même ». Oh !
le joli monstre que devait être Rivarol causant,
avec sa tournure svelte, ses grands yeux vifs,
sa bouche délicatement ironique, avec son
geste élégant, sa voix nette et sonore, avec
je ne sais quoi, dans tout son air, de vainqueur,
d'ensorcelant, de prestigieux. Ce Rivarol-là, il est,
disait Barbey d'Aurevilly, impossible à retrouver,
comme la beauté d'une femme morte. Nous ne
demandions point à M. Le Breton de nous le rendre. C'est assez qu'il nous en trace une vive et brillante image.

Rivarol n'a pas donné sa mesure. Il n'était pas
seulement un homme d'esprit. Il unissait en lui
toutes les qualités de l'intelligence, les plus diverses, voire les plus inconciliables, l'éclat et la
justesse, la mesure et la verve, le goût et le génie,
le sens de l'art et l'aptitude à manier les idées. En
même temps, sa culture était d'une richesse
extrême ; il avait sur toutes choses des clartés précises et pénétrantes. « A quoi bon, disait Laura-
guais, souscrire à l'Encyclopédie? Rivarol vient
chez moi ». Il y a dans son œuvre certaines pages
qui sont d'un philosophe ; il y en a qui sont d'un
historien sagace, des pages quasi prophétiques ; il
y en a enfin qui sont d'un profond moraliste. Malheureusement, ce moraliste, cet historien, ce philosophe n'apparaissent jamais que par boutades.

Rien chez Rivarol qui fasse corps; aucune pensée qui se développe ou même qui se continue. Il n'a jamais fait qu'ouvrir de rapides perspectives et sillonner un instant l'attention.

Outre les circonstances, on voit tout de suite ce qui lui fit tort. Il avait « le goût du repos et le besoin du mouvement ». Son besoin de mouvement, il y satisfaisait par la vivacité capricieuse d'un esprit qui parcourait en sens divers tout le domaine de la pensée sans ressentir jamais la moindre lassitude ; et ce qu'il nomme le goût du repos se traduisait chez lui par une répugnance insurmontable à l'application régulière. Quand il est, non plus dans un de ces salons où tous les yeux se fixent sur lui, où le son même de ses paroles le grise, mais dans son cabinet, seul devant le froid papier blanc, aussitôt sa verve se glace. « La plume dit-il, est une triste accoucheuse de l'esprit ». Il peut bien s'en servir pour noter brièvement une observation, pour indiquer à la hâte un aperçu fugitif, mais le travail suivi lui fait horreur. Vingt lignes d'écriture le fatiguent plus que toute une soirée de conversation mondaine. Il rejette avec impatience cette plume trop lente, décoche une épigramme contre les « encromanes », et va secouer son ennui dans un cercle, où, le mot est de lui, il dira d'un trait la valeur de plus d'un volume. Que de volumes il a ainsi parlés ! Mieux vaudrait pour lui qu'il en eût écrit au moins un.

À la paresse de Rivarol, joignez sa coquetterie, sa vanité, son dandysme. De trop faciles succès le gâtèrent. Il mit sa réputation à fonds perdus. Plu-

tôt que d'ambitionner la véritable gloire et de s'en
rendre digne par quelque œuvre dans laquelle il
pût remplir son mérite, Rivarol se contenta de dé-
ployer au jour le jour une merveilleuse faculté
d'improvisateur. Mais les contemporains, tout
charmés qu'ils fussent, semblent lui avoir déjà
fait payer sa nonchalance et sa fatuité en refusant
de le prendre au sérieux. Il n'eut jamais nul crédit. Ce n'est pas à cause d'une naissance équivoque [1]. Ce n'est pas non plus parce qu'il n'ennuya
jamais son monde. Mais, avec des parties assez
hautes, il manquait de consistance et de gravité.
Rivarol, en somme, fut surtout un virtuose. Tant
de sujets qu'il remua ne lui servirent, même les
plus relevés, qu'à mettre en jeu la grâce et la
preste vigueur de son esprit.

On l'a appelé « le Français par excellence ».
C'est le représentant par excellence d'un art bien
français, la conversation, dans cette fin du xviii°
siècle où elle fut plus active et plus pénétrante
que jamais. On veut transformer en une sorte de
foi morale le culte qu'il rendit à « l'institution
civile ». Et sans doute il a maintes fois célébré avec
ferveur les bienfaits de la société humaine. Nous
pouvons même rattacher à ce culte la plus grande
partie de son œuvre, notamment le discours sur
l'universalité de la langue française, qui est proprement une apologie de la civilisation. Nous pouvons y rattacher encore ses opinions religieuses,
philosophiques, politiques : s'il défend le catholi-

---

1. M. Le Breton montre, pièces en mains, que Rivarol était
vraiment de famille noble.

cisme, c'est en tant que force sociale ; s'il attaque
la libre critique, c'est comme perturbatrice de
l'ordre ; enfin, s'il combat la Révolution, c'est parce
qu'il en craint le principe dissolvant. Mais, à vrai
dire, j'ai peur que l'institution civile ne se résume
pour Rivarol dans les salons où brillait son esprit.
Il admire et célèbre sous ce nom le régime qui
procure à quelques privilégiés les fines délices
d'une vie élégante et superficielle.

« Ci-devant » sur toute la ligne, tel m'apparaît
Rivarol. Je ne puis voir en lui, comme le veut
Sainte-Beuve, un homme de transition. L'écrivain lui-même est tout à fait de son temps. Le plus
spirituel sans doute et le plus vivant des pseudo-
classiques, mais un pseudo-classique néanmoins
par ses enjolivures et jusque dans ses fulgurations.
Ce style factice, pailleté, chatoyant et miroitant,
n'a pas d'âme. Les métaphores les plus rutilantes
y sentent le placage. Admirable artiste, il manque à Rivarol ce qui fait le grand écrivain. Il lui
manque tout simplement la sensibilité et l'imagination. Du moins l'imagination et la sensibilité
ne sont chez lui que cérébrales, et ce n'est pas
avec le cerveau qu'on régénère une littérature.
Peut-être s'en douta-t-il vers la fin de sa vie.
Tenons-lui compte, s'il méconnut Mme de Staël,
qui annonçait déjà, qui préparait une ère nouvelle, d'avoir deviné en Chateaubriand le « grand
écrivain » que lui-même ne fut pas.

Les Tragédies et les Théories dramatiques de Voltaire.

TRAGÉDIES ET LES THÉORIES DRAMATIQUES
DE VOLTAIRE [1]

M. Henri Lion nous donne sur le théâtre de
Voltaire un travail très étudié, très consciencieux.
Ce serait d'ailleurs lui faire tort que de louer
seulement sa diligence : il lui a fallu un véritable courage pour entreprendre et mener à bien
pareille tâche. Les lectures les plus ingrates et
les plus fastidieuses ne l'ont pas rebuté. Je ne
dis rien de Voltaire lui-même, et cependant, sur
une trentaine de tragédies qu'il a faites, combien
en voyez-vous que nous puissions lire pour
notre plaisir? Mais, à côté de Voltaire, il y a ses
prédécesseurs immédiats, ceux qui, depuis une
quarantaine d'années que Corneille et Racine se
sont tus, fournissent la scène de fers homicides
ou de lacets fatals. Nous ne connaissons d'eux
que leurs « chefs-d'œuvre » ; encore les avons-
nous lus par devoir, afin de ne pas demeurer
tout à fait stupides, si, par hasard, dans les salons que nous fréquentons, la conversation tom-
bait sur le *Manlius* de La Fosse ou sur l'*Amasis*
de Lagrange-Chancel. Derrière ces chefs-d'œuvre,
songez qu'une foule de pièces se dérobent, dont
les titres eux-mêmes nous échappent; et derrière

---

[1]. Par Henri Lion. (Hachette, éditeur.)

Lagrange-Chancel ou La Fosse, songez que nos poètes tragiques se comptent par douzaines, et que, dans cette multitude, les noms les plus illustres sont ceux des Campistron, des Duché, des Châteaubrun. Et, avec les prédécesseurs de Voltaire, il y a, plus nombreux encore, ses contemporains, disciples ou rivaux, dont je vous fais grâce. On frémit en pensant à tout ce que M. Lion a dû essuyer de lectures tragiques. C'étaient pour lui des jours de fête que ceux où il lisait *Don Pèdre*, *Agathocle* et *Irène*.

Du moins a-t-il fait un ouvrage que personne n'aura plus besoin de refaire. Même si l'on avait envie de discuter ses appréciations, on rendrait hommage à l'exactitude de ses recherches, à la patience, à l'esprit de méthode qu'il lui a fallu pour recueillir et pour ordonner tant de documents, — tout ce qui pouvait nous éclairer sur les intentions de Voltaire, sur ses théories et ses pratiques, sur les influences qu'il a subies comme sur celles qu'il a exercées. Aussi bien M. Lion, dans sa préface, se défend de juger le théâtre dont nous lui devons une si complète et si fidèle histoire. On ne peut, dit-il, « parler de Voltaire tragique sans se souvenir de l'homme et du polémiste. » Et, ma foi, le terrain lui semble trop brûlant. Je le louais tout d'abord de son courage. Qu'il ne m'en veuille pas si je le trouve maintenant un peu timide. Du reste, cette déclaration prudente ne l'empêche pas toujours de se prononcer. Mais il y apporte vraiment des scrupules excessifs, et nous achevons de le lire sans bien savoir, pour les points les plus importants, à quoi nous en tenir sur sa façon de penser. La conclusion du livre a même de quoi nous surprendre. « Il faut, coûte que coûte, déclare en terminant M. Lion, respecter et admirer un homme qui a eu la passion de son art et qui y a constamment et ardemment travaillé aux dépens de sa santé et de sa vie. » J'avoue, pour ma part, qu'il ne m'en coûte pas du tout. Mais, sans lui demander combien d'années, suivant ses calculs, l'octogénaire auteur d'*Irène* eût encore vécu s'il avait moins aimé la tragédie, je m'étonne que, nous ayant donné d'excellentes raisons pour admirer ce qu'il peut y avoir d'admirable dans l'art de Voltaire, il conclue en sollicitant notre indulgence ou même en faisant appel à notre commisération. — « Voltaire a composé de bien mauvaises tragédies. — A qui le dites-vous? Mais ne lui soyez pas trop cruels ; il en est mort. »

Étant donné ce que M. Lion prétendait faire, aucune hésitation sur son plan. Il devait se conformer à l'ordre chronologique. Aussi ne lui chercherai-je pas querelle sur les inconvénients auxquels ce plan l'exposait. Le plus grave était sans doute que, « la voie suivie par Voltaire faisant de nombreux zigzags et revenant sur elle-même en de multiples méandres », son livre allait forcément reproduire ces méandres et ces zigzags. L'ordre chronologique ne pouvait se concilier avec l'unité. Je ne veux citer qu'un exemple. Après le quatrième chapitre, qui s'intitule *De l'influence moralisatrice du théâtre*, et dans lequel il est ques-

tion de *Mahomet*, nous attendons jusqu'au dixième
les autres tragédies philosophiques, comme si, de
Mahomet aux *Guèbres*, Voltaire avait changé de
philosophie, comme si les *Guèbres* n'étaient pas,
de même que *Mahomet*, une sorte de pamphlet
contre le fanatisme.

J'ai déjà indiqué pourquoi M. Lion devait pré-
férer l'ordre chronologique à l'ordre méthodique.
Nous voyons aisément ce que son étude y perd ;
ce qu'elle y gagne, c'est d'expliquer chaque pièce
par les circonstances où cette pièce a été conçue,
élaborée, mise sur la scène, de suivre Voltaire pas
à pas, de nous donner, comme dit l'auteur, un précis de sa vie dramatique. On pouvait, sur Voltaire
et son théâtre, faire un tout autre livre. Mais, en
prenant l'étude de M. Lion pour ce qu'elle prétend
être, il ne reste plus qu'à louer le zèle et la sagacité dont elle témoigne. Du reste, nous trouvons à
la fin du volume une conclusion de soixante pages, un « aperçu général » où il examine, chacune
en particulier, toutes les questions que son sujet
soulève ; et c'est comme qui dirait une table des
matières, ou, pour en mieux parler, un résumé
très substantiel et très judicieux de l'autre livre,
celui qu'il n'a pas voulu faire et qu'on aurait tort
de lui demander.

Quoi qu'en pense M. Lion, je ne crois pas qu'il
y ait matière à tant discuter sur la valeur intrinsèque des tragédies de Voltaire. On a dit que Voltaire avait été révolutionnaire en tout, sauf en littérature. Il l'a bien été jusque sur la scène. Autant du
moins que pouvaient le lui permettre soit le goût

de ses contemporains, soit le souvenir, toujours présent, de ses deux grands devanciers. Et ce qui fait surtout l'infériorité manifeste de son œuvre dramatique, c'est même qu'il l'a été trop. Je dirais qu'il l'a été trop peu si je pouvais croire que le goût public lui eût permis de l'être assez. Je dis qu'il l'a trop été, parce que les innovations hardies dont il prit l'initiative répugnaient justement aux formes de la tragédie classique, avec lesquelles on ne pouvait encore rompre. De là ce que son théâtre a d'ambigu et comme d'inquiet. Théâtre de transition, où la poétique du drame — du mélodrame, si vous aimez mieux — ne fait guère que corrompre celle de la tragédie.

Le plus intéressant, dans Voltaire tragique, est encore Voltaire philosophe. La philosophie de Voltaire ne se marque pas seulement, au théâtre, par ses pièces de propagande. Un des traits essentiels de cette révolution intellectuelle et morale qui s'opère au xviiiᵉ siècle, c'est que la méthode relative et comparative se substitue de plus en plus au dogmatisme rationnel du siècle précédent. Par là me paraît avoir son sens le plus profond l'essai que fit Voltaire d'un théâtre historique. Je reconnais fort bien que la valeur supérieure d'un drame est dans l'analyse de l'âme humaine. Bien plus, je consens à ne pas prendre au sérieux le casque doré d'Aménaïde ou certain bonnet de Zulime, plus ou moins mauresque, et qui ne sauva pas d'un échec trop mérité la pièce dans laquelle il figurait brillamment. Je n'ignore pas enfin que les Chinois de Voltaire ressemblent beaucoup à

ses Babyloniens ; et même, Babyloniens et Chinois
ne diffèrent peut-être des Français de son temps
que par certains détails de costume. Mais tout
cela ne m'empêche pas de noter comme très significative au point de vue philosophique l'introduc-
tion de l'histoire sur le théâtre, voire de la géographie et de la couleur locale, parce qu'elle est
en rapport intime avec le mouvement général des
esprits. La notion de la « relativité », opprimée pendant tout le XVIIe siècle par un rationalisme des-
potique, tend à renouveler non seulement l'imagination, ce qui serait déjà quelque chose, mais
encore la pensée.

Quant à la propagande morale de Voltaire, ses
tragédies, comme œuvres artistiques, peuvent
bien en avoir souffert. Pourtant, s'il mérite notre
respect, ce n'est vraiment pas parce qu'il aima
son art avec passion, c'est parce qu'il contri-
bua, avant tous les philosophes de son siècle et
plus qu'aucun d'entre eux, à l'éducation de la
conscience publique et aux progrès de la moralité
sociale. Ses vues littéraires ont souvent varié ;
mais il a toujours été d'accord avec lui-même pour
considérer le théâtre comme une école. Quelques-
unes de ses tragédies sont plus particulièrement
des « pièces de combat » ; je n'en vois pas une où
l'on ne retrouve le philosophe. Dans *Œdipe*, sa
première, il y a maints traits d'un hardi scepticisme, et M. Lion aurait bien pu ne pas les attribuer au « frivole désir des applaudissements ».
Brutus et *la Mort de César* respirent d'un bout à
l'autre l'enthousiasme patriotique et la haine de

la tyrannie. *Zaïre*, si l'on en pénètre le sens, est une protestation contre le fanatisme, et nous devons voir dans la fille de Lusignan, aussi bien que dans Iphigénie, la victime d'une religion oppressive et cruelle. *Tantum religio potuit !...* Même morale avec *Alzire*. Voltaire y met en lumière le « véritable esprit » du christianisme en montrant, lisez sa préface, que la religion d'un chrétien est « de regarder tous les hommes comme ses frères, de leur faire du bien et de leur pardonner le mal ».

Ne faut-il voir dans ces lignes qu'une ironie ? Jetons seulement un coup d'œil sur l'œuvre philosophique de Voltaire : il y fait, vingt fois pour une, profession de christianisme. En répandant autour de lui, par le théâtre comme par le livre, les idées qui lui étaient chères, Voltaire se montrait, à vrai dire, plus chrétien que ces « dévots » dont il n'a pas encore cessé d'exciter les saintes fureurs. « Écrasons l'infâme », s'écriait-il. Mais l'infâme qu'il voulait écraser, c'était un christianisme perverti, dont le rôle se réduisait à consacrer les pires abus, et dans lequel il ne pouvait plus voir que l'ennemi de la civilisation, des lumières et du progrès. « On a changé, écrit-il, la doctrine céleste de Jésus-Christ en une doctrine infernale. » Et ne l'accusez même pas d'avoir détruit la foi religieuse. Où donc la trouvez-vous, cette foi qu'il aurait détruite ? Mais il travailla sans relâche à instituer, à propager une foi morale, indépendante des croyances confessionnelles, qui unît tous les hommes en un même culte. Par là son influence, quoi qu'on en dise, est toujours active ; elle ne cesse de grandir et de s'étendre. On la reconnaît dans toutes les conquêtes qu'a pu faire, depuis un siècle, l'esprit de tolérance, d'humanité, de justice sociale. Je la retrouve jusque dans le grand projet dont M. l'abbé Charbonnel nous entretenait récemment avec une si chaleureuse conviction. Ce congrès des religions humaines, il fallait avoir l'esprit singulièrement infecté de voltairianisme, — que M. Charbonnel me pardonne, — pour en concevoir la seule idée. Mais s'il peut avoir lieu, si les représentants de de toutes les religions finissent par tomber d'accord, savez-vous bien ce que sera leur profession de foi commune à l'humanité ? Elle sera une morale. Et quelle morale ? Ni plus ni moins que la morale voltairienne, cette morale universelle et purement laïque dont Voltaire, quelles qu'aient pu être ses défaillances personnelles, ses petitesses ou même ses vilenies, fut le premier, le plus infatigable et le plus généreux apôtre.

Les tragédies de Voltaire ayant, je le crains, cessé de vivre, il se pourrait bien que l'intérêt principal s'en trouvât dans cette propagande philosophique à laquelle il eut tort sans doute d'associer Jocaste ou Alzire, mais qui ne lui en a pas moins fourni ses plus beaux vers, ses plus éloquentes tirades, et qui est vraiment l'âme de son théâtre. Et c'est ce que M. Lion, qui « admire », qui « respecte » Voltaire, aurait dû peut-être dire avec plus de force et de décision.

FIN

TABLE DES MATIÈRES

IMP. FER.. IMBERT, 7, RUE DES CANETTES. — PARIS

Imprimé en France
FROC031532230919
22213FR00016B/201/P

9 782329 315003